U0920160

史记列传

[西汉] 司马迁 ◎ 著
于童蒙 ◎ 编译

江苏凤凰科学技术出版社 · 南京

图书在版编目（CIP）数据

史记·列传 /（西汉）司马迁著；于童蒙编译．—
南京：江苏凤凰科学技术出版社，2018.9（2022.5 重印）

ISBN 978-7-5537-8097-9

Ⅰ．①史… Ⅱ．①司… ②于… Ⅲ．①中国历史－古代史－纪传体 Ⅳ．① K204.2

中国版本图书馆 CIP 数据核字 (2017) 第 068345 号

史记·列传

著　　者	【西汉】司马迁
编　　译	于童蒙
责任编辑	祝　萍
责任监制	方　晨
出版发行	江苏凤凰科学技术出版社
出版社地址	南京市湖南路 1 号 A 楼，邮编：210009
出版社网址	http://www.pspress.cn
印　　刷	文畅阁印刷有限公司
开　　本	718 mm × 1 000 mm 1/16
印　　张	15
插　　页	1
字　　数	269 000
版　　次	2018 年 9 月第 1 版
印　　次	2022 年 5 月第 4 次印刷
标准书号	ISBN 978-7-5537-8097-9
定　　价	39.80 元

前言

中国古代社会的文人学士，将道德修养和品格的完善，视为比生命还重要的东西。多少先贤曾立誓不饮盗泉之水，不食嗟来之食，进而把“贫贱不能移，富贵不能淫，威武不能屈”当成是至高的品格标准。

历史是一面镜子，中华泱泱大国，历史源远流长。注重对历史的总结和借鉴，是中华民族特有的优良品格。对此，司马迁的《史记》功不可没。

《史记》在历史学著作的领域里开创了一种全新的体例。作为第一部纪传体通史，它具有两个明显的标志性特征：

其一，《史记》记事从传说中的三皇五帝开始，直到当朝汉武帝时期，前后横跨三千年，把中华文明的源头整理得异常清晰，让后世之人能轻易地从中华文明的各种演变中，寻找和总结出规律性的演化与教训，这是此前所有著作都无法实现的。

其二，《史记》呈现给后人历史人物的真实面貌。他们不是神，也不是工具，而是血肉丰腴的生命个体；历史事件亦不是单纯孤立地存在，而是相互关联的因果。司马迁开创的纪传体史学形式，使后世史学家创作有了一个可供借鉴的模板。

司马迁的《史记》还有另一项耀眼的成就，那就是他研究历史的方法。许多历史著作往往过于偏重帝王将相的事迹，而忽略了更庞大的社会群体。司马迁却站在一个特殊的高度，俯瞰社会大众，关注民生以及社会群体对历史发展的影响和决定性作用，真实体现了作者极为先进的历史观和方法论。

在《史记》中，司马迁把项羽、吕后列入本纪，把孔子、陈涉列入世家，同时还为刺客、善辩者等立传，无不独具匠心，处处闪耀着作者智慧的光辉，散发出恒久的魅力。

《史记》不仅是一部光耀千古的历史巨著，而且是一部伟大的文学巨著。鲁迅先生曾对此做出高度评价："史家之绝唱，无韵之离骚。"此评价已经为大众所认可。

中国文学，自发源伊始，莫不以抒情和议论性质为主流，叙述性文学，甚至史学，因受制于体裁及叙述形式，往往显得较为单薄和苍白，在中国丰富蓬勃的文艺发展史上，显得枯燥而孤寂。

然而，《史记》的出现改变了中国文学的这种现状，推进了中国叙事文学的发展进程。它不仅把客观的历史人物和事件演绎得如此生动，而且还直接成为唐代传奇、宋元话本、明清小说的艺术蓝本。

由此，我们不难看出，正是司马迁以"明知不可为而为之"的大无畏精神，才诞生了《史记》这部承传不朽的伟大著作，为中华文明史树立起了一座不朽的丰碑。

《史记》的价值和魅力是恒久的，同时也是多角度的，它不仅体现在文学上，而且还体现在史实价值上，以及那些历史人物的品格、胆识、智慧与谋略上。

原著中包括十二本纪、十表、八书、三十世家、七十列传，本套书精心选出最具现实借鉴意义的"本纪""世家"和"列传"，省去了"表"和"书"。

"史家之绝唱，无韵之《离骚》。"享誉文坛数千年的《史记》共一百三十篇，其中《列传》就达七十篇之多，若是从文学角度审视此部著作，《列传》是《史记》的精华所在。其语言简洁凝练，逻辑性强，历史人物有血有肉、栩栩如生，历史事件生动有趣、精彩纷呈。

本书力求语言的简洁凝练、语意的通俗易懂、语句的通达顺畅，使读者在阅读时既有节奏明快之惬意，又有如饮甘泉之况味。期望这样的呈现能为读者开启进入中国古典殿堂的方便之门。评析部分将历史人物或历史事件同现实相联系，独家的见解或许会给读者带来借鉴和启迪。

目录

伯夷列传第一

※ 原文

夫学者载籍极博，犹考信于六艺。《诗》《书》虽缺，然虞、夏之文可知也。尧将逊位，让于虞舜，舜、禹之间，岳牧咸荐，乃试之于位，典职数十年，功用既兴，然后授政。示天下重器，王者大统，传天下若斯之难也。而说者曰："尧让天下于许由，许由不受，耻之，逃隐。及夏之时，有卞随、务光者。"此何以称焉？太史公曰：余登箕山，其上盖有许由冢云。孔子序列古之仁圣贤人，如吴太伯、伯夷之伦详矣。余以所闻由、光义至高，其文辞不少概见，何哉？

孔子曰："伯夷、叔齐，不念旧恶，怨是用希。""求仁得仁，又何怨乎？"余悲伯夷之意，睹轶诗可异焉。

其传曰：伯夷、叔齐，孤竹君之二子也。父欲立叔齐，及父卒，叔齐让伯夷。伯夷曰："父命也。"遂逃去。叔齐亦不肯立而逃之。国人立其中子。

※ 译文

学者们涉猎的书籍尽管很多，但是还要从《六经》里考察寻求依据。《诗经》《尚书》虽然残缺不全，但是还可以从此书中的《尧典》《舜典》《大禹谟》等篇中了解清楚。唐尧将要退位时，把帝位让给虞舜；虞舜要把帝位让给夏禹的时候，四方诸侯和州牧都来推荐，这才把他放在适当的位置上加以考察试用。禹主持国政几十年，建立卓著的功绩后，才被授予政权。这表示天下是极贵重的宝器，帝王是极尊贵的地位，所以传授政权是如此的郑重审慎啊！可是诸子杂记里说："唐尧要把天下让给许由，许由不仅不肯接受，反而还认为是一种耻辱，因此逃走隐居起来。到了夏朝，又有不接受商汤让位的卞随、务光。"这又如何解释呢？太史公说：我曾登上箕山，山上有许由的坟墓。孔子依次论列古代的仁人、圣人、贤人，如吴太伯、伯夷这些人，都很详细。我听说许由、务光的德行非常高尚，可为什么在经书里却连一点大略的文字记载都找不到呢？

孔子说："伯夷和叔齐不把以往的仇恨记在心里，因此怨恨也就少了。""他们追求仁德便得到了仁德，还有什么怨恨呢？"我对伯夷的意志用心进行思考，看到他们没有被经书载录的遗诗，又非常诧异。

他们的传记上说：伯夷和叔齐是孤竹君的两个儿子。父亲想让叔齐做国君，等到父亲去世后，叔齐就想把君位让给伯夷。伯夷说："由你继承君位是父亲的遗命啊！"于是伯夷逃走了。叔齐也不肯继承君位而逃走。国人只好拥立孤竹君的次子。

※ 原文

于是伯夷、叔齐闻西伯昌善养老，盍往归焉。及至，西伯卒，武王载木主，号为文王，东伐纣。伯夷、叔齐叩马而谏曰："父死不葬，爰及干戈，可谓孝乎？以臣弑君，可谓仁乎？"左右欲兵之。太公曰："此义人也。"扶而去之。武王已平殷乱，天下宗周，而伯夷、叔齐耻之，义不食周粟，隐于首阳山，采薇而食之。及饿且死，作歌。其辞曰："登彼西山兮，采其薇矣。以暴易暴兮，不知其非矣。神农、虞、夏忽焉没兮，我安适归矣？于嗟徂兮，命之衰矣！"遂饿死于首阳山。由此观之，怨邪？非邪？

或曰："天道无亲，常与善人。"若伯夷、叔齐，可谓善人者非邪？积仁絜行如此而饿死！且七十子之徒，仲尼独荐颜渊为好学。然回也屡空，糟糠不厌，而卒蚤夭。天之报施善人，其何如哉？盗跖日杀不辜，肝人之肉，暴戾恣睢，聚党数千人横行天下，竟以寿终。是遵何德哉？此其尤大彰明较著者也。若至近世，操行不轨，专犯忌讳，而终身逸乐富厚，累世不绝。或择地而蹈之，时然后出言，行不由径，非公正不发愤，而遇祸灾者，不可胜数也。余甚惑焉，傥所谓天道，是邪？非邪？

※ 译文

这时，伯夷、叔齐听说西伯昌善待老人，于是就去投奔他了！可是到那里时，西伯昌已经去世，其子武王追尊西伯昌为文王，并把他的木制灵牌载在兵车上，准备东伐商纣王。伯夷、叔齐勒住武王的马缰，谏诤说："父亲去世了，尚未安葬就要发动战争，这能说是孝顺吗？以臣弑君，这怎能说是仁义呢？"武工的随从要把他们杀掉。太公吕尚说："这是有节义的人啊。"于是搀扶着他们离去。后来武王把商纣王统治推翻，天下都归顺了周朝，可伯夷和叔齐却认为这是一件耻辱的事情，他们坚守仁义，绝不食周朝的粮食，在首阳山隐居，靠采摘野菜度日。在即将饿死时，他们作了一首歌。歌辞为："登上那西山啊，采摘那里的薇菜。以暴臣换暴君啊，居然看不到这其中的错误。神农氏、舜、禹的太平盛世转眼即逝，哪里才是我们的归宿啊？唉，只有死啊，命运如此不济！"于是饿死在首阳山。由此看来，他们是怨恨？还是不怨恨呢？

有人说："天道公正而无丝毫偏私，经常帮助好人。"像伯夷、叔齐这样的人应该说是好人，还是不应该说是好人呢？他们如此积累仁德，端正品行，却最终饿死！再说，孔子的七十名得意的学生中，唯独颜渊被推重为好学之人。可是颜渊又总是被贫穷困扰，连粗劣的食物都无法吃饱，而最终早早地去世。天道对好人的报应到底如何呢？盗跖整日滥杀无辜，烤人的心肝当肉吃，凶残放纵，聚集党徒几千人横行天下，反而寿终正寝。这遵循的又是什么道德呢？这是极严重而又显著的事例啊。至于说到近代，那些行为不正、专门违法犯禁的人，却能终生安逸享乐，衣食无忧，世世代代都不断绝。而有的人，选好地方后才肯迈步，找准时机后才肯说话，不走歪门邪道，不是公正的事绝不发愤去做，诸如此类小心审慎而遭祸灾的人，数不胜数。我深感困惑不解，倘若有所谓天道，那么这是对呢？还是错呢？

※ 原文

子曰“道不同不相为谋”，亦各从其志也。故曰：“富贵如可求，虽执鞭之士，吾亦为之。如不可求，从吾所好。”“岁寒，然后知松柏之后凋。”举世混浊，清士乃见。岂以其重若彼，其轻若此哉？

“君子疾没世而名不称焉。”贾子曰：“贪夫徇财，烈士徇名，夸者死权，众庶冯生。”“同明相照，同类相求。”“云从龙，风从虎，圣人作而万物睹。”伯夷、叔齐虽贤，得夫子而名益彰。颜渊虽笃学，附骥尾而行益显。岩穴之士，趣舍有时若此，类名堙灭而不称，悲夫！闾巷之人，欲砥行立名者，非附青云之士，恶能施于后世哉？

※ 译文

孔子说：“思想主张不一致的人，不能一起商量谋事。”也只好分别按着自己的意志行事。所以他又说：“倘若富贵是可以寻求得到的话，即使做个卑贱的赶车人，我也情愿；倘若无法寻到，则还是依照自己的爱好去做好了。”“季节严寒，才知道松柏是最后凋谢的。”全社会混乱污浊的时候，品行高洁的人才会凸显出来。这难道不是因为有的人把富贵安乐看得很重，才显出另一部分人把富贵安乐看得很轻吗？

孔子说：“君子所遗憾的是一直到死后名声都不被称颂。”贾谊说：“贪心之人为财而死，重义轻生的人为名献身，矜夸而贪图权势的人为权势卖命，平民百姓则只贪图生命。”《易经》上说：“同样明亮的东西，就会相互映照，同类性质的事物，自然相互影响。”“彩云随着龙吟飞腾，谷风随着虎啸而吹起，圣人的出现，使万物本来的面目都显露出来。”伯夷和叔齐虽然德行高尚，也是因为得到孔子的称赞，其名声才更加显赫。颜渊专心好学，也是由于追随孔子，才更加彰显了他的德行。居岩穴处的隐士，有的名声晓达，是因为出仕和退隐掌握得正合时机，如果这样有德行的隐士名声被埋没而得不到称扬，是多么可惜啊！穷乡僻壤的士人要砥砺德行，树立名声，若不攀附德隆望尊的人，怎么能扬名于后世呢？

※ 评析

司马迁本人崇敬“礼让”，他痛恨统治者为了争权夺利而互相残杀，导致生灵涂炭。

因此，司马迁将让国的“伯夷”置于“列传”之首，这与“本纪”之首的尧、舜，“世家”之首的吴太伯相同。这些备受司马迁推崇的人都有一个共同的特点，即不追名逐利，能做到“奔义”“让国”，这是司马迁所倾心赞美的一种品德。而与此形成鲜明对比的是，汉代的统治者内部自建国以来就伴随着君臣、父子、兄弟、叔侄等人之间的勾心斗角，攻伐残杀。无休止的“争利”“争国”不仅动摇了统治集团本身，而且还对当时的社会生产和百姓的生活起居造成了一定的影响。这也正是司马迁极力反对的。今天讲的和谐社会，文明礼让也是其中的重要内容。和谐社会与每一个人都关系密切，虽然我们不至于像伯夷等人那样“奔义”或是“让国”，但是能在日常生活中做到“礼让”，就会推动创建和谐社会的进程。

管晏列传第二

※ 原文

管仲夷吾者，颍上人也。少时常与鲍叔牙游，鲍叔知其贤。管仲贫困，常欺鲍叔，鲍叔终善遇之，不以为言。已而鲍叔事齐公子小白，管仲事公子纠。及小白立为桓公，公子纠死，管仲囚焉。鲍叔遂进管仲。管仲既用，任政于齐，齐桓公以霸，九合诸侯，一匡天下，管仲之谋也。

管仲曰：“吾始困时，尝与鲍叔贾，分财利多自与，鲍叔不以我为贪，知我贫也。吾尝为鲍叔谋事而更穷困，鲍叔不以我为愚，知时有利不利也。吾尝三仕三见逐于君，鲍叔不以我为不肖，知我不遭时也。吾尝三战三走，鲍叔不以我怯，知我有老母也。公子纠败，召忽死之，吾幽囚受辱，鲍叔不以我为无耻，知我不羞小节而耻功名不显于天下也。生我者父母，知我者鲍子也。”

鲍叔既进管仲，以身下之。子孙世禄于齐，有封邑者十余世，常为名大夫。天下不多管仲之贤而多鲍叔能知人也。

※ 译文

管仲，名夷吾，颍上人。他年轻时常常同鲍叔牙交往，鲍叔牙知道他贤明、有才干。管仲家境贫困，常占鲍叔牙的便宜，但鲍叔牙始终都对他很好，从不因此抱怨。不久，鲍叔牙辅佐齐国公子小白，管仲辅佐公子纠。等小白即位被立为齐桓公后，让鲁国把公子纠杀了，管仲也被囚禁。于是鲍叔牙把管仲推荐给齐桓公。管仲被任用后，在齐国执政，桓公依靠管仲而称霸，并以霸主身份，多次会合诸侯，使天下归一，这都是管仲为他出谋划策的结果。

管仲说："我贫困时，曾和鲍叔牙合伙做买卖，分财利时自己总是多分一些，但是鲍叔牙并不认为我贪财，是因为他知道我家境贫困。我曾替鲍叔牙谋划事情，却使他更加困顿不堪，陷于窘迫的境地，鲍叔牙也没有认为我愚笨，因为他知道时运总是有顺与不顺的时候。我曾多次做官，同时也多次都被国君驱逐，鲍叔牙却从不认为我不成器，因为他知道我没有遇上好的机遇。我曾多次在打仗时逃跑，鲍叔牙却不认为我胆小，他知道那是因为我家里有老母亲需要我来赡养。公子纠失败，召忽为此自杀，我被囚禁遭受屈辱，鲍叔牙不认为我不知廉耻，那是因为他知道我不因小过失而感到羞愧，而是以功名不显扬于天下而感到耻辱。生养我的是父母，真正了解我的却是鲍叔牙。"

鲍叔牙举荐管仲后，情愿把自己置于管仲之下听从指挥。他的子孙世代在齐国享有俸禄，得到封地的先后经过了十几代，常有人成为著名的大夫。所以天下的人不称道管仲的才干，反而赞美鲍叔牙知人善任。

※ 原文

管仲既任政相齐，以区区之齐在海滨，通货积财，富国强兵，与俗同好恶。故其称曰："仓廪实而知礼节，衣食足而知荣辱，上服度则六亲固。四维不张，国乃灭亡。下令如流水之原，令顺民心。"故论卑而易行。俗之所欲，因而予之；俗之所否，因而去之。

其为政也，善因祸而为福，转败而为功。贵轻重，慎权衡。桓公实怒少姬，南袭蔡，管仲因而伐楚，责包茅不入贡于周室。桓公实北征山戎，而管仲因而令燕修召公之政。于柯之会，桓公欲背曹沫之约，管仲因而信之，诸侯由是归齐。故曰："知与之为取，政之宝也。"

管仲富拟于公室，有三归、反坫，齐人不以为侈。管仲卒，齐国遵其政，常强于诸侯。后百余年而有晏子焉。

※ 译文

管仲任齐相执政后，凭着小小的齐国地处海滨的便利条件，流通货物，积聚财富，使国富兵强，与百姓的爱憎愿望相符。所以，他说："仓库储备充实，百姓就懂礼节；衣食丰足，百姓才能知道荣辱；君主的作为合乎法度，上下左右才会团结稳固。若礼义廉耻得不到提倡，国家就会灭亡。国家发布政令就好比流水的源头，要顺应百姓的心意往下流。"因此政令符合民情才容易推行。百姓想要得到的，就满足他们；百姓不满的，就应当废除。

管仲执政时，善于把祸患化为福利，把失败转化为成功。他重视事物的轻重缓急，对事情的利弊得失进行慎重地权衡。齐桓公本来因为怨恨少姬改嫁而南下袭击蔡国，管仲就趁机进攻楚国，责备它不向周王室进贡包茅。桓公本来是北上出兵进攻山戎，管仲就趁机让燕国施行召公时期的政教。在柯地会盟时，桓公想背弃曹沫，撕毁盟约，管仲就顺势劝桓公信守盟约，于是诸侯纷纷归顺齐国。因此说："懂得给予正是为了取得，这是治国从政的法宝。"

管仲的财富可以比得上国君，拥有华丽的三归台以及同诸侯宴饮时的反坫台，齐国人却从不认为他奢侈。管仲去世后，齐国仍遵循他的政策，因此还是总比其他诸侯国强大。百余年后，齐国又出了个晏婴。

※ 原文

晏平仲婴者，莱之夷维人也。事齐灵公、庄公、景公，以节俭力行重于齐。既相齐，食不重肉，妾不衣帛。其在朝，君语及之，即危言；语不及之，即危行。国有道，即顺命；无道，即衡命。以此三世显名于诸侯。

越石父贤，在缧绁中。晏子出，遭之涂，解左骖赎之，载归。弗谢，入闺。久之，越石父请绝。晏子戄然，摄衣冠谢曰："婴虽不仁，免子于厄，何子求绝之速也？"石父曰："不然。吾闻君子诎于不知己而信于知己者。方吾在缧绁中，彼不知我也。夫子既已感寤而赎我，是知己；知己而无礼，固不如在缧绁之中。"晏子于是延入为上客。

晏子为齐相，出，其御之妻从门间而窥其夫。其夫为相御，拥大盖，策驷马，意气扬扬，甚自得也。既而归，其妻请去。夫问其故。妻曰："晏子长不满六尺，身相齐国，名显诸侯。今者妾观其出，志念深矣，常有以自下者。今子长八尺，乃为人仆御，然子之意自以为足，妾是以求去也。"其后夫自抑损。晏子怪而问之，御以实对。晏子荐以为大夫。

※ 译文

晏平仲，名婴，齐国莱地夷维人。他先后辅佐了齐灵公、庄公和景公三代国君，由于他节俭又工作努力，备受齐国人的尊重。他做齐国宰相，吃饭从不吃两样肉食，妻妾不穿丝绸衣服。在朝廷上，受到国君夸奖时，就据理直说这件事情；当自己不被信、重用时，就只注意自己行为的高洁而不再发表言论。国君行正道时，就服从命令去做，反之，他就斟酌而行。因此，他在齐灵公、庄公、景公三代，闻名于各国诸侯。

越石父是个贤才，但是被囚禁。晏子外出时，在路上遇到了他，就解开乘车左边的马，把他赎了出来，并用车载着他回到家。晏子没有向越石父告辞，就直接走进内室，过了一段时间，越石父就请求与晏子绝交而离去。晏子很吃惊，匆忙整理好衣帽道歉说：“我虽然不够善良宽厚，可也帮您从困境中解脱出来，您为什么这么快就要绝交而离去呢？”越石父说：“并非如此，我听说君子由于人不了解自己而受到委屈，也会因为了解自己的人而使意志得到尊重。我被囚禁的时候，他们不了解我。你既然已经受到感动而醒悟来赎买我，这就是了解我；可是了解我却又不能以礼相待，还不如被囚禁呢。”于是晏子就请他进屋，并奉为贵宾。

晏子做齐国宰相时，有一次坐车外出，车夫的妻子从门缝里偷看她的丈夫。她的丈夫为宰相驾车，头上遮着大车盖，鞭打着那四匹架车的马，神情洋洋得意。不久回到家里，妻子就要求离开他，车夫问她要走的原因，妻子说：“晏子身高不过六尺，却做了宰相，声名远扬，我看他外出时，志向思想都很深沉，常显出谦卑的态度。现在你身高八尺，只不过是做人家的车夫，可你的神态，却显出自满，所以我要离你而去。”从这以后，车夫就谦虚收敛起来。晏子发现了他的变化，很奇怪，就问他原因，车夫也如实相告。晏子便推荐他做了大夫。

※ 原文

太史公曰：吾读管氏《牧民》《山高》《乘马》《轻重》《九府》，及《晏子春秋》，详哉其言之也。既见其著书，欲观其行事，故次其传。至其书，世多有之，是以不论，论其轶事。

管仲世所谓贤臣，然孔子小之。岂以为周道衰微，桓公既贤，而不勉之至王，乃称霸哉？语曰“将顺其美，匡救其恶，故上下能相亲也”。岂管仲之谓乎？

方晏子伏庄公尸哭之，成礼然后去，岂所谓“见义不为无勇”者邪？至其谏说，犯君之颜，此所谓“进思尽忠，退思补过”者哉！假令晏子而在，余虽为之执鞭，所忻慕焉。

※ 译文

太史公说：我读了管仲的《牧民》《山高》《乘马》《轻重》《九府》和刘向整理的《晏子春秋》，这些书上说得都很详细。读了这些书，还想让人们了解他们的事迹，因此就编写了这篇列传。至于他们的著作，社会上已经有很多了，所以就不再论述了，只叙述了他们的轶事。

管仲是世人所称赞的贤臣，然而孔子却小看他，难道是由于周朝统治衰微，齐桓公贤明，管仲不勉励他实行王道却只是称霸主吗？古语说：“要顺势助成君主的美德，纠正挽救他的过失，因此君臣百姓之间能亲密无间。”难道这说的是管仲吗？

当初晏子趴在齐庄公尸体上痛哭，礼节完成后才离去，难道这就是人们所说的“遇到正义的事情不去做、没有勇气”的人吗？至于晏子直言进谏，冒犯君主的威严，这大概就是人们所说的“在朝中就想到竭尽忠心，身退后就要想到弥补过失”的人吧！如果晏子还活着，我就算为他挥动鞭子赶车，也心甘情愿啊！

※ 评析

“人生得一知己，足矣”，恃才傲物的管仲始终受到鲍叔牙的厚待。晚年的管仲在总结自己的一生时，曾反复告诉世人，只有鲍叔牙了解他，不跟他计较小事，并大胆地向齐桓公推荐他，这才成就了他，同时也成就了齐桓公。可以说，管仲得遇于鲍叔牙，齐桓公得遇于鲍叔牙，管仲得遇于齐桓公，他们互相成就了对方。鲍叔牙深知自己才干不及管仲，他就厚待管仲，并在恰当的时候帮助管仲寻找施展才能的机会，同时为主公解决了人才之忧，这就是能识千里马的伯乐，也是以大局为重的良臣。齐桓公能接受鲍叔牙的建议，重用管仲成就霸业，可谓听从良言，知人善任的明君。而管仲能抓住这个机会，尽力施展自己的才华，可谓治国贤臣。管仲的为政方略被世人所认可，因此受到后世万代的尊崇。鲍叔牙不计个人得失的高尚品德也流芳万世。可见他们在成就别人的同时也成就了自己。

老子韩非列传第三

※ 原文

老子者，楚苦县厉乡曲仁里人也，姓李氏，名耳，字聃，周守藏室之史也。

孔子适周，将问礼于老子。老子曰：“子所言者，其人与骨皆已朽矣，独其言在耳。且君子得其时则驾，不得其时则蓬累而行。吾闻之，良贾深藏若虚，君子盛德，容貌若愚。去子之骄气与多欲，态色与淫志，是皆无益于子之身。吾所以告子，若是而已。”孔子去，谓弟子曰：“鸟，吾知其能飞；鱼，吾知其能游；兽，吾知其能走。走者可以为罔，游者可以为纶，飞者可以为矰。至于龙，吾不能知，其乘风云而上天。吾今日见老子，其犹龙邪！”

老子修道德，其学以自隐无名为务。居周久之，见周之衰，乃遂去。至关，关令尹喜曰：“子将隐矣，强为我著书。”于是老子乃著书上下篇，言道德之意五千余言而去，莫知其所终。

或曰：老莱子亦楚人也，著书十五篇，言道家之用，与孔子同时云。

盖老子百有六十余岁，或言二百余岁，以其修道而养寿也。

自孔子死之后百二十九年，而史记周太史儋见秦献公曰："始秦与周合，合五百岁而离，离七十岁而霸王者出焉。"或曰儋即老子，或曰非也，世莫知其然否。老子，隐君子也。

老子之子名宗，宗为魏将，封于段干。宗子注，注子宫，宫玄孙假，假仕于汉孝文帝。而假之子解为胶西王卬太傅，因家于齐焉。

世之学老子者则绌儒学，儒学亦绌老子。"道不同不相为谋"，岂谓是邪？李耳无为自化，清静自正。

※ 译文

老子是楚国苦县厉乡曲仁里人，姓李，名耳，字聃，做过周朝掌管藏书室的史官。

孔子去周都，向老子请教礼的学问。老子说："你所说的礼，倡导它的人尸骨都已经腐烂了，只是他的言论还在罢了。况且君子机遇来了就会驾着车出去做官，若生不逢时，就随遇而安。我听说，善于经商的人会将货物隐藏起来，好像什么都没有，君子具有高尚的德行，但表面上却显得愚钝。把您的骄气和过多的欲望抛却吧，将您做作的情态神色和过大的志向抛却吧，因为这些对您自身是没有好处的。我能告诉您的，也就只有这些了。"孔子离去后，对弟子们说："是鸟，我就知道它能飞；是鱼，我就知道它能游；是兽，我就知道它能跑。会跑的兽可以织网捕获，会游的鱼可以制成丝线去钓，会飞的鸟可以用箭去射。至于龙，我就不知如何去办了，它是驾着风而腾飞上天的。今天我见到老子，他大概就是龙吧！"

老子研究道德学问，他学说的宗旨就是隐匿声迹，不求闻达。他在周都住了很久，看到周朝日益衰微，就离开了。到了函谷关，关令尹喜对他说："您就要隐居了，就麻烦您为我们写一本书吧。"于是老子就撰写了一本书，分为上下两篇，阐述了关于道德的本意，大概五千多字，然后离去，从此无人知道他的下落。

有人说：老子也是楚国人，他著书十五篇，论述的是道家的作用，据说他与孔子是同一时代。

据说老子活了一百六十多岁，也有人说活了二百多岁，这是由于他修道养心才健康长寿的啊。

孔子死后一百二十九年，史书记载，周朝的太史儋会见秦献公时，曾预言说："当初秦国与周朝是合在一起的，合了五百年后又分开了，分了七十年后，就会有称霸的人出现。"有人说太史儋就是老子，也有人说不是，世人都不知道哪种说法正确。总之，老子是一位隐居的君子。

老子的儿子叫李宗，他做过魏国的将军，封地是段干。李宗的儿子叫李注，李注的儿子叫李宫，李宫的玄孙叫李假，李假在汉文帝时做过官。而李假的儿子李解曾担任胶西王刘印的太傅，因而李氏定居在齐地。

社会上信奉老子学说的人就排斥儒家学说，信奉儒家学说的人也排斥老子学说。“主张观点不同的人，就无法在一起共事”，难道就是指这样的情况吗？老子主张无为而治，使百姓自化；主张清静不扰，使百姓归于正。

※ 原文

庄子者，蒙人也，名周。周尝为蒙漆园吏，与梁惠王、齐宣王同时。其学无所不窥，然其要本归于老子之言。故其著书十余万言，大抵率寓言也。作《渔父》《盗跖》《胠箧》，以诋訾孔子之徒，以明老子之术。畏累虚、亢桑子之属，皆空语无事实。然善属书离辞，指事类情，用剽剥儒、墨，虽当世宿学不能自解免也。其言洸洋自恣以适己，故自王公大人不能器之。

楚威王闻庄周贤，使使厚币迎之，许以为相。庄周笑谓楚使者曰：“千金，重利；卿相，尊位也。子独不见郊祭之牺牛乎？养食之数岁，衣以文绣，以入大庙。当是之时，虽欲为孤豚，岂可得乎？子亟去，无污我。我宁游戏污渎之中自快，无为有国者所羁，终身不仕，以快吾志焉。”

申不害者，京人也，故郑之贱臣。学术以干韩昭侯，昭侯用为相。内修政教，外应诸侯，十五年。终申子之身，国治兵强，无侵韩者。

申子之学本于黄老而主刑名。著书二篇，号曰《申子》。

※ 译文

庄子是蒙地人，名周。他曾担任蒙地漆园的小官，与梁惠王、齐宣王等同时代。他学识渊博，涉猎范围无所不包，他的中心思想却源自老子学说。他撰写了十余万字的著作，多为托词寄意的寓言。他写的《渔父》《盗跖》《胠箧》中，有诋毁孔子学派的人的内容，有来阐明老子思想的内容。而畏累虚、亢桑子等地名、人名都是凭空编造的，没有实事根据。不过庄子善于行文措辞，描摹事物，抒发情感，以攻击、驳斥儒家和墨家，即使是当世博学之士，也不能逃过他的攻击。他的语言汪洋浩漫，随心所欲，所以自王公大人起，都无法器重他。

楚威王得知庄周贤能，就派使臣带着丰厚的礼物去聘请他，答应任他为曹国的宰相。庄周笑着对楚国使臣说：“千金，的确是厚礼；卿相，的确是尊贵的职位。难道你不知道祭祀天地用的供品牛吗？把它喂养几年，然后给它披上带有花纹的绸缎，牵进太庙去当祭品，这时，它就算想做一头孤独的小猪，难道能实现吗？你赶紧走吧，别玷污了我。我宁愿在小水沟里身心愉快地嬉戏，也不愿受君王的束缚。我终身不做官，以愉悦自己的心志。”

申不害是京邑人，曾是郑国的小官吏。后来研究了刑名法术的学问，向韩昭侯求取官职，昭侯任用他为宰相。他对内修明政治，对外应对诸侯，前后十五年。直到申不害去世，国家安定，政治修明，军队强大，没有谁敢侵犯韩国。

申不害的学说源于黄帝和老子，但是他却以循名责实为主，其著作有两篇，名为《申子》。

※ 原文

韩非者，韩之诸公子也。喜刑名法术之学，而其归本于黄老。非为人口吃，不能道说，而善著书。与李斯俱事荀卿，斯自以为不如非。

非见韩之削弱，数以书谏韩王，韩王不能用。于是韩非疾治国不务修明其法制，执势以御其臣下，富国强兵而以求人任贤，反举浮淫之蠹而加之于功实之上。以为儒者用文乱法，而侠者以武犯禁。宽则宠名誉之人，急则用介胄之士。今者所养非所用，所用非所养。悲廉直不容于邪枉之臣，观往者得失之变，故作《孤愤》《五蠹》《内外储》《说林》《说难》十余万言。

然韩非知说之难，为《说难》书甚具，终死于秦，不能自脱。

《说难》曰：

凡说之难，非吾知之有以说之难也；又非吾辩之难能明吾意之难也；又非吾敢横失能尽之难也。凡说之难，在知所说之心，可以吾说当之。

所说出于为名高者也，而说之以厚利，则见下节而遇卑贱，必弃远矣。所说出于厚利者也。而说之以名高，则见无心而远事情，必不收矣。所说实为厚利而显为名高者也，而说之以名高，则阳收其身而实疏之；若说之以厚利，则阴用其言而显弃其身。此之不可不知也。

※ 译文

韩非，是韩国的贵族子弟。他喜好刑名法术的学问。他的学说理论基础源于黄帝和老子。韩非天生口吃，不善言谈，却善于著书立说。他和李斯都是荀卿的学生，李斯自认为学识不及韩非。

韩非看到韩国日益衰弱，屡次上书对韩王进行规劝，可韩王不采纳。韩非痛恨当时君主治理国家不致力于修明法制，这样难以凭借君王掌握的权势来驾驭臣子，无法富国强兵寻求、任用贤能之士，反而任用那些夸夸其谈、危害国家的文学游说之士，并且把他们置于那些讲求功利实效的人之上。他认为儒家用经典文献扰乱国家法度，而游侠却凭武力违反国家法令。国家太平时，就宠信那些徒有虚名的人，危急来临时，就使用那些披甲戴盔的武士。现在国家供养的人并不是真正需要的，而真正需要的人又不是所供养的。他悲叹廉洁正直的人总是不被那些邪曲奸枉之臣所容，他考察了古今得失的变化，写下了《孤愤》《五蠹》《内外储》《说林》《说难》等十多万字的著作。

虽然韩非深深懂得游说的艰难。他撰写的《说难》一书，讲得非常详细，可他最终还是死在秦国，没能逃脱游说的祸难。

《说难》写道：

大凡游说的困难，不是难在我的才智不足以说服君主；也不是难在我的口才不足以明确地表达出我的思想；也不是难在我不敢毫无顾虑地把意见全部表达出来。大凡游说，难在如何了解游说对象的心理，然后用我的说辞打动他。

游说的对象在博取高名，而游说的人却用重利去说服他，你就会被认为品德低下而受到卑贱的待遇，必然会被遗弃和疏远。游说的对象出于贪图重利，而游说的人却用博取高名去说服他，他就会觉得你不真诚且脱离实际，必然不录用你。游说的对象实际上贪图重利，但是却装作博取高名，若游说的人用博取高名去说服他，他就会表面上接受你，其实却疏远你；若游说的人用重利去说服他，他会暗中采纳你的意见，却会公开抛弃你这个人，这些都是游说的人不能不了解的。

※ 原文

夫事以密成，语以泄败。未必其身泄之也，而语及其所匿之事，如是者身危。贵人有过端，而说者明言善议以推其恶者，则身危。周泽未渥也而语极知，说行而有功则德亡，说不行而有败则见疑，如是者身危。夫贵人得计而欲自以为功，说者与知焉，则身危。彼显有所出事，乃自以为也故，说者与知焉，则身危。强之以其所必不为，止之以其所不能已者，身危。故曰：与之论大人，则以为间己；与之论细人，则以为粥权。论其所爱，则以为借资；论其所憎，则以为尝己。径省其辞，则不知而屈之；泛滥博文，则多而久之。顺事陈意，则曰怯懦而不尽；虑事广肆，则曰草野而倨侮。此说之难，不可不知也。

※ 译文

行事保密就能成功，言谈中泄露机密就会失败。这也不一定是游说者本人故意把机密泄露出去的，往往言谈中无意地说到了君主内心隐藏的秘密，这样的话，游说之人就会遭受灾祸。君主有了过失，游说之人却引用一些美善之议来推导出他过失的严重，则游说者就会有危险。君主对游说者的恩宠尚未达到深厚的程度，游说的人却把心里的话全说出，若被采纳实行且收到实效，则君主就会忘掉你的功劳；若意见行不通且遭到失败，则游说者就会被君主怀疑，这样，游说者也会有危险。君主得到了如愿的良策，并且想作为自己的功绩，游说者参与这件事，则也会有危险，君主表面上做一件事，内地里却另有目的，若游说者知道真相，则他也会有危险。君主坚决不愿做的事，却勉强让他去做，君主坚决要做的事，又上去阻止，游说者就有危险。所以说：和君主议论在任的大臣，君主就会认为你在挑拨离间；和君主议论地位低下的人，君主就会认为你在卖弄权势。议论他所喜好的，君主会认为你是在利用他；议论他所憎恶的，君主就会认为你在试探他含怒的深浅。若游说者文辞简略，就会认为你没有才智而羞辱你；若你铺陈辞藻，夸夸其谈，则又会认为你语言放纵而无当。若你顺应君主的主张陈述事情，则会说你胆小而做事不尽如人意；若你谋虑深远，则会说你鄙陋粗俗，倨傲侮慢。这些都是游说的难处，都是不能不知道的啊。

※ 原文

凡说之务，在知饰所说之所敬，而灭其所丑。彼自知其计，则毋以其失穷之；自勇其断，则毋以其敌怒之；自多其力，则毋以其难概之。规异事与同计，誉异人与同行者，则以饰之无伤也。有与同失者，则明饰其无失也。大忠无所拂悟，辞言无所击排，乃后申其辩知焉。此所以亲近不疑，知尽之难也。得旷日弥久，而周泽既渥，深计而不疑，交争而不罪，乃明计利害以致其功，直指是非以饰其身，以此相持，此说之成也。

伊尹为庖，百里奚为虏，皆所由干其上也。故此二子者，皆圣人也，犹不能无役身而涉世如此其污也，则非能仕之所设也。

※ 译文

大凡游说者最重要，是在于懂得美化君主所推崇的事端，而掩盖他所憎恶的事情。他自认为高明的计策，就不要追究他以往的过失；他自认为是勇敢的决断，就不要用他的敌人来激怒他；他夸耀自己的力量强大，就不要用他的难处来拒绝他。游说者规劝或称赞与他一样的计谋，与他一样做法的人或事，就要文饰那人那事，防止中伤他。有与君主同样过失的人，游说者就明确地粉饰说他没有过失。直到游说者的忠心不再遭到君主的抵触，游说者的说辞不再被君主排斥，则此后，游说者就可以施展自己的口才和智慧了。这就是与君主亲近而不被怀疑的方法，也是能说尽心里话的难处啊！直到历时很久之后，君主对游说者恩泽已经深厚了，游说者深远的计谋也就不会再被怀疑了，互相争论也不被加罪了，便可以明白地计议利害关系以成就国君的功业，可直接指出他的是非以正其身，以此来扶持他，就是游说成功了。

伊尹作厨师，百里奚当俘虏，他们都是以此来求得君上的任用。因此虽然他们都是圣人，却仍不得不做低贱的事而经历世事这样的卑污，则这就并非智能之士所引以为耻的了。

※ 原文

宋有富人，天雨墙坏。其子曰“不筑且有盗”，其邻人之父亦云，暮而果大亡其财，其家甚知其子而疑邻人之父。昔者郑武公欲伐胡，乃以其子妻之。因问群臣曰：“吾欲用兵，谁可伐者？”关其思曰：“胡可伐。”乃戮关其思，曰：“胡，兄弟之国也，子言伐之，何也？”胡君闻之，以郑为亲己而不备郑。郑人袭胡，取之。此二说者，其知皆当矣，然而甚者为戮，薄者见疑。非知之难也，处知则难矣。

昔者弥子瑕见爱于卫君。卫国之法，窃驾君车者罪至刖。既而弥子之母病，人闻，往夜告之，弥子矫驾君车而出。君闻之而贤之曰：“孝哉，为母之故而犯刖罪！”与君游果园，弥子食桃而甘，不尽而奉君。君曰：“爱我哉，忘其口而念我！”及弥子色衰而爱弛，得罪于君。君曰：“是尝矫驾吾车，又尝食我以其余桃。”故弥子之行未变于初也，前见贤而后获罪者，爱憎之至变也。故有爱于主，则知当而加亲；见憎于主，则罪当而加疏。故谏说之士不可不察爱憎之主而后说之矣。

夫龙之为虫也，可扰狎而骑也。然其喉下有逆鳞径尺，人有婴之，则必杀人。人主亦有逆鳞，说之者能无婴人主之逆鳞，则几矣。

※ 译文

宋国有个富人家，天下雨毁坏了墙。他儿子说：“不修好将会有盗贼”，他邻人的父亲也这么说。晚上果然丢失了很多财物，他全家都认为儿子很聪明却怀疑邻人的父亲。以前郑武公想要进攻胡国，却把女儿嫁给胡国君主，就问大臣道：“我要用兵，可进攻谁？”关其思答道：“可进攻胡国。”郑武公就杀了关其思，并说：“胡国，是我们兄弟之国，你让我攻打它是何居心？”胡国君主得知此事，就把郑国君主看作自己的亲人而不防备，郑国就趁机偷袭胡国，并将其占领。这两个说客，其预见都是对的，然而重则被杀，轻则被怀疑，因此了解某事不难，如何处理已知的事才难。

以前弥子瑕被卫国君主宠爱。按卫国的法律，偷驾君车的人要被断足。不久，弥子瑕的母亲病了，有人得知此事，就连夜通知他，弥子瑕就谎称主令驾君主的车出去了。君主听说此事反而赞美他道：“多孝顺啊，为了母亲竟愿犯下断足的惩罚！”弥子瑕和卫君去果园玩，弥子瑕吃到一个甜桃子，没吃完就献给卫君。卫君说：“多关心我啊，自己不吃却想着我！”等到弥子瑕渐渐衰老，卫君对他的宠爱也疏淡了，后来他得罪了卫君。卫君说：“此人曾诈称我的命令驾我的车，还曾把咬剩下的桃子给我吃。”弥子瑕的德行同当初一样没变，以前之所以被认为孝顺而后却被治罪，是因为卫君对他的爱憎发生了极大的改变。因此，被君主宠爱时就认为他聪明能干，愈加亲近；被君主憎恶时，就认为他有罪，愈加疏远。所以，劝谏游说者，务必要了解了君主的爱憎之后再去游说。

龙属虫类，可驯养、游戏、坐骑。不过它喉咙下端有一尺长的倒鳞，人若触动倒鳞，就会被伤害。君主也有“倒鳞”，游说者做到不触犯他的“倒鳞”，就基本算得上善于游说了。

※ 原文

人或传其书至秦。秦王见《孤愤》《五蠹》之书，曰：“嗟乎，寡人得见此人与之游，死不恨矣！”李斯曰：“此韩非之所著书也。”秦因急攻韩。韩王始不用非，及急，乃遣非使秦。秦王悦之，未信用。李斯、姚贾害之，毁之曰：“韩非，韩之诸公子也。今王欲并诸侯，非终为韩不为秦，此人之情也。今王不用，久留而归之，此自遗患也，不如以过法诛之。”秦王以为然，下吏治非。李斯使人遗非药，使自杀。韩非欲自陈，不得见。秦王后悔之，使人赦之，非已死矣。

申子、韩子皆著书，传于后世，学者多有。余独悲韩子为《说难》而不能自脱耳。

太史公曰：老子所贵道，虚无，因应，变化于无为，故著书辞称微妙难识。庄子散道德，放论，要亦归之自然。申子卑卑，施之于名实。韩子引绳墨，切事情，明是非，其极惨礉少恩。皆原于道德之意，而老子深远矣。

※ 译文

有人把韩非的著作传到秦国。秦王见到《孤愤》《五蠹》等著作，说：“啊，我若能见到此人并能同他交往，死而无憾。”李斯说：“这书是韩非所写。”秦王因此立即出兵韩国。起初韩王不重用韩非，直到情势危急，才派韩非出使秦国。秦王虽喜欢他，却尚未被信用。李斯和姚贾嫉妒他，就在秦王面前诋毁他道：“韩非，是韩国的贵族子弟。现在大王要吞并各国，韩非最终还是要帮韩国而不帮秦国，这是人之常情啊。如今大王不任用他，在秦国时间长了，再放他回去，这不是给自己留下的祸根吗？干脆给他加个罪名，将其依法处死。”秦王认为他说得对，就命司法官吏给韩非定罪。李斯又派人给韩非送去了毒药，让他自杀。韩非本想当面向秦王陈述是非，却又见不到。后来秦王后悔了，派人去赦免他，遗憾的是韩非已经死了。

申不害、韩非都著书立说，留传后世，学士大多都有他们的书，我唯独悲叹韩非写下《说难》，本人却仍未逃脱游说君主的祸患。

太史公说：老子推重的“道”，虚无，顺应自然，以无为来适应各种变化，因此，他的著述中很多措辞微妙不易理解。庄子宣扬道德，纵意推论，最后的要点也归本于自然无为。申不害勤奋自勉，推行于循名责实。韩非依据法度作为规范行为的绳墨，决断事情，明辨是非，用严酷苛刻的法度，绝少施恩。这些都始于道德的理论，而老子的思想理论就深邃旷远了。

※ 评析

“道可道，非常道。名可名，非常名。”老子在《道德经》开篇就道出了“道”的真正内涵，“道”在天地未形成前就存在于浩瀚的宇宙中，当天地生成以后，它就在万事万物中发挥着自身的作用，贯穿于万物生成、生长、发展、消亡的始终，作为一种自然规律客观地存在着。短短五千言的《道德经》所阐发的道理远不止这些。今天的人们对《道德经》的深奥义理，对老子悟透宇宙的神智，仍然未能深层探知和领悟，这不能不说是一大遗憾。现今社会，道德的流失成了一种很普遍的现象，面对古人用一生来履行的道德规范，今人应该有所彻悟吧。再说韩非，自古至今怀才不遇的例子数不胜数，但“是金子总会闪光”，他们当时不被当权者重用，却随着时间的推移，而被后世推崇。孔子周游列国，并没有受到当权者的赏识；屈原也没有逃脱被放逐的命运，然而他们却都名留青史。韩非也是如此，他不被韩王重用，好不容易遇到了赏识自己的秦王，却又被嫉妒自己的同窗所害，然而韩非“依法治国”的思想在今天仍有现实意义。

司马穰苴列传第四

※ 原文

司马穰苴者，田完之苗裔也。齐景公时，晋伐阿、甄，而燕侵河上，齐师败绩。景公患之。晏婴乃荐田穰苴曰：“穰苴虽田氏庶孽，然其人文能附众，武能威敌，愿君试之。”景公召穰苴，与语兵事，大说之，以为将军，将兵扞燕晋之师。穰苴曰：“臣素卑贱，君擢之闾伍之中，加之大夫之上，士卒未附，百姓不信，人微权轻，愿得君之宠臣，国之所尊，以监军，乃可。”于是景公许之，使庄贾往。穰苴既辞，与庄贾约曰：“旦日日中会于军门。”穰苴先驰至军，立表下漏待贾。贾素骄贵，以为将已之军而已为监，不甚急；亲戚左右送之，留饮。日中而贾不至。穰苴则仆表决漏，入，行军勒兵，申明约束。约束既定，夕时，庄贾乃至。穰苴曰：“何后期为？”贾谢曰："不佞大夫亲戚送之，故留。"穰苴曰："将受命之日则忘其家，临军约束则忘其亲，援枹鼓之急则忘其身。今敌国深侵，邦内骚动，士卒暴露于境，君寝不安席，食不甘味，百姓之命皆悬于君，何谓相送乎！"

※ 译文

司马穰苴，是田完的后代子孙。齐景公的时候，晋国攻打齐国的东阿和甄城，燕国也进犯齐国黄河南岸的领土。齐军都被打得大败。为此，齐景公很忧虑。于是晏婴就把田穰苴推荐给齐景公，说："穰苴虽是田家的妾生之子，可他的才能却使大家信服，武略能使敌人畏惧。请君王试用他。"于是齐景公召见穰苴，同他讨论军国大事，齐景公很满意，立即任命他为将军，率兵去抵抗燕、晋两国的军队。穰苴说："我地位卑微，君王把我从平民中提拔起来，置于大夫之上，士兵不服从，百姓也不信任，人的资望轻微，权威就无法树立，希望能派一位君王宠信、国家尊重的大臣，来做监军即可。"于是齐景公就答应了他的要求，让庄贾去做监军。穰苴向景公辞行，又同庄贾约定说："明天正午在营门会齐。"第二天，穰苴率先到达军门，树起计时的木表和漏壶，等待庄贾。庄贾向来骄盈显贵，认为率领的是自己的军队，自己又做监军，就不是很着急；亲戚朋友为他饯行，留他喝酒。直到正午，庄贾还没到来。穰苴就把木表打倒，把漏壶摔破，到军营去巡视营地，整饬军队，宣布各种规章号令。部署完毕，已日暮降临，庄贾才来到。穰苴说："为何不按时到达？"庄贾表示歉意，他解释说："亲戚朋友送行，所以晚了。"穰苴说："作为将领，自接受命令时起，就应当忘掉自己的家庭；到军队宣布规定号令后，就应把私人交情忘掉，擂鼓进军；战况紧急时，就应当把生命抛到脑后。现今敌人已侵入国境，国内骚乱不安，士兵已在前线战场暴露，无所隐蔽，君主睡不好，吃不香，全国百姓的生命都系在你的身上，还谈什么送行呢！"

※ 原文

召军正问曰："军法期而后至者云何？"对曰："当斩。"庄贾惧，使人驰报景公，请救。既往，未及反，于是遂斩庄贾以徇三军。三军之士皆振栗。久之，景公遣使者持节赦贾，驰入军中。穰苴曰："将在军，君令有所不受。"问军正曰："驰三军法何？"正曰："当斩。"使者大惧。穰苴曰："君之使不可杀之。"乃斩其仆，车之左驸，马之左骖，以徇三军。遣使者还报，然后行。士卒次舍井灶饮食问疾医药，身自拊循之。悉取将军之资粮享士卒，身与士卒平分粮食。最比其羸弱者，三日而后勒兵。病者皆求行，争奋出为之赴战。晋师闻之，为罢去。燕师闻之，度水而解。于是追击之，遂取所亡封内故境而引兵归。未至国，释兵旅，解约束，誓盟而后入邑。

景公与诸大夫郊迎，劳师成礼，然后反归寝。既见穰苴，尊为大司马。田氏日以益尊于齐。

※ 译文

穰苴把军法官叫来问道："军法上对迟到者是怎么处置的？"答道："当斩首。"庄贾害怕了，就派人快马报告齐景公，请求搭救。报信的人去后没多长时间，尚未返回，庄贾就被斩首了，在军中巡行示众，全军将士为此感到震惊。很长时间后，齐景公派的使者才拿着节符来赦免庄贾，车马飞奔直入军营。穰苴说："将在军队里，君主的命令可以不接受。"又问军法官说："驾车马在军营里奔驰，军法该如何处置？"军法官说："当斩首。"使者异常恐惧。穰苴说："君主的使者不能斩首。"就把使者的仆从斩了，把左边的夹车木砍断，还把左边驾车的马杀死，在军中巡行示众。又让使者回去报告给齐景公，然后就出发了。士兵们安营扎寨，掘井立灶，饮水吃饭，探问疾病，安排医药，田穰苴无不亲自过问抚慰。他还把自己作为将军专用的物资粮食全都拿出来款待士兵，自己同兵士一样平分粮食。统计体弱有病的兵士，三天后对军队重新整训，准备出战。病弱的兵士也纷纷请求一同奔赴战场，争先恐后地奋勇作战。晋军得知此情况，就撤军了。燕军得知此情况，渡过黄河向北撤退且分散松懈，于是齐军趁势追击，把所有沦陷的领土收复了，然后率兵凯旋。他还没到国都，就把战备解除了，把战时规定的号令取消了，宣誓立盟后才进入国都。齐景公率文武大臣到城外来迎接，按礼仪慰劳将士后，才回到寝宫。齐景公接见了田穰苴，并命他做大司马。从此，田氏在齐国的地位就日益显贵起来。

※ 原文

已而大夫鲍氏、高、国之属害之，谮于景公。景公退穰苴，苴发疾而死。田乞、田豹之徒由此怨高、国等。其后及田常杀简公，尽灭高子、国子之族。至常曾孙和，因自立为齐威王，用兵行威，大放穰苴之法，而诸侯朝齐。

齐威王使大夫追论古者《司马兵法》而附穰苴于其中，因号曰《司马穰苴兵法》。

太史公曰：余读《司马兵法》，闳廓深远，虽三代征伐，未能竟其义，如其文也，亦少褒矣。若夫穰苴，区区为小国行师，何暇及《司马兵法》之揖让乎？世既多《司马兵法》，以故不论，著穰苴之列传焉。

※ 译文

后来，大夫鲍氏、高氏、国氏等人忌妒他，在齐景公面前恶意中伤、诬陷他。齐景公就解除了他的官职，穰苴因病去世了。田乞、田豹等人因此而对高氏、国氏家族的人怀有怨恨。后来，田常杀死齐简公后，就把高氏和国氏家族的人全部诛杀。到了田常的曾孙田和的时候，就自立为君，号齐威王。他率兵打仗施使权威，都效仿穰苴的做法，诸侯纷纷都到齐国朝拜。

齐威王派大夫整理古代的《司马兵法》，并把大司马田穰苴的兵法也附在里边，因此定名为《司马穰苴兵法》。

太史公说：我读《司马兵法》，感到宏大广博，深不可测。即使是夏、商、周三代的战争，也未能完全阐释出它的内蕴，那些文辞，也略微赞美得有些过分了。至于说到田穰苴，他不过是为小小的诸侯国带兵打仗的，怎么能与《司马兵法》相提并论呢？世人既然推崇《司马兵法》，所以不再评论，只写下这篇《司马穰苴列传》。

※ 评析

司马穰苴是一个恩威并施的非凡将才，同时风度儒雅。他明大义、知礼节、雍容揖让，是一名少有的儒将。司马迁在文中对其描写可谓生动传神，绘声绘色，主要突出了司马穰苴蓄谋设陷地杀人以立威的事情。可以说，这件事充分表现了他的智谋，就连齐景公和庄贾都成了他利用的两颗棋子。以庄贾的头颅和景公的使者来正军法、树军威，这无疑能够起到上乘的效果。事实也的确如此，他的士兵纪律严明、气势如虹，大有万夫不可挡之势，并因此受到重用。当然，他还很注重收买人心，在士兵眼里，他是一个可以同甘共苦、值得以死相报的军官。同样的道理，今天，无论是带兵打仗、治理政事，还是管理企业、管理家庭，要想服众，仅有威严是不够的，但一味仁爱而少威严更行不通。能够做到恩威并施的人才是真正不可多得的将帅之才，才能取得骄人的成绩。

孙子吴起列传第五

※ 原文

孙子武者，齐人也。以兵法见于吴王阖庐。阖庐曰：“子之十三篇，吾尽观之矣，可以小试勒兵乎？”对曰：“可。”阖庐曰：“可试以妇人乎？”曰：“可。”于是许之，出宫中美女，得百八十人。孙子分为二队，以王之宠姬二人各为队长，皆令持戟。令之曰：“汝知而心与左右手背乎？”妇人曰：“知之。”孙子曰：“前，则视心；左，视左手；右，视右手；后，即视背。”妇人曰：“诺。”约束既布，乃设铁钺，即三令五申之。于是鼓之右，妇人大笑。孙子曰：“约束不明，申令不熟，将之罪也。”复三令五申而鼓之左，妇人复大笑。孙子曰：“约束不明，申令不熟，将之罪也；既已明而不如法者，吏士之罪也。”乃欲斩左右队长。吴王从台上观，见且斩爱姬，大骇。趣使使下令曰：“寡人已知将军能用兵矣。寡人非此二姬，食不甘味，愿勿斩也。”孙子曰：“臣既已受命为将，将在军，君命有所不受。”遂斩队长二人以徇。用其次为队长，于是复鼓之。妇人左右前后跪起皆中规矩绳墨，无敢出声。于是孙子使使报王曰：“兵既整齐，王可试下观之，唯王所欲用之，虽赴水火犹可也。”吴王曰：“将军罢休就舍，寡人不愿下观。”孙子曰：“王徒好其言，不能用其实。”于是阖庐知孙子能用兵，卒以为将。西破强楚，入郢，北威齐晋，显名诸侯，孙子与有力焉。

※ 译文

孙子名武，齐国人。他因精通兵法而被吴王阖庐接见。阖庐说：“我看了你的十三篇兵书，可用来小规模地试着指挥军队吗？”孙子答道：“可以。”阖庐说：“可用妇女试验吗？”回答说：“可以。”于是阖庐允许他试验，把宫中美女叫出，约一百八十人。孙子把她们分为两队，让吴王阖庐最宠爱的两位侍妾分别担任队长，让所有的美女都拿一支戟。然后命令道：“你们知道自己的心、左右手和背吗？”回答说：“知道。”孙子说：“我说向前，你们就看心口所对的方向；我说向左，你们就看左手所对的方向；我说向右，你们就看右手所对的方向；我说向后，你们就看背所对的方向妇人们答：“好。”号令宣布完后，就把斧钺等刑具摆好，然后又把已经宣布的号令一再交代清楚。就击鼓发令，让她们向右，妇人们都大笑。孙子说：“不清楚纪律，不熟悉号令，这是将领的过失。”又反复地交代清楚，然后击鼓发令让她们向左，妇人们又都大笑。孙子说：“弄不清纪律，不熟悉号令，这是将领的过失；现在已经讲得很清楚了，却不按号令行事，那就是军官和士兵的过失了。”于是就要把两队的队长杀掉。吴王正在台上观看，见孙子将要杀自己的爱妾，很吃惊，急忙派使臣传达命令说：“我已经知道将军善用兵了，若没了这两个侍妾，我吃东西都不觉香甜，请不要杀她们吧。”孙子说：“我已经接受命令担任将领，将在军队里，君主的命令可以不接受。”于是把两个队长杀了示众。然后又按顺序任用两队的第二人为队长，于是继续击鼓发令，妇人们无论是向左向右、向前向后、跪倒、站起都符合号令和纪律的要求，谁也不敢出声。于是孙子派使臣去报告吴王：“队伍已操练整齐，大王可下台来验察她们的演习，凭大王随意使用她们，就算让她们赴汤蹈火也在所不辞。”吴王说：“让将军停止演练，回去休息。我不想下去察看了。”孙子感叹地说：“大王仅仅是欣赏我的军事理论，却不能让我付诸实践。”从此，吴王阖庐知道孙子真的很善于用兵，最终任他为将军。吴国向西把强大的楚国打败，把郢都攻克，向北威震齐国和晋国，在诸侯各国名声赫赫，这其间，孙子不仅参与了，而且出了很大的力。

※ 原文

孙武既死，后百余岁有孙膑。

膑生阿、鄄之间，膑亦孙武之后世子孙也。孙膑尝与庞涓俱学兵法。庞涓既事魏，得为惠王将军，而自以为能不及孙膑，乃阴使召孙膑。膑至，庞涓恐其贤于己，疾之，则以法刑断其两足而黥之，欲隐勿见。

齐使者如梁，孙膑以刑徒阴见，说齐使。齐使以为奇，窃载与之齐。齐将田忌善而客待之。忌数与齐诸公子驰逐重射。孙子见其马足不甚相远，马有上、中、下、辈。于是孙子谓田忌曰："君弟重射，臣能令君胜。"田忌信然之，与王及诸公子逐射千金。及临质，孙子曰："今以君之下驷与彼上驷，取君上驷与彼中驷，取君中驷与彼下驷。"既驰三辈毕，而田忌一不胜而再胜，卒得王千金。于是忌进孙子于威王。威王问兵法，遂以为师。

其后魏伐赵，赵急，请救于齐。齐威王欲将孙膑，膑辞谢曰："刑余之人不可。"于是乃以田忌为将，而孙子为师，居辎车中，坐为计谋。田忌欲引兵之赵，孙子曰："夫解杂乱纷纠者不控卷，救斗者不搏撠，批亢捣虚，形格势禁，则自为解耳。今梁、赵相攻，轻兵锐卒必竭于外，老弱罢于内。君不若引兵疾走大梁，据其街路，冲其方虚，彼必释赵而自救。是我一举解赵之围而收弊于魏也。"田忌从之，魏果去邯郸，与齐战于桂陵，大破梁军。

※ 译文

孙子去世一百多年后又出了一个孙膑。

孙膑出生在阿城和鄄城一带，也是孙武的后代子孙。他曾与庞涓一起学习兵法。庞涓奉事魏国后，当了魏惠王的将军，他深知自己的才能不比孙膑，就暗自找来孙膑。孙膑来后，庞涓担心他比自己贤能，忌恨他，于是就假借罪名把他的两只脚砍断了，还在他脸上刺字，想让他隐藏起来不敢再抛头露面。

齐国的使臣来到大梁，孙膑以犯人的身份私下里会见了齐使，进行游说。齐使认为他是不可多得之才，就偷偷地用车把他载回齐国。齐将军田忌很赏识他，把他奉为上宾。田忌常与齐国贵族子弟赛马，赌注下得很大。孙膑发现他们的马脚力都差不多，可分为上、中、下三等。于是孙膑就对田忌说："您放心下大赌注吧，我保证让您取胜。"田忌信以为真，就与齐王和贵族子弟们比赛，下了千金的赌注。将要比赛时，孙膑对田忌说："现在用您的下等马对付他们的上等马，用您的上等马对付他们的中等马，用您的中等马对付他们的下等马。”三次比赛结束后，田忌败了一次，胜了两次，赢得了齐王千金赌注。于是田忌就向齐威王推荐孙武。威王向他请教兵法后，就拜他为老师。

后来魏国进兵赵国，赵国形势危急，求救于齐国。齐威王想任用孙膑为主将，孙膑辞谢说：“受过酷刑的人，不应任主将。”于是就任田忌为主将，孙膑为军师，在带篷帐的车里，暗中谋划。田忌想要率救兵直奔赵国，孙膑说：“要解开乱丝，就不能紧握双拳生拉硬扯；要劝解斗殴，就不能卷进去胡乱搏击。而是要把争斗者的要害扼住，争斗者因形势限制，就会自行解开。现在魏赵两国相互攻打，魏国的精锐部队必定在国外精疲力竭，在国内的老弱残兵疲惫不堪。你不如率军火速赶往大梁，将交通要道占据，冲击它正空虚之处，魏国必定要放弃赵国而回兵自救。这样，我们就一举解了赵国之围，同时又能起到让魏国自行挫败的效果。”田忌照孙膑说的去做。果真魏军离开邯郸回师，在桂陵与齐军交战，大败。

※ 原文

后十三岁，魏与赵攻韩，韩告急于齐。齐使田忌将而往，直走大梁。魏将庞涓闻之，去韩而归，齐军既已过而西矣。孙子谓田忌曰：“彼三晋之兵，素悍勇而轻齐，齐号为怯，善战者因其势而利导之。兵法，百里而趣利者蹶上将，五十里而趣利者军半至。使齐军入魏地为十万灶，明日为五万灶，又明日为三万灶。”庞涓行三日，大喜，曰：“我固知齐军怯，入吾地三日，士卒亡者过半矣。”乃弃其步军，与其轻锐倍日并行逐之。孙子度其行，暮当至马陵。马陵道陕，而旁多阻隘，可伏兵，乃斫大树白而书之曰“庞涓死于此树之下”。于是令齐军善射者万弩，夹道而伏，期曰“暮见火举而俱发”。庞涓果夜至斫木下，见白书，乃钻火烛之。读其书未毕，齐军万弩俱发，魏军大乱相失。庞涓自知智穷兵败，乃自刭，曰：“遂成竖子之名！”齐因乘胜尽破其军，虏魏太子申以归。孙膑以此名显天下，世传其兵法。

※ 译文

十三年后，魏国和赵国联合进攻韩国，韩国求救于齐国。齐王派田忌率军前去支援，径直进军大梁。魏将庞涓得知此消息，率师撤离韩国回到魏国，而齐军已经越过边界向西挺进了。孙膑对田忌说：“魏军一向凶悍勇猛，且小看齐兵，齐兵被认为胆小怯懦，善于指挥作战的将领，就应顺应这样的趋势而加以引导。兵法上讲军队急行百里同敌人争利的，其将军有可能折损；军队急行五十里同敌人争利的，则士兵中可能有一半会掉队。你命军队进入魏境先砌供十万人做饭的锅灶，第二天砌供五万人做饭的锅灶，第三天砌供三万人做饭的锅灶。”庞涓行军三日后，很高兴地说：“我本来就知道齐军怯懦胆小，进入我国境刚刚三天，逃跑的就已经超过了半数！”于是就放弃了他的步兵，只率轻装精锐的部队，日夜兼程地追击齐军。孙膑估计他们当晚可以赶到马陵。马陵道路狭窄，且两旁多峻隘险阻，适合埋伏军队。孙膑就命人剥去树皮，露出白木，写上“庞涓死于此树之下”。并命一万名善于射箭的齐兵，在马陵道两边埋伏，约定说：“晚上一看到树下火光亮起，就一起放箭。”庞涓当晚果然赶到了那棵被剥去树皮的大树下，看见白木上有字，就点火照树干上的字，结果字还没读完，齐军伏兵就万箭齐发，一时魏军大乱，互不接应。庞涓自知无计可施，败局已定，就拔剑自刎，临死说：“倒成就了这小子的名声！”齐军又乘胜追击，彻底击溃了魏军，魏国太子申被俘虏。孙膑也因此名扬天下，后世流传着他的《兵法》。

※ 原文

吴起者，卫人也，好用兵。尝学于曾子，事鲁君。齐人攻鲁，鲁欲将吴起，吴起取齐女为妻，而鲁疑之。吴起于是欲就名，遂杀其妻，以明不与齐也。鲁卒以为将。将而攻齐，大破之。

鲁人或恶吴起曰：“起之为人，猜忍人也。其少时，家累千金，游仕不遂，遂破其家，乡党笑之，吴起杀其谤己者三十余人，而东出卫郭门。与其母诀，啮臂而盟曰：‘起不为卿相，不复入卫。’遂事曾子。居顷之，其母死，起终不归。曾子薄之，而与起绝。起乃之鲁，学兵法以事鲁君。鲁君疑之，起杀妻以求将。夫鲁小国，而有战胜之名，则诸侯图鲁矣。且鲁卫兄弟之国也，而君用起，则是弃卫。”鲁君疑之，谢吴起。

吴起于是闻魏文侯贤，欲事之。文侯问李克曰：“吴起何如人哉？”李克曰：“起贪而好色，然用兵，司马穰苴不能过也。”于是魏文侯以为将，击秦，拔五城。

※ 译文

吴起是卫国人，善用兵。曾求学于曾子，奉事鲁国国君。齐国的军队攻打鲁国，鲁君想任吴起为将军，可吴起娶了齐国人为妻，因而鲁君怀疑他。当时，吴起一心想成名，就把妻子杀了，以表明他不亲附齐国。鲁君终于任命他为将军，率军攻打齐国，大败齐军。

于是鲁国有的人诋毁吴起说：“吴起为人，猜疑残忍。他年轻时，家里有千金积蓄，在外求官无果，反而荡尽了家产，乡邻笑话他，他就杀了三十多个讥笑自己的人，然后从卫国的东门逃走了。他与母亲决别时，咬着自己的胳膊狠狠地说：‘我不做卿相，绝不再回卫国。’于是就师从曾子。不久，他母亲去世，吴起也没回去奔丧。曾子看不起他并同他断绝了师徒关系。吴起就又去了鲁国，学习兵法来奉事鲁君。鲁君猜忌他，吴起就杀妻表明心迹，以谋求将军的职位。鲁国虽小，却有着战胜国的名声，那么诸侯各国就要谋算鲁国了。况且鲁国和卫国是兄弟国家，鲁君若重用吴起，就等于抛弃了卫国。”鲁君于是怀疑吴起，并逐渐疏远他。

这时，吴起听说魏国文侯贤明，想去奉事他。文侯问李克说：“吴起这个人如何啊？”李克答道：“吴起贪恋功名又爱好女色，不过若论带兵打仗，就连司马穰苴也比不上他。”于是魏文侯就拜他为主将，攻打秦国，夺下五座城池。

※ 原文

起之为将，与士卒最下者同衣食。卧不设席，行不骑乘，亲裹赢粮，与士卒分劳苦。卒有病疽者，起为吮之。卒母闻而哭之。人曰：“子卒也，而将军自吮其疽，何哭为？”母曰：“非然也。往年吴公吮其父，其父战不旋踵，遂死于敌。吴公今又吮其子，妾不知其死所矣。是以哭之。”

文侯以吴起善用兵，廉平，尽能得士心，乃以为西河守，以拒秦、韩。

魏文侯既卒，起事其子武侯。武侯浮西河而下，中流，顾而谓吴起曰：“美哉乎山河之固，此魏国之宝也！”起对曰：“在德不在险。昔三苗氏左洞庭，右彭蠡，德义不修，禹灭之。夏桀之居，左河、济，右泰、华，伊阙在其南，羊肠在其北，修政不仁，汤放之。殷纣之国，左孟门，右太行，常山在其北，大河经其南，修政不德，武王杀之。由此观之，在德不在险。若君不修德，舟中之人尽为敌国也。”武侯曰：“善。”

※ 译文

吴起做主将，同最下等的士兵穿一样的衣服，吃一样的东西，睡觉不铺垫褥，行军不乘车马，亲自背着捆扎好的粮食与士兵同甘共苦。有个士兵生了恶性毒疮，吴起就为他吸吮脓液。士兵的母亲得知，就放声大哭。有人说：“你儿子是个无名小卒，将军却亲自为他吸吮脓液，为何还哭呢？”那位母亲答道：“并非如此，以前吴将军也替他父亲吸吮毒疮，他父亲就在战场上勇往直前，最后死在敌人手里。现在吴将军又给他儿子吸吮毒疮，我不知道儿子又会在何时死在何方，所以我才哭啊。”

魏文侯因吴起善于用兵打仗，公平清廉，能得到所有将士的拥护，就让他担任西河地区的长官，来抵拒秦国和韩国的军队。

魏文侯死后，吴起又奉事文侯的儿子魏武侯。武侯乘船从黄河顺流而下，船到半途，回头来对吴起说：“山川如此险要壮美，这是魏国的瑰宝啊！”吴起答道：“稳固国家政权，就要施德于民，而不是靠地势险要。以前三苗氏左临洞庭湖，右濒彭蠡泽，但由于不修德行，不讲信义，因此被夏禹灭掉。夏桀的疆土，左临黄河、济水，右靠泰山、华山，南有伊阙山，北有羊肠坂，但却因不施仁政而被商汤放逐。殷纣的疆土，左有孟门山，右有太行山，北有常山，南有黄河，但却因不施仁德而被武王所杀。由此看来，政权稳固的关键在于给百姓施以恩德，而不在于地势的险要。倘若您不施恩德，就算是同乘一条船的人也会变成您的仇敌啊！”武侯说：“讲得好。”

※ 原文

吴起为西河守，甚有声名。魏置相，相田文。吴起不悦，谓田文曰：“请与子论功，可乎？”田文曰：“可。”起曰：“将三军，使士卒乐死，敌国不敢谋，子孰与起？”文曰：“不如子。”起曰：“治百官，亲万民，实府库，子孰与起？”文曰：“不如子。”起曰：“守西河而秦兵不敢东乡，韩、赵宾从，子孰与起？”文曰：“不如子。”起曰：“此三者，子皆出吾下，而位加吾上，何也？”文曰：“主少国疑，大臣未附，百姓不信，方是之时，属之于子乎？属之于我乎？”起默然良久，曰：“属之子矣。”文曰：“此乃吾所以居子之上也。”吴起乃自知弗如田文。

田文既死，公叔为相，尚魏公主，而害吴起。公叔之仆曰：“起易去也。”公叔曰：“奈何？”其仆曰：“吴起为人节廉而自喜名也。君因先与武侯言曰：‘夫吴起贤人也，而侯之国小，又与强秦壤界，臣窃恐起之无留心也。’武侯即曰：‘奈何？’君因谓武侯曰：‘试延以公主，起有留心则必受之。无留心则必辞矣。以此卜之。’君因召吴起而与归，即令公主怒而轻君。吴起见公主之贱君也，则必辞。”于是吴起见公主之贱魏相，果辞魏武侯。武侯疑之而弗信也。吴起惧得罪，遂去，即之楚。

※ 译文

吴起做西河守，声望很高。魏国设置了相位，任田文为国相。吴起很不高兴，对田文说：“我可以与您比一比功劳吗？”田文说：“可以。”吴起说：“统率三军，让士兵情愿为国去死战，敌国不敢图谋魏国，我俩相比，谁好？”田文说：“我不如您。”吴起说：“管理文武百官，让百姓亲附，使府库储备充实，我俩比，谁好？”田文说：“我不如您。”吴起说：“拒守西河，令秦国的军队不敢向东侵犯，让韩国和赵国都服从归顺，我俩比，谁好？”田文说：“我不如您。”吴起说：“这些方面您都不如我，可是您的职位高于我，这是什么道理啊？”田文说：“国君尚年轻，国人疑虑不安，群臣不亲附，民众不信任，这个时候，是把政事托付给您呢，还是托付给我呢？”吴起沉默了很长时间，然后说：“应托付给您。”田文说：“这就是我的职位高过您的原因啊。”吴起这才明白在这方面自己比不过田文。

田文死后，公叔任国相，娶魏君的女儿，却畏忌吴起。公叔的仆人说：“赶走吴起，轻而易举。”公叔问：“怎么做？”那人说：“吴起为人有骨气而又在意名誉和声望。

您可找机会先对武侯说：‘吴起是贤能之人，可您的国土却太小，又和强大的秦国接壤，我暗自担心吴起不想长期留在魏国。’武侯就会说：‘那该怎么办啊？’您就趁机对武侯说：‘请您下嫁公主来对他进行试探，若吴起想长期留在魏国，就一定会答应娶公主，反之，就一定会推辞。可以此来推断他的心志。’您找个机会请吴起一起回家，故意惹怒公主而使她当面鄙视您，吴起看到公主如此蔑视您，那就必然不会娶公主了。”当时，吴起看公主如此蔑视国相，果真婉言谢绝了魏武侯。武侯怀疑吴起，也就不再信任他。吴起担心招来灾祸，于是就离开魏国，随即去了楚国。

※ 原文

楚悼王素闻起贤，至则相楚。明法审令，捐不急之官，废公族疏远者，以抚养战斗之士。要在强兵，破驰说之言从横者。于是南平百越；北并陈蔡，却三晋；西伐秦。诸侯患楚之强。故楚之贵戚尽欲害吴起。及悼王死，宗室大臣作乱而攻吴起，吴起走之王尸而伏之。击起之徒因射刺吴起，并中悼王。悼王既葬，太子立，乃使令尹尽诛射吴起而并中王尸者。坐射起而夷宗死者七十余家。

太史公曰：世俗所称师旅，皆道《孙子》十三篇，吴起《兵法》，世多有，故弗论，论其行事所施设者。语曰：“能行之者未必能言，能言之者未必能行。”孙子筹策庞涓明矣，然不能蚤救患于被刑。吴起说武侯以形势不如德，然行之于楚，以刻暴少恩亡其躯。悲夫！

※ 译文

楚悼王向来就听说吴起贤能，一到楚国就任他为国相。他使法明确，依法办事，令出必行，裁汰冗员，停止疏远王族的按例供给，以抚养战士。加强军事力量，揭穿往来奔走的游说之客。平定了南方的百越；吞并了北方的陈国和蔡国，打退韩、赵、魏三国的进攻；讨伐西方的秦国。诸侯各国对楚国的强大感到忧虑。以往被吴起停止供给的疏远王族都想谋害吴起。楚悼王一死，王室大臣发动叛乱，攻打吴起，吴起就跑到楚王停尸的地方，伏在楚悼王尸体上。攻打吴起的那帮人趁机用箭射，同时也射中了楚悼王的尸体。等安葬了楚悼王后，太子即位。就让令尹把射杀吴起时，同时射中楚悼王尸体的人全部处死，因射杀吴起而被灭族的有七十多家。

太史公说：世人称道军旅战法，都称道《孙子》十三篇和吴起的《兵法》，这两部书在社会上流传很广，因此我就不加论述，只评论他们生平行事所涉及的情况。俗话说：“能做的不一定能说，能说的不一定能做。”孙膑算计庞涓的军事行动相当高明，可他自己却无法预先避免刖足的酷刑。吴起向魏武侯讲凭借地势的险要，不如施恩德于人民的道理，然而到楚国执政后反而因刻薄、暴戾、少恩而葬送性命。可叹啊！

※ 评析

孙武的军事才能是有目共睹的，其著作《孙子兵法》是中国古代最伟大的兵书，历代的兵家对这部“兵学圣典”都极为推崇。其中“攻其无备，出其不意”“知彼知己，百战不殆”“避实击虚”等作战思想仍然适用于现代战争。《孙子兵法》所包含的战略思想还被广泛地应用在商战上。商场如战场，兵法中的很多战略思想，运用到企业管理、市场营销等诸多方面，同样妙不可言。“木秀于林，风必摧之”，孙膑和吴起就是秀于“林”的“木”，他们杰出的军事才华能够得到国君的认可，并委以重任，但是树大招风，在日益被重用的同时，也招致了妒意、忌恨。孙膑坚信“留得青山在，不怕没柴烧”，因此他忍辱负重，最终名留千古。吴起很识时务，他懂得“良禽择木而栖”，无论投奔到哪里，他都能凭借非凡的才能得到国君的赏识，但同时又会招致新的嫉妒、仇恨和陷害。当他失去了保护伞时，就立即成了那群嫉贤妒能的平庸之辈的囊中之物。这是人才的悲哀，是国家的悲哀，也是时代的悲哀。

伍子胥列传第六

※ 原文

伍子胥者，楚人也，名员。员父曰伍奢。员兄曰伍尚。其先曰伍举，以直谏事楚庄王，有显，故其后世有名于楚。

楚平王有太子名曰建，使伍奢为太傅，费无忌为少傅。无忌不忠于太子建。平王使无忌为太子取妇于秦，秦女好，无忌驰归报平王曰：“秦女绝美，王可自取，而更为太子取妇。”平王遂自取秦女而绝爱幸之，生子轸。更为太子取妇。

无忌既以秦女自媚于平王，因去太子而事平王。恐一旦平王卒而太子立，杀己，乃因谗太子建。建母，蔡女也，无宠于平王。平王稍益疏建，使建守城父，备边兵。

顷之，无忌又日夜言太子短于王曰：“太子以秦女之故，不能无怨望，愿王少自备也。自太子居城父，将兵，外交诸侯，且欲入为乱矣。”平王乃召其太傅伍奢考问之。伍奢知无忌谗太子于平王，因曰：“王独奈何以谗贼小臣疏骨肉之亲乎？”无忌曰：“王今不制，其事成矣。王且见禽。”于是平王怒，囚伍奢，而使城父司马奋扬往杀太子。行未至，奋扬使人先告太子：“太子急去，不然将诛。”太子建亡奔宋。

※ 译文

伍子胥，楚国人，名员。他的父亲叫伍奢，哥哥叫伍尚。其祖先名伍举，因侍奉楚庄王时刚直谏诤而显贵，因此其后代子孙在楚国很有名气。

楚平王的太子叫建，楚平王让伍奢做太子太傅，费无忌做少傅。费无忌不忠心于太子。平王派无忌到秦国为太子建娶亲。秦女长得姣美，无忌就赶忙回来报告平王道："这是个绝色美女，大王可自己娶他，再给太子另找一个。"平王就娶了秦女，宠爱至极，生了个儿子叫轸，又另给太子建娶了媳妇。

费无忌用秦国美女讨好了楚平王后，就趁机离开太子去侍奉平王。可是他又担心有一天平王死了，太子建继位会给自己招致祸患，于是诋毁太子建。太子建的母亲为蔡国人，不被楚平王宠爱。平王对太子建也逐渐疏远起来，派太子建驻守城父，防守边疆。

不久，无忌又不停地在平王面前说太子建的坏话，他说："太子由于秦女的缘故，不可能没有怨恨情绪，请大王自己稍微防备。自太子驻守城父后，统率军队，对外与诸侯交往，且想要进入都城作乱。"楚平王就将太子太傅伍奢召回审问。伍奢知道无忌在平王面前诬陷了太子，因此说："大王怎么可以仅凭搬弄事非的小人的谗言就疏远骨肉至亲呢？"无忌说："大王现在不制止，他们的阴谋就会得逞，则大王将被捉！"于是平王怒，囚禁伍奢，同时命城父司马奋扬去杀太子建。还没去到，奋扬就派人提前告诉太子："请快离开，不然将被杀。"于是太子建逃到了宋国。

※ 原文

无忌言于平王曰："伍奢有二子，皆贤，不诛且为楚忧。可以其父质而召之，不然且为楚患。"王使使谓伍奢曰："能致汝二子则生，不能则死。"伍奢曰："尚为人仁，呼必来。员为人刚戾忍訽，能成大事，彼见来之并禽，其势必不来。"王不听，使人召二子曰："来，吾生汝父；不来，今杀奢也。"伍尚欲往，员曰："楚之召我兄弟，非欲以生我父也，恐有脱者后生患，故以父为质，诈召二子。二子到，则父子俱死。何益父之死？往而令仇不得报耳。不如奔他国，借力以雪父之耻，俱灭，无为也。"伍尚曰："我知往终不能全父命。然恨父召我以求生而不往，后不能雪耻，终为天下笑耳。"谓员："可去矣！汝能报杀父之仇，我将归死。"尚既就执，使者捕伍胥。伍胥贯弓执矢向使者，使者不敢进，伍胥遂亡。闻太子建之在宋，往从之。奢闻子胥之亡也，曰："楚国君臣且苦兵矣。"伍尚至楚，楚并杀奢与尚也。

※ 译文

无忌告诉平王："伍奢有两个贤能的儿子，不杀他们，则终为楚国的祸害。可以将伍奢作人质，召来他们，否则楚国后患无穷。”平王就派使臣对伍奢说：“能叫来你的两个儿子就可活命，否则就被处死。”伍奢说：“伍尚为人宽厚仁慈，让他来则必来；伍员桀骜不驯，忍辱负重，能成大事，他深知来了必定被擒，肯定不来。”平王不听，派人召伍奢的两个儿子，说：“你们来，可保全你父亲的性命；否则，就立即杀死伍奢。”伍尚准备前往，伍员说：“楚王召我们俩，并不是想让父亲活命，而是担心我们逃跑，留下后患，因此用父亲作人质来欺骗我们。我们一到，就肯定同父亲一起被处死。这对父亲的死有什么好处呢？去了，则令我们无法报仇。不如逃到别国，借助别国的力量来洗雪父亲的耻辱。一同送死是没有意义的呀。”伍尚说：“我知道即使去最后也无法保全父亲的性命。只恨父亲召我们是为了求得生存，若不去，以后又无法洗雪耻辱，终会被天下人耻笑。”于是就对伍员说：“你可以逃走，你去报杀父之仇，我要就身去死。”伍尚被抓后，使臣又要抓伍子胥，伍子胥拉满了弓，箭对准使者，使者不敢上前，伍子胥就逃走了。他得知太子建在宋国，就去投奔他。伍奢听说子胥逃跑后说道：“楚国君臣将要苦于战火了。”伍尚来到楚都，就同父亲一起被楚平王杀害了。

※ 原文

伍胥既至宋，宋有华氏之乱，乃与太子建俱奔于郑。郑人甚善之。太子建又适晋，晋顷公曰：“太子既善郑，郑信太子。太子能为我内应，而我攻其外，灭郑必矣。灭郑而封太子。”太子乃还郑。事未会，会自私欲杀其从者，从者知其谋，乃告之于郑。郑定公与子产诛杀太子建。建有子名胜。伍胥惧，乃与胜俱奔吴。到昭关，昭关欲执之。伍胥遂与胜独身步走，几不得脱。追者在后。至江，江上有一渔父乘船，知伍胥之急，乃渡伍胥。伍胥既渡，解其剑曰：“此剑直百金，以与父。”父曰：“楚国之法，得伍胥者赐粟五万石，爵执珪，岂徒百金剑邪！”不受。伍胥未至吴而疾，止中道，乞食。至于吴，吴王僚方用事，公子光为将。伍胥乃因公子光以求见吴王。

久之，楚平王以其边邑钟离与吴边邑卑梁氏俱蚕，两女子争桑相攻，乃大怒，至于两国举兵相伐。吴使公子光伐楚，拔其钟离、居巢而归。伍子胥说吴王僚曰：“楚可破也。愿复遣公子光。”公子光谓吴王曰：“彼伍胥父兄为戮于楚，而劝王伐楚者，欲以自报其仇耳。伐楚未可破也。”伍胥知公子光有内志，欲杀王而自立，未可说以外事，乃进专诸于公子光，退而与太子建之子胜耕于野。

※ 译文

伍子胥到宋国后，恰逢宋国华氏作乱，就和太子建一起逃往郑国。郑国君臣对他们都很友好。太子建又去晋国，晋顷公说：“您既然跟郑国的关系密切，郑国信任您，若您能给我们做内应，我们从外面进攻，定能灭掉郑国，灭掉郑国后就把它分封给您。”于是太子建就回到郑国。举事时机尚未成熟，正赶上太子建因个人私事打算杀掉一个随从，这个人知道太子建的计划，就报告给郑国。郑定公和子产把太子建杀了。太子建有个儿子叫胜。伍子胥害怕了，就与胜一起逃向吴国。到了昭关，昭关的官兵要捉拿他们，于是，伍子胥和胜各自徒步逃跑，差一点脱不了身。追兵在后。到江边，江上有一个渔翁乘着船，知伍子胥危急，就将其渡过江。过江后，伍子胥解下随身带的宝剑说：“这把剑价值百金，送给您。”渔翁说：“楚国的法令，抓到伍子胥的人，赏粮五万石，封执珪的爵位，难道是仅仅值百金的宝剑吗？”渔翁不肯接受。伍子胥还没逃到吴国京城，就病了，中途停下讨饭吃。到达吴都，吴王僚刚刚当权执政，公子光做将军。伍子胥就通过公子光的关系求见吴王。

很久以后，因楚国边邑钟离和吴国边邑卑梁氏都养蚕，这两地的女子为争采桑叶而发生厮打，楚平王因此大发雷霆，以致两国相互出兵攻打。吴国派公子光攻打楚国，攻破楚国的钟离和居巢就回去了。伍子胥劝吴王僚道：“楚国是可以打败的，请再派公子光去。”公子光对吴王说：“伍子胥的父兄被楚国杀害，他劝大王进攻楚国，是为了报他的私仇。攻打楚国未必能成功啊。”伍子胥知道公子光在国内有野心，想把吴王僚杀死而自立为君，不可用对外的军事行动劝说他，就把专诸推荐给公子光，然后离开朝廷，同太子建的儿子胜一起到乡下种地去了。

※ 原文

五年而楚平王卒。初，平王所夺太子建秦女生子轸，及平王卒，轸竟立为后，是为昭王。吴王僚因楚丧，使二公子将兵往袭楚。楚发兵绝吴兵之后，不得归。吴国内空，而公子光乃令专诸袭刺吴王僚而自立，是为吴王阖庐。阖庐既立，得志，乃召伍员以为行人，而与谋国事。

楚诛其大臣郤宛、伯州犁，伯州犁之孙伯嚭亡奔吴，吴亦以嚭为大夫。前王僚所遣二公子将兵伐楚者，道绝不得归。后闻阖庐弑王僚自立，遂以其兵降楚，楚封之于舒。阖庐立三年，乃兴师与伍胥、伯嚭伐楚，拔舒，遂禽故吴反二将军。因欲至郢，将军孙武曰：“民劳，未可，且待之。”乃归。

四年，吴伐楚，取六与灊。五年，伐越，败之。六年，楚昭王使公子囊瓦将兵伐吴。吴使伍员迎击，大破楚军于豫章，取楚之居巢。

九年，吴王阖庐谓子胥、孙武曰：“始子言郢未可入，今果何如？”二子对曰：“楚将囊瓦贪，而唐、蔡皆怨之。王必欲大伐之，必先得唐、蔡乃可。”阖庐听之，悉兴师与唐、蔡伐楚，与楚夹汉水而陈。吴王之弟夫概将兵请从，王不听，遂以其属五千人击楚将子常。子常败走，奔郑。于是吴乘胜而前，五战，遂至郢。己卯，楚昭王出奔。庚辰，吴王入郢。

※ 译文

五年后，楚平王去世。当初，平王从太子建那儿夺来的秦女生了一个儿子名轸，平王去世后，轸竟然继承平王位，即为昭王。吴王僚趁楚国办丧事之机，派属庸和盖余率兵袭击楚国。楚国出兵将吴国军队的后路切断，使吴军无法回国。吴国国内空虚，公子光就让专诸暗杀了吴王僚，然后自立为王，即为吴王阖庐。阖庐自立后，实现了愿望，就把伍子胥召回，官拜为行人，同他一起策划国事。

楚国杀了他的大臣郄宛和伯州犁，伯州犁的孙子伯嚭逃到吴国，吴国任用伯嚭为大夫。先前，吴王僚派去进攻楚国的两位公子，因其后路被切断而无法回国，后来得知阖庐杀死吴王僚而自立为王，就率军投降了楚国，楚国把舒地封给他们。阖庐自立为王后的第三年，就发兵同伍子胥、伯嚭等一起攻打楚国，并将舒地占领，捉了原来背叛吴国的两个将军。阖庐想乘胜进兵郢都，将军孙武说："百姓太疲惫了，不可以，还是等等吧。"就收兵回国了。

阖庐四年，吴国进攻楚国，夺取了六地和灊地。阖庐五年，进攻越国，并获胜。阖庐六年，楚昭王派公子囊瓦领兵攻打吴国。吴国派伍子胥迎战，在豫章打败了楚国的军队，夺取了楚国的居巢。

阖庐九年，吴王阖庐对子胥和孙武说："当初你们说郢都不可攻入，现在的情形如何？"二人答道："楚国将军囊瓦贪财，唐国和蔡国都怨恨他。大王若非要大规模地进攻楚国，就必须先求得唐国和蔡国的支持才可。"阖庐采纳了他们的意见，出动了全部军队，同唐、蔡二国共同进攻楚国，和楚国军队在汉水两岸列兵对阵。吴王的弟弟夫概率军请求一起出征，吴王不答应，夫概就用自己属下五千人去进攻楚将子常，子常战败逃往宋国。于是，吴军乘胜追击，五次战役后，就打到了郢都。己卯日，楚昭王出逃。第二天，吴王进入郢都。

※ 原文

昭王出亡，入云梦；盗击王，王走郧。郧公弟怀曰："平王杀我父，我杀其子，不亦可乎！"郧公恐其弟杀王，与王奔随。吴兵围随，谓随人曰："周之子孙在汉川者，楚尽灭之。"随人欲杀王，王子綦匿王，己自为王以当之。随人卜与王于吴，不吉，乃谢吴不与王。

始伍员与申包胥为交，员之亡也，谓包胥曰："我必覆楚。"包胥曰："我必存之。"及吴兵入郢，伍子胥求昭王。既不得，乃掘楚平王墓，出其尸，鞭之三百，然后已。申包胥亡于山中，使人谓子胥曰："子之报仇，其以甚乎！吾闻之，人众者胜天，天定亦能破人。今子故平王之臣，亲北面而事之，今至于僇死人，此岂其无天道之极乎！”伍子胥曰：“为我谢申包胥曰，吾日莫途远，吾故倒行而逆施之。”于是申包胥走秦告急，求救于秦。秦不许。包胥立于秦廷，昼夜哭，七日七夜不绝其声。秦哀公怜之，曰：“楚虽无道，有臣若是，可无存乎！”乃遣车五百乘救楚击吴。六月，败吴兵于稷。会吴王久留楚求昭王，而阖庐弟夫概乃亡归，自立为王。阖庐闻之，乃释楚而归，击其弟夫概。夫概败走，遂奔楚。楚昭王见吴有内乱，乃复入郢。封夫概于堂谿，为堂谿氏。楚复与吴战，败吴，吴王乃归。

※ 译文

楚昭王逃走，进入云楚大泽；昭王被强盗袭击后又逃到郧地。郧公的弟弟怀说：“平王把我们的父亲杀死了，我们把他的儿子杀死，不也可以吗？”郧公恐怕昭王被杀，就和昭王一起逃到随地。吴兵把随地包围了，对随地人说：“汉水流域的周朝子孙，全部被楚国灭掉了。”随人要杀昭王，王子綦就把他藏起来，自己假装昭王来搪塞他们。随人算了一卦，卦象显示把昭王交给吴军是不吉利的，于是就谢绝吴国，不交昭王。

当初，伍子胥和申包胥是至交，伍子胥逃跑时，对包胥说：“我一定要把楚国颠覆。”包胥说：“我一定要保全楚国。”等到吴兵攻进郢都，伍子胥没有搜寻到昭王，就把楚平王的坟挖开，将其尸体拖出，鞭打了三百下才停下。申包胥逃到山里，派人去对伍子胥说：“您这样报仇，实在是太过分了！我听说：‘人多可胜天，天公降怒也能把人毁灭。’您原本是平王的臣子，曾亲自称臣侍奉他，现在却弄到侮辱死人的地步，这难道不是极度伤天害理吗？”伍子胥对来人说：“你替我转告申包胥，就说：‘我就好比太阳落山的时候，路途尚远。因此，我要逆情背理地行动。’”于是申包胥就跑到秦国去报告危急情况，向秦国请求救援，秦国不答应。申包胥站在秦国的朝廷上，日夜痛哭，其哭声七天七夜没有中断。秦哀公同情他，就说：“楚王虽昏庸无道，但有这样的臣子，怎能不保全楚国呢？”就派了五百辆战车援救楚国，攻打吴国。六月间，在稷地把吴军打败。正赶上吴王长时间地留在楚国寻找楚昭王，阖庐的弟弟夫概逃回国内，自立为王。阖庐得知此消息，就弃楚国赶回去，进攻夫概。夫概兵败，逃到楚国。楚昭王趁吴国内部变乱，又打回郢都，把堂溪封给夫概，为堂溪氏。楚国再次同吴军交战，打败吴军，吴王就回国了。

※ 原文

后二岁，阖庐使太子夫差将兵伐楚，取番。楚惧吴复大来，乃去郢，徙于鄀。当是时，吴以伍子胥、孙武之谋，西破强楚，北威齐、晋，南服越人。

其后四年，孔子相鲁。

后五年，伐越。越王勾践迎击，败吴于姑苏，伤阖庐指，军却。阖庐病创将死，谓太子夫差曰："尔忘勾践杀尔父乎？"夫差对曰："不敢忘。"是夕，阖庐死。夫差既立为王，以伯嚭为太宰，习战射。二年后伐越，败越于夫湫。越王勾践乃以余兵五千人栖于会稽之上，使大夫种厚币遗吴太宰嚭以请和，求委国为臣妾。吴王将许之。伍子胥谏曰："越王为人能辛苦。今王不灭，后必悔之。"吴王不听，用太宰嚭计，与越平。

其后五年，而吴王闻齐景公死而大臣争宠，新君弱，乃兴师北伐齐。伍子胥谏曰："勾践食不重味，吊死问疾，且欲有所用之也。此人不死，必为吴患。今吴之有越，犹人之有腹心疾也。而王不先越而乃务齐，不亦谬乎！"吴王不听，伐齐，大败齐师于艾陵，遂威邹、鲁之君以归。益疏子胥之谋。

※ 译文

两年后，阖庐派太子夫差率兵进攻楚国，夺取番地。楚国害怕吴军再次大规模进攻，就离开郢城，把都城迁到鄀邑。这时，吴国采用伍子胥、孙武的战略，向西把强大的楚国打败，向北威镇齐国、晋国，向南将越国降服。

夫差攻楚取番后四年，孔子任鲁国国相。

又过了五年，吴军攻伐越国。越王勾践率兵迎战，在姑苏把吴军打败，吴王阖庐的脚趾受伤，吴军退却。阖庐创伤发作，很严重，临死前对太子夫差说："你能忘掉勾践杀了你父亲吗？"夫差回答说："不敢忘。"当天晚上，阖庐就去世了。夫差继吴王位后，任伯嚭做太宰，操练士兵。两年后攻伐越国，在夫湫将越军打败，越王勾践就带领残兵败将在会稽山上驻军，派大夫文种用重礼赠送太宰伯嚭，请求讲和，把国家政权托付给吴国，情愿做吴国的奴仆。吴王准备接受越国的请求，伍子胥劝道："越王勾践为人能忍辱负重，如今，大王若不一举歼灭他，将来必定会后悔。"吴王不听，反而采纳了太宰伯嚭的计策，和越国议和。

和越国议和后又过了五年，吴王得知齐景公去世了，群臣争权夺利，新立国君又懦弱，就出兵向北攻打齐国。伍子胥劝道："勾践一餐不吃两道荤菜，且哀悼死去的、慰问有病的，是准备大干一番。此人不死，必成吴国的祸患。如今吴国有越国在身边，就像得了心腹疾病。大王不考虑先把越国铲除，反而一心致力攻打齐国，不是荒谬得很吗？"吴王听不进伍子胥的规劝，仍然攻打齐国。在艾陵大败齐军，于是慑服了邹国和鲁国的国君而回国。从此，就越来越不听伍子胥的计谋了。

※ 原文

其后四年，吴王将北伐齐，越王勾践用子贡之谋，乃率其众以助吴，而重宝以献遗太宰嚭。太宰嚭既数受越赂，其爱信越殊甚，日夜为言于吴王。吴王信用嚭之计。伍子胥谏曰："夫越，腹心之病，今信其浮辞诈伪而贪齐。破齐，譬犹石田，无所用之。且《盘庚之诰》曰：'有颠越不恭，劓殄灭之，俾无遗育，无使易种于兹邑。'此商之所以兴。愿王释齐而先越；若不然，后将悔之无及。"而吴王不听，使子胥于齐。子胥临行，谓其子曰："吾数谏王，王不用，吾今见吴之亡矣。汝与吴俱亡，无益也。"乃属其子于齐鲍牧，而还报吴。

吴太宰嚭既与子胥有隙，因谗曰："子胥为人刚暴，少恩，猜贼，其怨望恐为深祸也。前日王欲伐齐，子胥以为不可，王卒伐之而有大功。子胥耻其计谋不用，乃反怨望。而今王又复伐齐，子胥专愎强谏，沮毁用事，徒幸吴之败以自胜其计谋耳。今王自行，悉国中武力以伐齐，而子胥谏不用，因辍谢，详病不行。王不可不备，此起祸不难。且嚭使人微伺之，其使于齐也，乃属其子于齐之鲍氏。夫为人臣，内不得意，外倚诸侯，自以为先王之谋臣，今不见用，常鞅鞅怨望。愿王早图之。"吴王曰："微子之言，吾亦疑之。"乃使使赐伍子胥属镂之剑，曰："子以此死。"

※ 译文

四年后，吴王准备北上攻打齐国，越王勾践采用子贡的计谋，率领兵队帮吴国作战，把贵重的宝物献给太宰伯嚭。太宰伯嚭多次收受越国的贿赂，因此就特别喜欢并信任越国，不停地在吴王面前替越国说好话。吴王总是相信和采纳太宰伯嚭的计谋。伍子胥规劝吴王道："越国，是心腹大患，如今相信那虚饰、浮夸、狡诈、欺骗之词，贪图齐国。把齐国攻克，就好比占领了一块石田，无任何用处。更何况《盘庚之诰》上说：'有破坏礼法、不恭王命的就要彻底割除灭绝，使他们无法传宗接代，不要让他们在这个城邑里把好人影响坏了。'这就是商朝之所以兴盛的原因。请大王放弃齐国，先进攻越国。否则，再悔恨也来不及了。"吴王不听伍子胥的劝，却派他出使齐国。子胥临行前对儿子说："我多次规劝大王，大王都不听。我如今看到吴国的末日了，你与吴国一起毁灭，没什么好处。"于是就把儿子托付给齐国的鲍牧，然后返回吴国向吴王报告。

吴国太宰伯嚭和伍子胥在感情上产生裂痕后，就趁机在吴王面前诋毁他："子胥为人强硬凶恶，无情无义，猜忌狠毒，他的怨恨恐怕会酿成深重的灾难。上次大王要攻打齐国，子胥反对，大王最终发兵并取得了重大的胜利，子胥因自己的计谋未被采用而感到羞耻，因此产生了怨恨情绪。如今大王又一次要攻打齐国，伍子胥依然独断固执，强行谏阻，败坏、诋毁大王的事业，只盼吴国战败以证明自己高明的计谋。

如今大王亲自出征，发动全部武力攻打齐国，而伍子胥的劝谏不被采纳，于是就停止上朝，装病不随大王出征。大王不可不戒备，这极易引起祸端。况且我暗中派人探查，他出使齐国，就把他的儿子托付给齐国的鲍氏。为人臣子，在国内不得意，就在外依靠诸侯，自认为是先王的谋臣。现在不被信用，便常常郁郁不乐，怨恨情绪滋生。请大王对此事早想办法。”吴王说：“你不跟我说这番话，我也已经对他产生怀疑了。”就派使臣把属镂宝剑赐给伍子胥，说：“你用此宝剑自杀吧。”

※ 原文

伍子胥仰天叹曰：“嗟乎！谗臣嚭为乱矣，王乃反诛我。我令若父霸。自若未立时，诸公子争立，我以死争之于先王，几不得立。若既得立，欲分吴国予我，我顾不敢望也。然今若听谀臣言以杀长者。”乃告其舍人曰：“必树吾墓上以梓，令可以为器；而抉吾眼县吴东门之上，以观越寇之入灭吴也。”乃自刭死。吴王闻之大怒，乃取子胥尸盛以鸱夷革，浮之江中。吴人怜之，为立祠于江上，因命曰胥山。

吴王既诛伍子胥，遂伐齐。齐鲍氏杀其君悼公而立阳生。吴王欲讨其贼，不胜而去。其后二年，吴王召鲁、卫之君会之橐皋。其明年，因北大会诸侯于黄池，以令周室。越王勾践袭杀吴太子，破吴兵。吴王闻之，乃归，使使厚币与越平。后九年，越王勾践遂灭吴，杀王夫差；而诛太宰嚭，以不忠于其君，而外受重赂，与己比周也。

伍子胥初所与俱亡故楚太子建之子胜者，在于吴。吴王夫差之时，楚惠王欲召胜归楚。叶公谏曰：“胜好勇而阴求死士，殆有私乎！”惠王不听。遂召胜，使居楚之边邑鄢，号为白公。白公归楚三年而吴诛子胥。

※ 译文

伍子胥仰天叹息道：“唉！谗言小人伯嚭作乱，大王却来杀我。我帮助过你父亲称霸。你尚未被确定为王位继承人时，公子们争着立为太子，我在先王面前冒死相争才让你得到了太子的位置。你被立为太子后，还允诺要把吴国分一部分给我，我并未存有要你报答的念头，可如今你居然听信谄言来杀害长辈。”于是他对亲近的门客说：“你们一定要在我的坟墓上种植梓树，让它长大能够做棺材。把我的眼珠挖出悬挂在吴国都城的东门楼上，以观看越寇怎样进入都城、灭掉吴国的。”于是自刎，吴王得知，大发雷霆，就把伍子胥的尸体装进皮革袋子里，漂浮在江中。吴国人同情他，就在江边为他修建了祠堂，因此此地被命名为胥山。

吴王杀了伍子胥后，就攻伐齐国。齐国鲍氏杀了他们的国君悼公辅佐阳生作国君。吴王准备讨伐鲍氏，可是没能获胜就撤兵回去了。此后二年，吴王召集鲁国和卫国的国君在橐皋会盟。第二年，吴王就势北上，在黄池大会诸侯，来号令周天子。这时，越王勾践袭击吴国，吴太子被杀，吴军战败。吴王闻听此事后回国，派出使者用丰厚贵重的礼物和越国讲和。九年后，越王勾践终于把吴国灭掉，吴王夫差被杀，太宰伯嚭也未能幸免，因为他不忠于他的国君，接受外国的贵重贿赂，私下亲近越国。

当初跟伍子胥一起逃亡的楚国原太子建的儿子胜，现在在吴国。吴王夫差在位时，楚惠王要召胜回楚国。叶公劝道："胜爱好勇武而暗中寻访敢死的勇士，恐怕有私心！"惠王不听，依然把胜召回来，让他居住在楚国的边邑鄢，号称白公。白公回楚三年后吴王杀了伍子胥。

※ 原文

白公胜既归楚，怨郑之杀其父，乃阴养死士，求报郑。归楚五年，请伐郑，楚令尹子西许之。兵未发而晋伐郑，郑请救于楚。楚使子西往救，与盟而还。白公胜怒曰："非郑之仇，乃子西也。"胜自砺剑，人问曰："何以为？"胜曰："欲以杀子西。"子西闻之，笑曰："胜如卵耳，何能为也。"

其后四岁，白公胜与石乞袭杀楚令尹子西、司马子綦于朝。石乞曰："不杀王，不可。"乃劫王如高府。石乞从者屈固负楚惠王亡走昭夫人之宫。叶公闻白公为乱，率其国人攻白公。白公之徒败，亡走山中，自杀。而虏石乞，而问白公尸处，不言将亨。石乞曰："事成为卿，不成而亨，固其职也。"终不肯告其尸处。遂亨石乞，而求惠王复立之。

太史公曰：怨毒之于人甚矣哉！王者尚不能行之于臣下，况同列乎！向令伍子胥从奢俱死，何异蝼蚁。弃小义，雪大耻，名垂于后世，悲夫！方子胥窘于江上，道乞食，志岂尝须臾忘郢邪？故隐忍就功名，非烈丈夫孰能致此哉？白公如不自立为君者，其功谋亦不可胜道者哉！

※ 译文

白公胜回楚国后不久，对郑国杀死他的父亲怀恨在心，于是私下收养敢死的勇士向郑国报仇。回到楚国五年，请求楚王攻伐郑国，楚国令尹子西答应了他的要求。可尚未发兵，晋国已经出兵攻打郑国，郑国派人到楚国请求援助，楚王派子西前去支援，和郑国订立了盟约才回国。白公胜发怒说："我的仇敌不是郑国，我的仇敌是子西！"白公胜亲自磨砺宝剑，有人问他："要做什么？"白公胜答道："要杀子西。"子西听后，笑着说："白公胜就好像鸟蛋，能有什么作为呢？"

此后四年，白公胜和石乞在朝廷上突然刺杀了令尹子西及司马子綦。石乞说："不杀楚惠王不行。"于是，就劫持楚惠王到高府。石乞的随从屈固背着楚惠王逃到昭夫人住的宫室。叶公听说白公胜作乱，便带领他封地的人攻伐白公胜。白公胜等人战败后逃到山里自杀了。石乞被俘，审问他白公胜的尸首在哪里，不说就要把他煮死。石乞说：“事情成功了就做卿相，不成功就被煮死，这是固有的职分。”最终没有说出白公胜尸首在何处，于是被煮死了。后来楚国找回楚惠王，再立他为国君。

太史公说：怨毒对于人类来说实在是太厉害了！国君尚且不能与臣子结下怨毒，更何况是地位相同的人呢！倘若伍子胥跟其父伍奢一起死去，就和蝼蚁没什么区别。放弃小义，洗雪遭受的重大耻辱，让名声在后世流传。悲哀啊！当伍子胥在江边困窘危急之时，在路上沿途乞讨之时，其心志难道曾经有片刻忘掉郢都的仇恨吗？因此，克制忍耐，成就功名，若非刚正有气性的男子，又怎能达到这种地步呢？白公胜若不自立为王，其功业和谋略恐怕也不被称道啊！

※ 评析

“留得青山在，不怕没柴烧。”伍子胥如果当初同兄弟伍尚一起去陪同父亲伍奢送死，则最多取得“孝”的美名，那样的话，历史上就不会有这个不拘小节、一心报杀父之仇的人物了。伍子胥无疑是明智的、识时务的，他那样做并不是胆小怕死，而是他深知有些牺牲是不必要的，无谓的牺牲反而使施凶者更加狂妄。于是，在面对同父亲一起死和置父亲的生死而不理、尽力保全自己以寻求报仇的机会这两个抉择，他毫不迟疑地选择了后者。这样的果敢就已经超出了常人，因此，他最终能够流芳百世也不足为怪了。

商君列传第八

※ 原文

商君者，卫之诸庶孽公子也，名鞅，姓公孙氏，其祖本姬姓也。鞅少好刑名之学，事魏相公叔座为中庶子。公叔座知其贤，未及进。会座病，魏惠王亲往问病，曰：“公叔病有如不可讳，将奈社稷何？”公叔曰：“座之中庶子公孙鞅，年虽少，有奇才，愿王举国而听之。”王嘿然。王且去，座屏人言曰：“王即不听用鞅，必杀之，无令出境。”王许诺而去。公叔座召鞅谢曰：“今者王问可以为相者，我言若，王色不许我。我方先君后臣，因谓王即弗用鞅，当杀之。王许我。汝可疾去矣，且见禽。”鞅曰：“彼王不能用君之言任臣，又安能用君之言杀臣乎？”卒不去。惠王既去，而谓左右曰：“公叔病甚，悲乎，欲令寡人以国听公孙鞅也，岂不悖哉！”

※ 译文

商君，是卫国国君姬妾生的公子，名鞅，姓公孙，其祖先本姓姬。公孙鞅年轻时就喜欢刑名法术之学，做了魏国国相公叔座的中庶子。公叔座深知他贤能，还没来得及向魏王推荐。恰好公叔座生病，魏惠王亲自去探病，说："若你有不测，国家该怎么办呢？"公叔座回答说："我的中庶子公孙鞅，虽然年轻，却有奇才，请大王把国政全部交给他，由他去治理。"魏惠王听后默默无言。当魏惠王准备离开时，公叔座屏退左右随侍人员，说道："大王若不任用公孙鞅，就务必要杀了他，不要让他走出国境。"魏王答应后就离去了。公叔座召来公孙鞅，道歉说："刚才大王询问能够出任国相的人，我推荐了你。看大王的神情是不会接受我的建议。我本着先忠于君后考虑臣的立场，于是劝大王若不用公孙鞅，就该杀掉他。大王也答应了。你快走吧，不然马上就要被擒。"公孙鞅说："大王既然不能接受您的建议任用我，又怎么会接受您的建议来杀我呢？"最终也没有离开魏国。惠王离开后，对随侍人员说："公叔座的病得很重，真叫人伤心啊，他建议我把国政全部交给公孙鞅掌管，岂不是很糊涂吗？"

※ 原文

公叔既死，公孙鞅闻秦孝公下令国中求贤者，将修缪公之业，东复侵地，乃遂西入秦，因孝公宠臣景监以求见孝公。孝公既见卫鞅，语事良久，孝公时时睡，弗听。罢而孝公怒景监曰："子之客妄人耳，安足用邪！"景监以让卫鞅。卫鞅曰："吾说公以帝道，其志不开悟矣。"后五日，复求见鞅。鞅复见孝公，益愈，然而未中旨。罢而孝公复让景监，景监亦让鞅。鞅曰："吾说公以王道而未入也。请复见鞅。"鞅复见孝公，孝公善之而未用也。罢而去。孝公谓景监曰："汝客善，可与语矣。"鞅曰："吾说公以霸道，其意欲用之矣。诚复见我，我知之矣。"卫鞅复见孝公。公与语，不自知膝之前于席也。语数日不厌。景监曰："子何以中吾君？吾君之欢甚也。"鞅曰："吾说君以帝王之道比三代，而君曰："久远，吾不能待。且贤君者，各及其身显名天下，安能邑邑待数十百年以成帝王乎？"故吾以强国之术说君，君大说之耳。然亦难以比德于殷周矣。"

※ 译文

公叔座死后时间不长，公孙鞅听说秦孝公下令在全国寻访贤能之人，要重振秦穆公时代的霸业，向东收复失地。于是他就西去秦国，通过孝公的宠臣一位姓景的太监求见孝公。孝公召见卫鞅，让他说了很久的国家大事，孝公一边听一边打瞌睡，丝毫都没有听进去。事后孝公迁怒景监说："你的客人是大言欺人的家伙，怎么能任用这种人呢！”景监又用孝公的话责备卫鞅。卫鞅说：“我用尧、舜治国的方法去劝说大王，他无法领会。”几天后，景监又请求孝公召见卫鞅。卫鞅再见孝公时，又把治国之道说得淋漓尽致，可依然没能合孝公的心意。事后孝公又责备景监，景监也同样责备卫鞅。卫鞅说：“我用禹、汤、文、武的治国方法去劝说大王，可他依然听不进去。请求他再召见我一次。”卫鞅又一次见到孝公，孝公对他很友好，但仍未任用他。会见退出后，孝公对景监说：“你的客人不错，我可以与他谈了。”景监告诉卫鞅，卫鞅说：“我用春秋五霸的治国方法去说服大王，看来他是准备采纳了。如果真的再召见我一次，我就知道该说什么了。”于是卫鞅又见到了孝公，孝公跟他谈得非常投机，不知不觉地在垫席上向前移动膝盖，谈了好几天都不感到厌倦。景监说：“您依靠什么合大王的心意呢？我们的国君非常高兴。”卫鞅答道：“我劝大王以帝王治国的办法，建立夏、商、周那样的盛世，可大王说：‘时间太长了，我不能等，何况贤明的国君都想自己在位的时候名扬天下，怎么可以让我闷闷不乐地等上几十年、几百年才成就帝王大业呢？’因此，我用富国强兵的办法劝说他，他才特别高兴。但是，这也就无法与殷、周的德行相媲美了。”

※ 原文

孝公既用卫鞅，鞅欲变法，恐天下议己。卫鞅曰：“疑行无名，疑事无功。且夫有高人之行者，固见非于世；有独知之虑者，必见敖于民。愚者暗于成事，知者见于未萌。民不可与虑始而可与乐成。论至德者不和于俗，成大功者不谋于众。是以圣人苟可以强国，不法其故；苟可以利民，不循其礼。”孝公曰：“善。”甘龙曰：“不然。圣人不易民而教，知者不变法而治。因民而教，不劳而成功；缘法而治者，吏习而民安之。”卫鞅曰：“龙之所言，世俗之言也。常人安于故俗，学者溺于所闻。以此两者居官守法可也，非所与论于法之外也。三代不同礼而王，五伯不同法而霸。智者作法，愚者制焉；贤者更礼，不肖者拘焉。”杜挚曰：“利不百，不变法；功不十，不易器。法古无过，循礼无邪。”卫鞅曰：“治世不一道，便国不法古。故汤、武不循古而王，夏、殷不易礼而亡。反古者不可非，而循礼者不足多。”孝公曰：“善。”以卫鞅为左庶长，卒定变法之令。

※ 译文

孝公任用卫鞅后不久，想变更法度，又担心天下人议论自己。卫鞅说：“行动不坚定、办事犹豫不决就无法成功。况且超出常人的行为，本来就常遭到世俗的非议；见解独到的人，必定会被一般人嘲笑。愚蠢的人事成之后都弄不明白，聪明的人事先就能预见将要发生的事情。不能与百姓谋划新事物的创始，但是可以和他们分享成功的喜悦。探讨最高道德的人不与世俗合流，成就大业的人不与一般人合谋。因此，圣人只要能使国家强盛，就不必沿袭旧法；只要能有利于百姓，就不必遵循旧礼制。”孝公说：“说得好！”甘龙说：“并非如此。圣人不改变民俗而施以教化，聪明的人不改变成法而治理国家。顺应民风民俗而施教化者，则不费力就可成功；沿袭成法而治理国家者，则官吏习惯而百姓安定。”卫鞅说：“甘龙讲的也是世俗的说法啊。一般人安于旧有的习俗，而读书人又拘泥于书本上的见闻。这些人奉公守法还行，但若和他们谈论成法以外的改革就不行了。三代礼制不同却都能统一天下，五伯法制不一也都能各霸一方。聪明之人制定法度，愚蠢之人被法度制约；贤能之人变更礼制，寻常之人被礼制约束。”杜挚说：“无百倍的利益，就不要改变成法；无十倍的功效，就不要更换旧器。仿效成法不会有过失，遵循旧礼也不会出偏差。”卫鞅说：“治国无一成不变之法，有利于国家就不仿效旧法度。因此汤武不沿袭旧法度而能称王天下，夏殷不更换旧礼制而走向灭亡。反对旧法的人不能非难，而沿袭旧礼的人不值得赞扬。”孝公说：“说得好！”于是任卫鞅为左庶长，终于制定了变更成法的法令。

※ 原文

令民为什伍，而相牧司连坐。不告奸者腰斩，告奸者与斩敌首同赏，匿奸者与降敌同罚。民有二男以上不分异者，倍其赋。有军功者，各以率受上爵；为私斗者，各以轻重被刑大小。僇力本业，耕织致粟帛多者复其身。事末利及怠而贫者，举以为收孥。宗室非有军功论，不得为属籍。明尊卑爵秩等级，各以差次名田宅，臣妾衣服以家次。有功者显荣，无功者虽富无所芬华。

令既具，未布，恐民之不信，已乃立三丈之木于国都市南门，募民有能徙置北门者予十金。民怪之，莫敢徙。复曰“能徙者予五十金”。有一人徙之，辄予五十金，以明不欺。卒下令。

令行于民期年，秦民之国都言初令之不便者以千数。于是太子犯法。卫鞅曰：“法之不行，自上犯之。”将法太子。太子，君嗣也，不可施刑，刑其傅公子虔，黥其师公孙贾。明日，秦人皆趋令。行之十年，秦民大说，道不拾遗，山无盗贼，家给人足。民勇于公战，怯于私斗，乡邑大治。秦民初言令不便者有来言令便者，卫鞅曰：“此皆乱化之民也”，尽迁之于边城。其后民莫敢议令。

※ 译文

下令十家编为一什，五家编为一伍，互相监督检举，一家犯法，十家连带治罪。对奸恶不告发的处以拦腰斩断的刑罚，告发的与斩敌首级的同样受赏，藏匿奸恶的人与投降敌人受同样的惩罚。一家有两个以上的壮丁不分居的，其赋税就要加倍。有军功的人，按照各自的标准升爵受赏；为私事斗殴的，要根据情节的轻重分别处以大小不同的刑罚。致力于农业生产，使粮食丰收、布帛增产的免除自身的劳役或赋税。因从事工商业及懒惰贫穷的，其妻子全都没收为官奴。王族里没有立下军功的，不能列入家族的名册。将尊卑爵位等级明确，按各自的等级差别占有土地、房产，家臣奴婢的衣饰，也按各家爵位等级决定。有军功的显赫荣耀，没有的即使富有也不能显达。

新法一切准备就绪后，尚未公布，担心百姓不信，就在国都后边市场的南门竖起一根三丈长的木头，宣称百姓中能把木头搬到北门的人赏给十金。百姓认为此事很怪，谁都不敢动。又宣布“能把木头搬到北门的人赏五十金”。这时有一个人把它搬走了，当时就得到了五十金的赏金，借此表明令出必行，绝不欺骗。然后就颁布了新法。

新法在民间施行了一年整，有数以千计的秦国百姓到国都说新法不方便。恰遇此时太子触犯了新法。卫鞅说：“新法之所以无法顺利推行，就是因为有上层人触犯它。”要依新法处罚太子。太子是国君的继承人，不能施以刑罚，于是就对监督他行为的老师公子虔进行处罚，对给他传授知识的老师公孙贾处以墨刑。第二天，秦国人就都遵循新法了。新法推行了十年，秦国百姓都很高兴，路上没人拾别人丢的东西据为己有，山林里也没了盗贼，家家充足富裕。民众勇于为国打仗，不敢为私利争斗，整个社会秩序安定。当初说新法不方便的秦国百姓又有来说法令方便了，卫鞅说：“这些都是扰乱教化的人。”于是就把他们全都迁到了边疆。此后，百姓中再无人敢议论新法了。

※ 原文

于是以鞅为大良造。将兵围魏安邑，降之。居三年，作为筑冀阙宫庭于咸阳，秦自雍徙都之。而令民父子兄弟同室内息者为禁。而集小乡邑聚为县，置令、丞，凡三十一县。为田开阡陌封疆，而赋税平。平斗桶权衡丈尺。行之四年，公子虔复犯约，劓之。居五年，秦人富强，天子致胙于孝公，诸侯毕贺。

其明年，齐败魏兵于马陵，虏其太子申，杀将军庞涓。其明年，卫鞅说孝公曰：“秦之与魏，譬若人之有腹心疾，非魏并秦，秦即并魏。何者？魏居领阨之西，都安邑，与秦界河而独擅山东之利。利则西侵秦，病则东收地。今以君之贤圣，国赖以盛。而魏往年大破于齐，诸侯畔之，可因此时伐魏。魏不支秦，必东徙。东徙，秦据河山之固，东乡以制诸侯，此帝王之业也。”孝公以为然，使卫鞅将而伐魏。魏使公子卬将而击之。军既相距，卫鞅遗魏将公子卬书曰：“吾始与公子欢，今俱为两国将，不忍相攻，可与公子面相见，盟，乐饮而罢兵，以安秦魏。”魏公子卬以为然。会盟已，饮，而卫鞅伏甲士而袭虏魏公子卬，因攻其军，尽破之以归秦。魏惠王兵数破于齐秦，国内空，日以削，恐，乃使使割河西之地献于秦以和。而魏遂去安邑，徙都大梁。梁惠王曰："寡人恨不用公叔座之言也。"卫鞅既破魏还，秦封之于、商十五邑，号为商君。

※ 译文

于是卫鞅被任命为大良造。他率军队围攻魏国安邑，使他们屈服投降。三年后，秦国在咸阳建筑宫廷城阙，把国都从雍地迁往咸阳。明令禁止百姓父子兄弟同居一室。把零星的乡镇村庄合并成县，设有县令、县丞，总共合并划分为三十一个县。废除井田重新划分田塍的界线，鼓励开垦荒地，使赋税平衡。统一度量衡。实施了四年后，公子虔又犯了新法，结果被判处劓刑。又过了五年，秦国国富兵强，周天子把祭肉赐给秦孝公，各国诸侯都来祝贺。

第二年，齐国军队在马陵打败魏军，魏国的太子申被俘虏，将军庞涓被射杀。下一年，卫鞅劝孝公说："秦和魏的关系，就好比是人得了心腹疾病，不是魏兼并了秦国，就是秦国吞并了魏国。为何要这么说呢？魏国地处山岭险要的西部，把都城建在安邑，与秦国以黄河为界而独立据有崤山以东的地利。形势有利就向西进犯秦国，反之就向东扩展领地。如今凭大王圣明贤能，秦国才繁荣昌盛。而魏国往年被齐国打败，诸侯都背叛了它，可趁此良机进攻魏国。魏国抵挡不住秦国，必然要向东撤退。如此一来，秦国就占据了黄河和崤山险固的地势，东面可以控制各国诸侯，这可是统一天下的帝王伟业啊！"孝公赞同。就派卫鞅率军攻伐魏国。魏国派公子卬领兵迎击。两军对峙，卫鞅派人给魏将公子卬送来一封信，写道："当初我与公子相处得很愉快，现在我俩却成了敌对两国的将领，实在不忍相互攻击，可以与公子当面相见，订立盟约，痛饮几杯后各自撤兵，让秦魏两国相安无事。"公子卬认为卫鞅说得有道理。会盟结束，喝酒，而卫鞅埋伏下的士兵却突然袭击并俘虏了公子卬，并趁机进攻他的军队，彻底把魏军打垮后，押着公子卬班师回国。魏惠王的军队多次被齐、秦击溃，国内空虚，日渐消弱，他害怕了，就派使者把河西地区割让给秦国作为讲和的条件。魏国就离开安邑，把都城迁到大梁。魏惠王后悔地说："我真后悔当初没采纳公叔座的意见。"卫鞅打败魏军回来后，秦孝公把于、商十五个邑封给了他，封号叫作商君。

※ 原文

商君相秦十年，宗室贵戚多怨望者。赵良见商君。商君曰："鞅之得见也，从孟兰皋，今鞅请得交，可乎？"赵良曰："仆弗敢愿也。孔丘有言曰："推贤而戴者进，聚不肖而王者退。"仆不肖，故不敢受命。仆闻之曰："非其位而居之曰贪位，非其名而有之曰贪名。"仆听君之义，则恐仆贪位贪名也。故不敢闻命。"商君曰："子不说吾治秦与？"赵良曰："反听之谓聪，内视之谓明，自胜之谓强。虞舜有言曰：

“自卑也尚矣。”君不若道虞舜之道，无为问仆矣。”商君曰：“始秦戎翟之教，父子无别，同室而居。今我更制其教，而为其男女之别，大筑冀阙，营如鲁卫矣。子观我治秦也，孰与五羖大夫贤？”赵良曰：“千羊之皮，不如一狐之掖；千人之诺诺，不如一士之谔谔。武王谔谔以昌，殷纣墨墨以亡。君若不非武王乎，则仆请终日正言而无诛，可乎？”商君曰：“语有之矣，貌言华也，至言实也，苦言药也，甘言疾也。夫子果肯终日正言，鞅之药也。鞅将事子，子又何辞焉！”

※ 译文

商君任秦相十年，被很多皇亲国戚怨恨。赵良去见商君。商君说：“我能见到您，是因为孟兰皋的介绍，现在我们可以交个朋友吗？”赵良回答说：“我可不敢奢望。孔子说过：‘推举贤能，受人民拥戴的人才会前来；聚集不肖之徒，即使能成王业的人也会引退。’鄙人不才，因此不敢从命。我听过这样的说法：‘占有不该占有的职位叫做贪位，享有不该享有的名声叫做贪名。’我若接受了您的情谊，那恐怕就是既贪位又贪名了。因此不敢从命。”商鞅说：“您不满意我对秦国的治理吗？”赵良说：“能接受别人的意见叫作聪，能自我省察叫作明，能自我克制叫作强。虞舜曾说：‘自我谦虚的人被人尊重。’您还是遵循虞舜的主张，无须问我了。”商鞅说：“当初，秦国和戎狄是一样的习俗，父子不分开，男女老少同居一室。现今我把秦国的教化改变了，使他们男女有别，分居而住，大造宫廷城阙，把秦建得像鲁、魏两国一样。您看我在治理秦国方面与五羖大夫比，谁更有才干？”赵良说：“一千张羊皮不如一领狐腋贵重，一千个随声附和的人不如一个人正义直言。周武王允许群臣直言谏诤，国家就昌盛，商纣王的臣子不敢讲话，于是灭亡。您若不反对周武王的做法，则请允许我整天直言而不受责备，可以吗？”商君说：“俗话说，外表上动听的话好比是花朵，真实至诚的话就好比果实，苦口相劝、听来逆耳的话是治病的良药，而献媚奉承的话则是疾病。您若真的愿意终日正义直言，那就是我治病的良药了。我将拜您为师，您为何又拒绝同我交朋友呢！”

※ 原文

赵良曰：“夫五羖大夫，荆之鄙人也。闻秦缪公之贤而愿望见，行而无资，自粥于秦客，被褐食牛。期年，缪公知之，举之牛口之下，而加之百姓之上，秦国莫敢望焉。相秦六七年，而东伐郑，三置晋国之君，一救荆国之祸。发教封内，而巴人致贡；施德诸侯，而八戎来服。由余闻之，款关请见。五羖大夫之相秦也，劳不坐乘，暑不张盖，行于国中，不从车乘，不操干戈，功名藏于府库，德行施于后世。五羖大夫死，秦国男女流涕，童子不歌谣，舂者不相杵。此五羖大夫之德也。今君之见秦王也，因嬖人景监以为主，非所以为名也。相秦不以百姓为事，而大筑冀阙，非所以为功也。刑黥太子之师傅，残伤民以骏刑，是积怨畜祸也。教之化民也深于命，民之效上也捷于令。今君又左建外易，非所以为教也。君又南面而称寡人，日绳秦之贵公子。《诗》曰：‘相鼠有体，人而无礼，人而无礼，何不遄死。’以《诗》观之，非所以为寿也。公子虔杜门不出已八年矣，君又杀祝欢而黥公孙贾。《诗》曰：“得人者兴，失人者崩。”此数事者，非所以得人也。君之出也，后车十数，从车载甲，多力而骈胁者为骖乘，持矛而操阘戟者旁车而趋。此一物不具，君固不出。《书》曰：‘恃德者昌，恃力者亡。’君之危若朝露，尚将欲延年益寿乎？则何不归十五都，灌园于鄙，劝秦王显岩穴之士，养老存孤，敬父兄，序有功，尊有德，可以少安。君尚将贪商于之富，宠秦国之教，畜百姓之怨，秦王一旦捐宾客而不立朝，秦国之所以收君者，岂其微哉？亡可翘足而待。”商君弗从。

※ 译文

赵良说：“那五羖大夫，是楚国偏僻的乡下人。听闻秦穆公贤明，就想去亲自拜见，可是却没有路费，于是就把自己卖给秦国人，穿着粗布短衣给人家喂牛，整整有一年之久。秦穆公听说此事后就把他从牛嘴下面提拔起来，凌驾于万人之上，对此，秦国无人有异议。他任秦相六七年，向东讨伐过郑国，三次拥立晋国的国君，一次出兵救楚。在境内施行德化，巴国来纳贡；施德政于诸侯，周围少数民族前来朝见。由余听到此情形，前来敲门投奔。五羖大夫任秦相，疲劳不坐车，酷暑炎热不打伞，走遍国中，没有随从的车辆，没有武装防卫，其功名载于史册，藏于府库，其德行施教于后代。五羖夫去世的时候，秦国男女痛哭流涕，甚至小孩子都不唱歌谣了，正在舂米的人也因悲哀而不发出相应的呼声。这就是五羖大夫的德行啊。现在您能够见秦王，凭的是秦王宠臣景监推荐，这就谈不上什么名声了。身为秦国国相却不为百姓造福，而是大规模地营建宫阙，这就谈不上为国家建立功业了。惩罚太子的师傅，用严刑酷法残害百姓，这正是积累怨恨、聚积祸患啊。教化百姓比命令百姓更能得到百姓的拥护，百姓效仿上边的行为比命令百姓来得更快。现在您却违背情理地建立权威变更法度，这并不是教化百姓啊。您又在商于封地面南而称君，整日用新法来逼迫秦国的贵族子弟。《诗经》上说：‘相鼠尚且懂得礼貌，人却没有礼仪，人既已失去了礼仪，为何不快快地死呢。’照这句诗看来，实在是无法恭维您了。公子虔闭门不出已经有八年时间了，您又把祝欢杀死，并把公孙贾处以墨刑。《诗经》上说：‘得人心者振兴，失人心者灭亡。’这几件事，都不得人心呀。您一出门，后边跟随着数以十计的车辆，车上都是穿戴盔甲的卫士，贴身警卫都身强力壮，紧靠您的车子奔随的人都持矛操阘戟。这些防卫缺少一样，您就必定不敢出门。《尚书》上说：‘靠施德者昌盛，靠武力者灭亡。’您的处境就好比早晨的露水，很快就会有消亡的危险，您还准备要延年益寿吗？那为何不把商于十五邑封地交还秦国，到偏僻荒远的地方去浇园自耕，劝秦王重用那些隐居山林的贤才，赡养老人，抚育孤儿，使父兄互敬互爱，依功序爵，尊崇有德之士，这样才可稍保平安。您还要贪图商于的富有，以独揽秦国的政教为荣宠，聚集百姓的怨恨，秦王若有朝一日舍弃宾客而无法当朝，则秦国要拘捕您的人难道会少吗？您丧身的日子就如同抬脚那样迅速地到来。”但商君听不进赵良的劝告。

※ 原文

后五月而秦孝公卒，太子立。公子虔之徒告商君欲反，发吏捕商君。商君亡至关下，欲舍客舍。客人不知其是商君也，曰：“商君之法，舍人无验者坐之。”商君喟然叹曰：“嗟乎，为法之敝一至此哉！”去之魏。魏人怨其欺公子卬而破魏师，弗受。商君欲之他国。魏人曰：“商君，秦之贼。秦强而贼入魏，弗归，不可。”遂内秦。商君既复入秦，走商邑，与其徒属发邑兵北出击郑。秦发兵攻商君，杀之于郑黾池。秦惠王车裂商君以徇，曰：“莫如商鞅反者！”遂灭商君之家。

太史公曰：商君，其天资刻薄人也。迹其欲干孝公以帝王术，挟持浮说，非其质矣。且所因由嬖臣，及得用，刑公子虔，欺魏将卬，不师赵良之言，亦足发明商君之少恩矣。余尝读商君《开塞》《耕战》书，与其人行事相类。卒受恶名于秦，有以也夫！

※ 译文

过了五个月，秦孝公去世，太子即位。公子虔等人告发商君要造反，派人去逮捕商君。商君逃到边境关口，想住旅店。旅店的主人不认识他，说：“商君有令，住店之人若无证件，则店主要连带判罪。”商君长叹一声道：“唉！制定新法的遗害竟然到了这样的地步！”便离开秦国逃到魏。魏国人对他欺骗公子卬而打败魏军怀恨在心，拒绝收留他。商君准备去别国。魏国人说：“商君是秦国的逃犯，秦国强大，他跑到魏国来，不把他送回还是不行的。”于是就把商君送回秦国。商君再回到秦国后，就潜逃到他的封地商邑，同他的部属发动邑中的士兵，一起向北进攻郑国以谋求生路。秦国出兵进攻商君，在郑国黾池把他杀死。秦惠王把商君五马分尸示众，说：“不要像商鞅那样谋反！”于是就把商君全家诛灭了。

太史公说：商君天性就是个残忍少恩的人，考察其当初用帝王之道游说孝公，凭借的是虚饰浮说，而非其自身的资质。再说依靠国君宠臣太监的推荐，一被任用，就刑罚公子虔，欺骗魏将公子卬，且听不进赵良的规劝，足以证明其残忍少恩了。我曾读过他《开塞》《耕战》的书籍，其内容和他本身的作为相类似。他最终还是在秦国落得个谋反的恶名，这是有缘故的呀！

※ 评析

魏国的国君没有识别人才的慧眼，又不能听从臣子的建议，及时地将商鞅杀掉，这无疑是放虎归山，后患无穷。结果也正是如此。商鞅受到了秦国的重用，推行了一系列的变法改革措施，使秦国国富兵强，再也没有谁敢与其抗衡。毫无疑问，商鞅是一个走在社会前沿的人才，他敢于冲破旧制度，并能够根据实际情况，采取相应的措施，同时讲究策略，树立威信，且执法如山。因此，新法推行得比较顺利。新法实行几年后，秦国的民众就感受到了变法带来的改变。俗话说："变则通。"经过这次变法，秦国成了当时最强大的国家，也为后来秦始皇一扫六合、统一天下奠定了基础。改革是发展的前提，日本通过"明治维新"走上了强国的道路，而中国的"戊戌变法"不过百日便烟消云散，于是差距就拉开了。由此可见，国家也好，企业也罢，要想求生存、求发展，就要时刻准备变通，以适应当时社会发展的大趋势。

张仪列传第十

※ 原文

张仪者，魏人也。始尝与苏秦俱事鬼谷先生，学术，苏秦自以不及张仪。

张仪已学游说诸侯。尝从楚相饮，已而楚相亡璧，门下意张仪，曰："仪贫无行，必此盗相君之璧。"共执张仪，掠笞数百，不服，醳之。其妻曰："嘻！子毋读书游说，安得此辱乎？"张仪谓其妻曰："视吾舌尚在不？"其妻笑曰："舌在也。"仪曰："足矣。"

苏秦已说赵王而得相约从亲，然恐秦之攻诸侯，败约后负，念莫可使用于秦者，乃使人微感张仪曰："子始与苏秦善，今秦已当路，子何不往游，以求通子之愿？"张仪于是之赵，上谒求见苏秦。苏秦乃诫门下人不为通，又使不得去者数日。已而见之，坐之堂下，赐仆妾之食。因而数让之曰："以子之材能，乃自令困辱至此。吾宁不能言而富贵子，子不足收也。"谢去之。张仪之来也，自以为故人，求益，反见辱，怒，念诸侯莫可事，独秦能苦赵，乃遂入秦。

※ 译文

张仪是魏国人，曾和苏秦一起师从鬼谷子先生，学习游说之术，苏秦自认为才学不如张仪。

张仪完成学业，就去游说诸侯。他曾陪楚相喝酒，席间，楚相的一块玉璧不见了，门客们怀疑张仪道："张仪贫穷，品行卑劣，一定是他偷的。"于是，大家一起把张仪拘捕起来，拷打了几百下。张仪始终都不承认，那些人只好释放了他。他的妻子又悲又恨地说："唉！您若不读书游说，又怎会受到这样的屈辱呢？"张仪说："你看看我的舌头还在吗？"妻子笑着说："在呀。"张仪说："这就够了。"

那时，苏秦已经说服了赵王而得以去各国结缔合纵联盟，可他担心秦国趁机攻打各诸侯国，盟约还没结缔之前就会遭到破坏。又考虑到尚无可以派到秦国的合适人选，于是派人暗中引导张仪说："您当初和苏秦很要好，如今苏秦已经当权，您为何不去结交他，以实现功成名就的愿望呢？"于是张仪就去赵国，呈上名帖，请求会见苏秦。苏秦告诫门下的人不给张仪通报，又让他好几天无法离去。这时苏秦才接见了他，让他坐在堂下，把奴仆侍妾吃的饭菜赐给他，还屡次责备他说："以您的才能，却让自己穷困潦倒到如此境地。难道我不能推荐您让您富贵吗？只是您不值得录用罢了。"说完就把张仪打发走了。张仪来投奔苏秦，本以为都是老朋友，可以求得好处，没想到却被羞辱，很生气，又考虑到诸侯中没有值得侍奉的人，只有秦国能抗衡赵国，于是就去了秦国。

※ 原文

苏秦已而告其舍人曰："张仪，天下贤士，吾殆弗如也。今吾幸先用，而能用秦柄者，独张仪可耳。然贫，无因以进。吾恐其乐小利而不遂，故召辱之，以激其意。子为我阴奉之。"乃言赵王，发金币车马，使人微随张仪，与同宿舍，稍稍近就之，奉以车马金钱，所欲用，为取给，而弗告。张仪遂得以见秦惠王。惠王以为客卿，与谋伐诸侯。

苏秦之舍人乃辞去。张仪曰："赖子得显，方且报德，何故去也？"舍人曰："臣非知君，知君乃苏君。苏君忧秦伐赵败从约，以为非君莫能得秦柄，故感怒君，使臣阴奉给君资，尽苏君之计谋。今君已用，请归报。"张仪曰："嗟乎，此在吾术中而不悟，吾不及苏君明矣！吾又新用，安能谋赵乎？为吾谢苏君，苏君之时，仪何敢言。且苏君在，仪宁渠能乎！"张仪既相秦，为文檄告楚相曰："始吾从若饮，我不盗而璧，若笞我。若善守汝国，我顾且盗而城！"

※ 译文

不久苏秦对他左右亲近的人说："张仪是天下最有才能的人，我是没法跟他比的。现今，幸亏我比他先受重用，而能够胜任掌握秦国权力的只有张仪。但是他很穷，没有进身之阶。我担心他因满足小的利益而成就不了大的功业，因此才召他来加以羞辱，以激发他的意志，您替我暗中照顾他。"苏秦禀明赵王，发给他金钱、财物和车马，并派人暗中跟随张仪，同他在同一客栈投宿，逐渐接近他，还送给他车马和金钱，凡是他需要的，都给他提供，却不说是谁给的。于是张仪才有了拜见秦惠王的机会。惠王任他作客卿，同他策划攻打诸侯的计划。

这时，苏秦派来的门客即将告辞离去，张仪说："由于您的鼎力相助，我才得到显贵的地位，正准备报答您的恩德，为何要走呢？"门客说："真正了解您的并不是我，而是苏先生。他担心秦国攻打赵国，破坏合纵联盟，认为除您之外便无可以掌握秦国的大权的人了，因此故意激怒您，而后又派我暗中供您钱财，这都是苏先生谋划的策略。现在您已被重用，就请允许我回去复命吧！"张仪说："哎呀，这些权谋本来都是我研习过的范围，可我却未察觉，我没有苏先生高明啊！况且我才刚被任用，又怎么能图谋攻打赵国呢？请代我感谢苏先生，苏先生当权的时代，我怎敢奢谈攻赵呢？"张仪任秦国宰相后，写信警告楚国宰相说："当初我陪你喝酒，并没偷你的玉璧，你却鞭打我。你务必要好好地守护住你的国家，否则我将要偷你的城池了！"

※ 原文

苴、蜀相攻击，各来告急于秦。秦惠王欲发兵以伐蜀，以为道险狭难至，而韩又来侵秦，秦惠王欲先伐韩，后伐蜀，恐不利，欲先伐蜀，恐韩袭秦之敝，犹豫未能决。司马错与张仪争论于惠王之前，司马错欲伐蜀，张仪曰："不如伐韩。"王曰："请闻其说。"

仪曰："亲魏善楚，下兵三川，塞什谷之口，当屯留之道，魏绝南阳，楚临南郑，秦攻新城、宜阳，以临二周之郊，诛周王之罪，侵楚、魏之地。周自知不能救，九鼎宝器必出。据九鼎，案图籍，挟天子以令于天下，天下莫敢不听，此王业也。今夫蜀，西僻之国而戎翟之伦也，敝兵劳众不足以成名，得其地不足以为利。臣闻争名者于朝，争利者于市。今三川、周室，天下之朝市也，而王不争焉，顾争于戎翟，去王业远矣。"

※ 译文

苴国和蜀国交战，分别到秦国告急。秦惠王要出兵讨伐蜀国，又认为道路艰险狭窄，不容易到达。这时韩国又来侵犯秦国。秦惠王想，若先攻伐韩国，然后再讨伐蜀国，恐怕有所不利，若先攻打蜀国，又担心韩国趁着久战疲惫之机来偷袭，因此犹豫不决。司马错和张仪在惠王面前争论不休，司马错主张讨伐蜀国，张仪说："不如先进攻韩国。"惠王说："我愿听一下你们各自的理由。"

张仪说："我们先与魏国、楚国交好，而后进军三川，把什谷的隘口堵绝，将屯留的要道挡住。这样，就会断绝魏国到南阳的通道，使楚国出兵逼近南郑，秦军对新城和宜阳进攻，并径直逼近西周和东周的城郊，讨伐周王的罪恶，再攻占楚、魏两国的土地。周王深知无法挽救，一定会献出传国的九鼎宝物。秦国占有了九鼎之宝，按地图和户籍，就可挟周天子而号令天下，谁都不敢不听从。这是统一天下的大业啊！现今蜀国是西方偏僻的国家，这些像戎狄一样的落后民族，使我们士兵疲惫、百姓劳苦，而无法扬名天下，夺取了他们的土地也没有实际的好处。我听说追求名位的人要去朝廷，追求利益的人要去市场。现在，三川和周室就好比朝廷和市场大王不去争夺，反而去争夺戎狄等落后地区，这就背离了帝王的功业。"

※ 原文

司马错曰："不然。臣闻之，欲富国者务广其地，欲强兵者务富其民，欲王者务博其德，三资者备而王随之矣。今王地小民贫，故臣愿先从事于易。夫蜀，西僻之国也，而戎翟之长也，有桀、纣之乱。以秦攻之，譬如使豺狼逐群羊。得其地足以广国，取其财足以富民缮兵，不伤众而彼已服焉。拔一国而天下不以为暴，利尽西海而天下不以为贪，是我一举而名实附也，而又有禁暴止乱之名。今攻韩，劫天子，恶名也，而未必利也，又有不义之名，而攻天下所不欲，危矣。臣请谒其故：周，天下之宗室也；齐，韩之与国也。周自知失九鼎，韩自知亡三川，将二国并力合谋，以因乎齐、赵而求解乎楚、魏，以鼎与楚，以地与魏，王弗能止也。此臣之所谓危也。不如伐蜀完。"

惠王曰："善，寡人请听子。"卒起兵伐蜀，十月，取之，遂定蜀，贬蜀王更号为侯，而使陈庄相蜀。蜀既属秦，秦以益强，富厚，轻诸侯。

秦惠王十年，使公子华与张仪围蒲阳，降之。仪因言秦复与魏，而使公子繇质于魏。仪因说魏王曰："秦王之遇魏甚厚，魏不可以无礼。"魏因入上郡、少梁，谢秦惠王。惠王乃以张仪为相，更名少梁曰夏阳。

※ 译文

司马错说："并非如此。我听说，要使国家富强，就得开拓它的疆土；要使军队强大，就得使百姓富足；要使天下统一，就得广施恩德。具备了这三种条件，帝王大业也就水到渠成了。现今，大王的疆土还狭小，百姓还贫穷，因此我希望大王先做些好办的事情。蜀国，是西方偏僻的国家，却又统领戎狄，已发生了类似夏桀、商纣的祸乱。出动秦国强大的军队去进攻它，就好比是让豺狼去驱赶羊群。将其土地占领就可扩大秦国疆域，将其财富夺取就可使百姓富足、整治军队。无须损兵折将，他们就已经屈服了。攻克蜀国，天下人不认为我们残暴；取尽西方所有的财富，天下人不认为我们贪婪，我们一出兵，使声望、实利都有增益，同时还能享有禁止暴乱的好名声。现在去攻打韩国，劫持天子，名声就很坏了，不见得能得到好处，还背负了不义的丑名，而又是天下人所不希望攻打的国家，那就危险了。请让我陈述一下我的理由：周王是全天下的宗主，且和齐、韩交往密切。周王自知会失掉传国的九鼎，韩国自知会失去三川，他们必将通力合谋，凭借齐、赵两国的力量，与楚、魏谋求和解。若他们送给楚国九鼎宝器，让给魏国土地，大王是无法阻止的，这就是我说的危险所在，所以不如攻打蜀国那样完满。”

惠王说：“好，我听你的。”最终出兵讨伐蜀国。当年十月把蜀国攻占。于是，平定了蜀国的暴乱，贬谪蜀王，改封号为蜀侯，派陈庄出任宰相。蜀国归秦后，秦国更强大、富足，对其他诸侯也更加不放在眼里了。

惠王十年，派公子华和张仪围攻魏国的蒲阳，并将其降服。张仪趁机又劝说秦王把它归还给魏国，而且派公子繇到魏国去作人质。张仪又趁机劝魏王道：“秦国对魏国这么宽厚，魏国不可不以礼相报。”魏国于是就把上郡、少梁献给秦国，以答谢秦惠王。惠王就任张仪为国相，把少梁改名叫夏阳。

※ 原文

仪相秦四岁，立惠王为王。居一岁，为秦将，取陕。筑上郡塞。

其后二年，使与齐、楚之相会啮桑。东还而免相，相魏以为秦，欲令魏先事秦而诸侯效之。魏王不肯听仪。秦王怒，伐取魏之曲沃、平周，复阴厚张仪益甚。张仪惭，无以归报。留魏四岁而魏襄王卒，哀王立。张仪复说哀王，哀王不听。于是张仪阴令秦伐魏。魏与秦战，败。

明年，齐又来败魏于观津。秦复欲攻魏，先败韩申差军，斩首八万，诸侯震恐。而张仪复说魏王曰：“魏地方不至千里，卒不过三十万。地四平，诸侯四通辐凑，无名山大川之限。从郑至梁二百余里，车驰人走，不待力而至。梁南与楚境，西与韩境，北与赵境，东与齐境，卒戍四方，守亭鄣者不下十万。梁之地势，固战场也。梁南与楚而不与齐，则齐攻其东；东与齐而不与赵，则赵攻其北；不合于韩，则韩攻其西；不亲于楚，则楚攻其南：此所谓四分五裂之道也。

※ 译文

张仪任秦国国相四年，正式拥戴惠王为王。一年后，张仪任秦国的将军，夺取了陕邑，修筑了上郡要塞。

此后二年，秦王派张仪同齐、楚两国的国相在啮桑会谈。从东方归来后，他被免去国相的职务，为了秦国的利益，他去魏国担任国相，计划让魏国首先臣侍秦国，再让其他诸侯国效法它。魏王不接受张仪的建议，秦王大怒，立即发兵攻克了魏国的曲沃和平周，并暗中更加优待张仪。张仪深感惭愧，觉得没有什么可回报秦王。他留任魏国四年，魏襄侯去世，哀王即位。张仪又劝说哀王，哀王也不接受。于是，张仪暗中让秦国进攻魏国。魏国和秦国交战，失败了。

第二年，齐国又在观津大败魏军。秦国打算再次攻打魏国，先打败了韩国申差的部队，杀死八万官兵，使诸侯震惊慌恐。张仪再次游说魏王道："魏国土地纵横不到一千里，士兵也超不过三十万。四周地势平坦，像车轴的中心，可以畅通四方的诸侯国，又无名山大川的隔绝。从新郑到大梁只有二百多里，战车疾驰，士兵奔跑，用不了多少力气就可到达。魏国南边与楚国接壤，西边同韩国接壤，北边与赵国接壤，东边和齐国接壤，士兵驻守四面边疆，光是防守边塞堡垒的人就不少于十万。魏国的地势，本来就是个战场。倘若魏国向南与楚国交好而不同齐国友善，则齐国就会进攻你的东面；向东与齐国交好而不和赵国友善，则赵国就会进攻你的北面；与韩国不合，则韩国就会进攻你的西面；不亲附楚国，则楚国就会进攻你的南面：这就是四分五裂的地理形势啊。

※ 原文

"且夫诸侯之为从者，将以安社稷尊主强兵显名也。今从者一天下，约为昆弟，刑白马以盟洹水之上，以相坚也。而亲昆弟同父母，尚有争钱财，而欲恃诈伪反覆苏秦之余谋，其不可成亦明矣。

"大王不事秦，秦下兵攻河外，据卷、衍、燕、酸枣，劫卫取阳晋，则赵不南，赵不南而梁不北，梁不北则从道绝，从道绝则大王之国欲毋危不可得也。秦折韩而攻梁，韩怯于秦，秦韩为一，梁之亡可立而须也。此臣之所为大王患也。

"为大王计，莫如事秦。事秦则楚、韩必不敢动；无楚、韩之患，则大王高枕而卧，国必无忧矣。

"且夫秦之所欲弱者莫如楚，而能弱楚者莫如梁。楚虽有富大之名而实空虚；其卒虽多，然而轻走易北，不能坚战。悉梁之兵南面而伐楚，胜之必矣。割楚而益梁，亏楚而适秦，嫁祸安国，此善事也。大王不听臣，秦下甲士而东伐，虽欲事秦，不可得矣。

"且夫从人多奋辞而少可信，说一诸侯而成封侯，是故天下之游谈士莫不日夜扼腕瞋目切齿以言从之便，以说人主。人主贤其辩而牵其说，岂得无眩哉。

“臣闻之，积羽沈舟，群轻折轴，众口铄金，积毁销骨，故愿大王审定计议，且赐骸骨辟魏。”

※ 译文

“况且，各国诸侯缔结合纵联盟是为了凭靠它使国家安宁，君主尊崇，军队强大，名声显赫。现今，那些主张合纵的人，想使天下联合为一体，相约为兄弟手足，在洹水边上杀白马为誓，歃血为盟，彼此表示信守盟约的坚定信念。可是，就算是一母同胞，还会有争夺钱财的，您还打算依靠苏秦虚伪欺诈、反复无常的策略，则失败是显而易见的。

“若大王不事奉秦国，秦国出兵攻打河外，占领卷地、衍地、燕地、酸枣，劫持卫国攻取阳晋，则赵军就无法南下支援魏国，赵军无法南下，魏军就无法北上，魏军无法北上，则合纵联盟的通道就被断绝。合纵联盟的道路被断绝，大王的国家就不可避免会遭受危难。秦国使韩国屈服，进而攻伐魏国，韩国畏惧秦国，一旦秦、韩合为一体，则魏国的灭亡就会来得很快了。这是我替大王担忧的啊。

“我替大王着想，不如事奉秦国。若您事奉秦国，则楚国和韩国必然不敢轻举妄动；没有楚国和韩国的外患，则大王就可高枕无忧，安心睡觉了，国家也不会有什么可忧虑的事了。

“况且，秦国想要削弱的莫过于楚国，而能够削弱楚国的莫过于魏国。楚国有富足强大的名声，但事实上很空虚；它的士兵很多，却总是轻易地逃跑溃散，不能够艰苦奋战。若魏国发动所有军队向南进攻楚国，肯定会胜利。宰割楚国有利于魏国，会使楚国亏损而归服秦国，转嫁灾祸，使自己的国家安宁，这是好事啊。若大王不听从我的建议,则一旦秦国出动精锐部队向东进攻,到时即使您想臣服,恐怕都来不及了。

“况且，那些主张合纵的人，多数只会说大话，唱高调，很少让人信任。他们只想游说一个国君以求封侯，因此天下游说之士，无不日夜激动地紧握手腕，瞪大双眼，磨牙鼓舌，大谈合纵的好处，以劝说各国的国君。国君欣赏他们的口才，被其游说所迷惑，岂不是糊涂吗?

“我听说，羽毛虽轻，但聚多了，也可沉船；货物虽轻，但载多了也可折断车轴；众口所毁，即使金石也可被销熔；谗言诽谤多了，即使是骨肉之亲也会怀疑。所以我希望大王审慎地制订正确的策略，并请准许我乞身引退，离开魏国。”

※ 原文

哀王于是乃倍从约而因仪请成于秦。张仪归，复相秦。三岁而魏复背秦为从。秦攻魏，取曲沃。明年，魏复事秦。

秦欲伐齐，齐楚从亲，于是张仪往相楚。楚怀王闻张仪来，虚上舍而自馆之。曰：“此僻陋之国，子何以教之？”仪说楚王曰：“大王诚能听臣，闭关绝约于齐，臣请献商於之地六百里，使秦女得为大王箕帚之妾，秦楚娶妇嫁女，长为兄弟之国。此北弱齐而西益秦也，计无便此者。”楚王大说而许之。群臣皆贺，陈轸独吊之。楚王怒曰：“寡人不兴师发兵得六百里地，群臣皆贺，子独吊，何也？”陈轸对曰：“不然，以臣观之，商於之地不可得而齐秦合，齐秦合则患必至矣。”楚王曰：“有说乎？”陈轸对曰：“夫秦之所以重楚者，以其有齐也。今闭关绝约于齐，则楚孤。秦奚贪夫孤国，而与之商於之地六百里？张仪至秦，必负王，是北绝齐交，西生患于秦也，而两国之兵必俱至。善为王计者，不若阴合而阳绝于齐，使人随张仪。苟与吾地，绝齐未晚也；不与吾地，阴合谋计也。”楚王曰：“愿陈子闭口毋复言，以待寡人得地。”乃以相印授张仪，厚赂之。于是遂闭关绝约于齐，使一将军随张仪。

※ 译文

于是，哀王背弃了合纵盟约，根据张仪的请求与秦国和解。张仪回秦国后，重新出任国相。三年后，魏国又背弃了秦国加入合纵盟约。秦国就出兵攻伐魏国，夺下曲沃。第二年，魏国再次事奉秦国。

秦国想攻伐齐国，可是齐、楚两国却缔结了合纵的盟约，于是张仪就去楚国出任国相。楚怀王闻听张仪到来，留出上等住处，亲自为他安排住宿。楚王说：“这是个偏僻鄙陋的国家，您用什么来指教我呢？”张仪游说楚王道：“大王若真听从我的意见，就与齐国断绝往来，解除盟约，我可以请秦王献出商、於一带六百里的土地，让秦女作为服侍大王的侍妾，秦、楚之间娶妇嫁女，永结兄弟国家，这样向北可削弱齐国，而与此同时西方的秦国也能得到好处，没有比这更好的策略了。”楚王高兴地应允了。群臣来向楚王祝贺，只有陈轸为他伤悼。楚王很生气地说：“我不用调兵遣将就得到六百里土地，群臣向我祝贺，为何只有你为我伤悼？”陈轸答道：“并非如此，在我看来，不仅得不到商、於一带的土地，而且齐国和秦国可能会联合起来，那么一定会祸患临头。”楚王说：“能说出原因吗？”陈轸说：“秦之所以重视楚，就是因为楚国结盟齐国的缘故。现在若与齐国断绝往来，废除盟约，则楚国就被孤立。秦国为什么不满足地追求一个孤立无援的楚国，而给它六百里土地呢？张仪回秦后，定会背弃承诺，这样就向北和齐国断绝了外交关系，又从西方的秦国招来祸患，两国的军队肯定会同时打到楚国。我妥善地为大王想出了对策，不如暗中同齐联合，而表面上却与之断绝关系，并派人随同张仪去秦国。若秦国给了我们土地，再与齐国断交也不迟；反之，就正符合了我们的策略。”楚王说：“请陈先生闭上嘴，别再讲话了，等着我得到土地吧。”就把相印授给了张仪，还馈赠了很多财物。于是就同齐国断绝了关系，废除了盟约，派一位将军随同张仪到去秦国接收土地。

※ 原文

张仪至秦，详失绥堕车，不朝三月。楚王闻之，曰："仪以寡人绝齐未甚邪？"乃使勇士至宋，借宋之符，北骂齐王。齐王大怒，折节而下秦。秦齐之交合，张仪乃朝，谓楚使者曰："臣有奉邑六里，愿以献大王左右。"楚使者曰："臣受令于王，以商、於之地六百里，不闻六里。"还报楚王，楚王大怒，发兵而攻秦。陈轸曰："轸可发口言乎？攻之不如割地反以赂秦，与之并兵而攻齐，是我出地于秦，取偿于齐也，王国尚可存。"楚王不听，卒发兵而使将军屈匄击秦。秦齐共攻楚，斩首八万，杀屈匄，遂取丹阳、汉中之地。楚又复益发兵而袭秦，至蓝田，大战，楚大败，于是楚割两城以与秦平。

秦要楚欲得黔中地，欲以武关外易之。楚王曰："不愿易地，愿得张仪而献黔中地。"秦王欲遣之，口弗忍言。张仪乃请行。惠王曰："彼楚王怒子之负以商、於之地，是且甘心于子。"张仪曰："秦强楚弱，臣善靳尚，尚得事楚夫人郑袖，袖所言皆从。且臣奉王之节使楚，楚何敢加诛。假令诛臣而为秦得黔中之地，臣之上愿。"遂使楚。楚怀王至则囚张仪，将杀之。靳尚谓郑袖曰："子亦知子之贱于王乎？"郑袖曰："何也？"靳尚曰："秦王甚爱张仪而不欲出之，今将以上庸之地六县赂楚，以美人聘楚，以宫中善歌讴者为媵。楚王重地尊秦，秦女必贵而夫人斥矣。不若为言而出之。"于是郑袖日夜言怀王曰："人臣各为其主用。今地未入秦，秦使张仪来，至重王。王未有礼而杀张仪，秦必大怒攻楚。妾请子母俱迁江南，毋为秦所鱼肉也。"怀王后悔，赦张仪，厚礼之如故。

※ 译文

张仪回到秦国，假装没拉住车上的绳索，跌下车受了伤，三个月都没上朝，楚王听说此事，说："张仪是因为我与齐国断交还不彻底吧？"就命勇士到宋国借了符节，然后北去齐国辱骂齐王，齐王愤怒，将符节斩断而委屈地结交秦国。秦、齐建交，张仪才上朝。他告诉楚国的使者："我有秦王赐给的六里封地，愿把它献给楚王。"楚国使者说："我奉楚王之命，来接收商、於之地六百里，没听说是六里。"使者回报楚王，楚王怒火中烧，要立即出兵攻打秦国。陈轸说："我可以开口了吗？与其攻打秦国，还不如割让土地来贿赂它，和它合兵攻打齐国，我们把割让给秦的土地，再从齐那里夺回来补偿。这样，大王的国家还可以生存下去。"楚王不听，最终出兵并派将军屈匄进攻秦国。秦、齐两国合力攻打楚国，杀死八万官兵，并杀死屈匄，于是夺下丹阳、汉中的土地。楚国又派出更多的军队去袭击秦国，在蓝田展开大规模的战斗，楚军大败，于是楚国又割让两座城池和秦国讲和。

秦国要挟楚国，想得到黔中一带的土地，要用武关以外的土地交换它。楚王说：“我不想交换土地，只要得到张仪，愿把黔中地区献出。”秦王准备遣送张仪，又不忍开口。张仪却主动请求前往。惠王说：“楚王恼恨您背弃奉送商、於土地的承诺，这是存心要报复您。”张仪说：“秦强楚弱，我和楚国大夫靳尚交好，靳尚能够去奉承楚国夫人郑袖，而郑袖的话楚王能全部听从。何况我是奉大王之命出使楚国的，楚王怎敢杀我。若杀我而替秦国取得黔中土地，这也是我最大的愿望。”于是，他出使楚国。楚怀王等张仪一到就将其囚禁，打算杀掉他。靳尚对郑袖说：“您知道您将被大王鄙弃吗？”郑袖说：“为什么？”靳尚说：“秦王钟爱张仪而要把他从囚禁中救出来，现在将要用上庸六个县的土地贿赂楚国，献给楚王美女，用宫中擅长歌唱的女人作陪嫁。楚王看重土地，就会敬重秦国。秦国的美女必然会受到宠爱而尊贵，这样，夫人您就将被鄙弃了。不如替张仪求情，把他从囚禁中释放。”于是郑袖日夜向怀王讲情道：“作为臣子，各自为国效力。如今土地尚未交给秦国，秦王就派张仪来了，对大王尊重至极。大王还没有回礼却杀张仪，秦王必定大怒而出兵攻伐楚国。我请求让我们母子都搬到江南，不要像鱼肉一样地受到秦国的欺凌屠戮。”楚怀王后悔了，就把张仪赦免，像过去一样优厚地款待他。

※ 原文

张仪既出，未去，闻苏秦死，乃说楚王曰：“秦地半天下，兵敌四国，被险带河，四塞以为固。虎贲之士百余万，车千乘，骑万匹，积粟如丘山。法令既明，士卒安难乐死，主明以严，将智以武，虽无出甲，席卷常山之险，必折天下之脊，天下有后服者先亡。且夫为从者，无以异于驱群羊而攻猛虎，虎之与羊不格明矣。今王不与猛虎而与群羊，臣窃以为大王之计过也。

“凡天下强国，非秦而楚，非楚而秦，两国交争，其势不两立。大王不与秦，秦下甲据宜阳，韩之上地不通。下河东，取成皋，韩必入臣，梁则从风而动。秦攻楚之西，韩、梁攻其北，社稷安得毋危？

“且夫从者聚群弱而攻至强，不料敌而轻战，国贫而数举兵，危亡之术也。臣闻之，兵不如者勿与挑战，粟不如者勿与持久。夫从人饰辩虚辞，高主之节，言其利不言其害，卒有秦祸，无及为已。是故愿大王之孰计之。

※ 译文

张仪从囚禁中出来不久，还没离去，就听说苏秦死了，于是游说楚怀王道：“秦国的土地占了天下的一半，军队的实力可抵挡四方的国家，四境险要，黄河如带横流，四周都有设防重地可以坚守。有百万勇武之士，千辆战车，万匹战马，堆积如山的存粮。且法令严明，士兵们都不避艰苦危难，愿为国牺牲，国君贤明而威严，将帅智谋而勇武，即使不出兵，其声威就能够席卷险要的常山，折断天下的脊骨，后臣服的国家就会先被灭亡。而且，那些合纵的国家要与秦国相斗，就跟驱赶羊群进攻猛虎没什么两样，猛虎和绵羊不能成为敌手是显而易见的。现在，大王不亲附老虎而去亲附绵羊，我自认为大王的计谋错了。

“如今，天下强大的国家，不是秦国就是楚国，不是楚国就是秦国，两国争战，看其形势，不可能两个国家都存在下去。若大王不去亲附秦国，则秦国必定出兵先占据宜阳，韩国的土地也就被切断不通。出兵河东，夺取城皋，韩国必然要称臣于秦国，魏国就会闻风而动。秦国进军楚国的西边，韩国和魏国进军楚国的北边，则国家怎会不危险呢？

“况且，那些主张合纵的人聚集了一群弱小的国家进攻最强大的国家，不权衡敌对国的力量而盲目发动战争，国家贫穷而又频繁地打仗，这就是导致危亡的策略。我听说，您的兵力不比别国强大，就别挑起战争；您的粮食不比人家多，就别持久作战。那些主张合纵的人，粉饰言辞，空发言论，抬高他们国君的节行，只讲对国君的好处，不讲危害，一旦招致秦国的祸患，就来不及应付了。所以请大王仔细考虑此问题。

※ 原文

“秦西有巴蜀，大船积粟，起于汶山，浮江已下，至楚三千余里。舫船载卒，一舫载五十人与三月之食，下水而浮，一日行三百余里，里数虽多，然而不费牛马之力，不至十日而距扞关。扞关惊，则从境以东尽城守矣，黔中、巫郡非王之有。秦举甲出武关，南面而伐，则北地绝。秦兵之攻楚也，危难在三月之内，而楚待诸侯之救，在半岁之外，此其势不相及也。夫恃弱国之救，忘强秦之祸，此臣所以为大王患也。

“大王尝与吴人战，五战而三胜，阵卒尽矣；偏守新城，存民苦矣。臣闻功大者易危，而民敝者怨上。夫守易危之功而逆强秦之心，臣窃为大王危之。

“且夫秦之所以不出兵函谷十五年以攻齐、赵者，阴谋有合天下之心。楚尝与秦构难，战于汉中，楚人不胜，列侯执珪死者七十余人，遂亡汉中。楚王大怒，兴兵袭秦，战于蓝田。此所谓两虎相搏者也。夫秦楚相敝而韩魏以全制其后，计无危于此者矣。愿大王孰计之。

※ 译文

“秦国拥有西方的巴郡、蜀郡，用大船装满粮食，从汶山起程，顺江水漂流而下，离楚国有三千多里。两船相并运送士兵，一条船可载五十人以及三个月的粮食，顺流而下，一天可行三百多里，即使路程较长，可不花费牛马的力气，用不了十天就可到达扞关。扞关形势一紧张，则边境以东的所有国家就都要据城守御了。黔中和巫郡将不再属大王所有。秦国发兵出武关，向南进攻，楚国的北部地区就被切断。秦军进攻楚国，三个月内可以造成楚国的危难，而楚国等其他诸侯的救援，则需要半年多的时间，从这形势看来，根本来不及。依靠小国的救援，而忽略强秦带来的祸患，这就是我替大王担忧的原因啊。

"大王曾与吴国人作战，五战三胜，阵地上的士兵都死了；楚军在偏远之地守卫着新占领的城池，可活着的百姓却很辛苦。我听说功业过大的国君，很容易遭到危险，也会被疲惫困苦的百姓怨恨。守候着容易遭到危险的功业而违背强秦的心意，我暗自替大王感到危险。

"秦国之所以十五年不出兵函谷关攻打齐国和赵国，就是由于秦国的暗中策划，有一举吞并天下的雄心。楚国曾给秦国造成祸患，在汉中打了一仗，楚国得胜，却战死了七十多位列侯执珪的人，于是丢了汉中。楚王大怒，出兵袭击秦国，又在蓝田展开交战。此所谓两虎相斗啊。秦、楚两国相互厮杀，疲惫困顿，韩国和魏国就用全部国力从后边进攻，没有比这样的策略更危险的了。请大王仔细考虑。

※ 原文

"秦下甲攻卫阳晋，必大关天下之匈。大王悉起兵以攻宋，不至数月而宋可举，举宋而东指，则泗上十二诸侯尽王之有也。

"凡天下而以信约从亲相坚者苏秦，封武安君，相燕，即阴与燕王谋伐破齐而分其地；乃详有罪出走入齐，齐王因受而相之；居二年而觉，齐王大怒，车裂苏秦于市。夫以一诈伪之苏秦，而欲经营天下，混一诸侯，其不可成亦明矣。

"今秦与楚接境壤界，固形亲之国也。大王诚能听臣，臣请使秦太子入质于楚，楚太子入质于秦，请以秦女为大王箕帚之妾，效万室之都以为汤沐之邑，长为昆弟之国，终身无相攻伐。臣以为计无便于此者。"

于是楚王已得张仪而重出黔中地与秦，欲许之。屈原曰："前大王见欺于张仪，张仪至，臣以为大王烹之；今纵弗忍杀之，又听其邪说，不可。"怀王曰："许仪而得黔中，美利也。后而倍之，不可。"故卒许张仪，与秦亲。

※ 译文

"若秦国出兵攻占魏国的阳晋，必然像锁住天下的胸膛一样。大王出动全部军队攻打宋国，不用几个月，宋国就会被拿下，攻占了宋国而挥师向东进发，则泗水流域的许多小国便全归大王所有了。

“游说天下各国凭借信念合纵交好、坚守盟约的人就是苏秦。他被封为武安君，任燕国宰相，却暗中与燕王策划攻破齐国，并且分割其土地；装作获罪于燕王而逃亡到齐国，齐王因此将其收留且任用他为宰相；经过两年被发觉，齐王大怒，在刑场上把苏秦五马分尸。凭借一个奸诈虚伪的苏秦，就想经营整个天下，让诸侯们结为一体，他的策略不可能成功是必然的。

“现今，秦国和楚国连壤接境，看地理形势也应为亲近的国家。大王若真能听取我的建议，我请秦王派太子来楚国作人质，楚国派太子到秦国作人质，让秦王的女儿作为侍奉大王的姬妾，进献有一万户居民的都邑，作为大王征收赋税供给汤沐之地，永结兄弟邻邦，终生不相互攻打。我认为再无比这更合适的策略了。”

此时，楚王虽已得到张仪，却又不想让出黔中土地给秦国，准备接受张仪的建议。屈原说：“上次大王被张仪欺骗，张仪来到楚国，我以为大王会用鼎镬煮死他，现在却将其释放，不忍杀之，还听信其邪妄之言，万万不可啊！”楚怀王说：“接受张仪的建议可保住黔中土地，此事美好而有利。已经答应而又背弃他，可不行。”因此最终接受了张仪的建议，同秦国交好。

※ 原文

张仪去楚，因遂之韩，说韩王曰：“韩地险恶山居，五谷所生，非菽而麦，民之食大抵饭菽藿羹。一岁不收，民不餍糟糠。地不过九百里，无二岁之食。料大王之卒，悉之不过三十万，而厮徒负养在其中矣。除守徼亭鄣塞，见卒不过二十万而已矣。秦带甲百余万，车千乘，骑万匹，虎贲之士跿跔科头、贯颐奋戟者，至不可胜计。秦马之良，戎兵之众，探前趹后蹄间三寻腾者，不可胜数。山东之士被甲蒙胄以会战，秦人捐甲徒裼以趋敌，左挈人头，右挟生虏。夫秦卒与山东之卒，犹孟贲之与怯夫；以重力相压，犹乌获之与婴儿。夫战孟贲、乌获之士以攻不服之弱国，无异垂千钧之重于鸟卵之上，必无幸矣。

“夫群臣诸侯不料地之寡，而听从人之甘言好辞，比周以相饰也，皆奋曰‘听吾计可以强霸天下’。夫不顾社稷之长利而听须臾之说，诖误人主，无过此者。

“大王不事秦，秦下甲据宜阳，断韩之上地，东取成皋、荥阳，则鸿台之宫、桑林之苑非王之有也。夫塞成皋，绝上地，则王之国分矣。先事秦则安，不事秦则危。夫造祸而求其福报，计浅而怨深，逆秦而顺楚，虽欲毋亡，不可得也。

※ 译文

张仪离开楚国，就趁机到韩国游说韩王道：“韩国地势险恶，人都居住在山区，生产的粮食是豆而非麦，人们吃的多为豆子饭、豆叶汤。一年没收成，人们便连糟糠这样粗劣的食物都不能吃饱。不足九百里的土地，没有储存两年的粮食。估计大王的士兵，全数也不过三十万人，这还包括那些勤杂兵和后勤人员呢。不算防守驿亭、边防要塞的士兵，现有兵士不过二十万罢了。可秦国武装部队就有一百多万，战车千辆，战马万匹，数不胜数的勇武之士飞奔跳跃勇往直前，他们头盔都不戴，捂着面颊，带着武器愤怒地扑向敌阵。秦国战马精良，骏马奔驰，那些前蹄扬起，后蹄腾空，一跃就是两丈多远的马多得都数不清。山东六国的兵士，戴头盔，穿铠甲会合作战，秦的兵士却甩掉战袍，赤足露身扑向敌人，左手提人头，右手挟俘虏。秦兵与山东六国的兵相比，就好比勇猛的大力士孟贲和软弱的胆小鬼；用巨大的威力压下去，简直就是勇猛的大力士乌获与婴儿的对抗。用孟贲、乌获这样的军队去攻伐那些不服从的弱小国家，无异于把千钧的重量压在鸟卵上，必定不存在侥幸的结果。

“那些诸侯、大臣们不估量自己的土地狭小，却听信那些主张合纵之人的甜言蜜语，他们结伙营私，互相掩饰，都振奋地说：‘听从我的策略就可称霸天下。’放下国家的长远利益而听从一时的游说，贻误国君，没有比这更严重的了。

“若大王不事奉秦国，秦国发动武装部队占据宜阳，切断韩国的土地，夺取东边的成皋、荥阳，则鸿台的宫殿、桑林的林苑，就不再归大王拥有了。再说，成皋被堵塞，土地被切断，大王的国土就会被分割。先臣事秦国就安全，否则就危险。制造了祸端却想求得吉祥的回报，计谋短浅鄙陋而结下的仇怨深重，违背秦国而服从楚国，即使想不灭亡都难。

※ 原文

“故为大王计，莫如为秦。秦之所欲莫如弱楚，而能弱楚者如韩。非以韩能强于楚也，其地势然也。今王西面而事秦以攻楚，秦王必喜。夫攻楚以利其地，转祸而说秦，计无便于此者。”

韩王听仪计。张仪归报，秦惠王封仪五邑，号曰武信君。使张仪东说齐湣王曰：“天下强国无过齐者，大臣父兄殷众富乐。然而为大王计者，皆为一时之说，不顾百世之利。从人说大王者，必曰‘齐西有强赵，南有韩与梁。齐，负海之国也，地广民众，兵强士勇，虽有百秦，将无奈齐何’。大王贤其说而不计其实。夫从人朋党比周，莫不以从为可。臣闻之，齐与鲁三战而鲁三胜，国以危亡随其后，虽有战胜之名，而有亡国之实。是何也？齐大而鲁小也。今秦之与齐也，犹齐之与鲁也。秦赵战于河漳之上，再战而赵再胜秦；战于番吾之下，再战又胜秦。四战之后，赵之亡卒数十万，邯郸仅存，虽有战胜之名而国已破矣。是何也？秦强而赵弱。

“今秦楚嫁女娶妇，为昆弟之国。韩献宜阳；梁效河外；赵入朝渑池，割河间以事秦。大王不事秦，秦驱韩梁攻齐之南地，悉赵兵渡清河，指博关，临菑、即墨非王之有也。国一日见攻，虽欲事秦，不可得也。是故愿大王孰计之也。

※ 译文

“因此我替大王策划，不如帮助秦国，秦国所想的无疑就是削弱楚国，能够削弱楚国的，韩国最有实力。并非因为韩国比楚国强大，而是因为韩国的地理形势。现在若大王向西臣事秦国而进攻楚国，则秦王必然很高兴。进攻楚国，在它土地上取得利益，又使自己的祸患转移而使秦国高兴，这计策最适宜了。”

韩王听信了张仪的策略。张仪回到秦国报告，秦惠王便封赏了他五个都邑，封为武信君。又派张仪东去游说齐湣王道：“天下强大的国家要属齐国，大臣及其父兄兴旺发达、富足安乐。可是给大王出谋划策的人，都是为了暂时的欢乐，而不顾国家长远的利益。主张合纵的人游说大王，肯定会说：‘齐国西面是强大的赵国，南面是韩国和魏国，齐国背靠大海，土地广阔，人口众多，军队强大，士兵勇敢，就算有一百个秦国，也奈何不了齐国。’大王认为他们的说法很高明，却考虑不到实际情况。主张合纵的人，结党营私，排斥异己，都说合纵是可行的。我听说，齐国和鲁国打了三次仗，而鲁国胜了三次，国家却也因此随后而亡，就算有战胜的名声，却还是没能逃脱国家灭亡的现实。这是为何呢？原因就是齐国强大而鲁国弱小啊。如今，秦国同齐国比较，就像齐国和鲁国一样。秦国和赵国交战于漳河边上，两次交战两次打败秦国；在番吾城下交战，又是两次交战两次打败秦国。四次战役后，赵国士兵有几十万阵亡，才勉强保住了邯郸。即使赵国有战胜之名，国家却已残破不堪了。这是为什么呢？原因就是秦国强大而赵国弱小啊。

“现在秦、楚两国嫁女娶妇，结成兄弟盟国。韩国把宜阳献出，魏国把河外献出，赵国在渑池朝拜秦王，割让河间以事奉秦国。若大王不臣事秦国，则秦国就会驱使韩、魏进攻齐的南方，赵军全部出动，渡过清河，直指博关，临菑和即墨就不再属于大王了。国家一旦被进攻，即使是想要臣事秦国，也不可能了，所以请大王慎重考虑。”

※ 原文

齐王曰：“齐僻陋，隐居东海之上，未尝闻社稷之长利也。”乃许张仪。

张仪去，西说赵王曰：“敝邑秦王使使臣效愚计于大王。大王收率天下以宾秦，秦兵不敢出函谷关十五年。大王之威行于山东，敝邑恐惧慑伏，缮甲厉兵，饰车骑，习驰射，力田积粟，守四封之内，愁居慑处，不敢动摇，唯大王有意督过之也。

“今以大王之力，举巴蜀，并汉中，包两周，迁九鼎，守白马之津。秦虽僻远，然而心忿含怒之日久矣。今秦有敝甲凋兵，军于渑池，愿渡河逾漳，据番吾，会邯郸之下，原以甲子合战，以正殷纣之事，敬使使臣先闻左右。

“凡大王之所信为从者恃苏秦。苏秦荧惑诸侯，以是为非，以非为是，欲反齐国，而自令车裂于市。夫天下之不可一亦明矣。今楚与秦为昆弟之国，而韩梁称为东籓之臣，齐献鱼盐之地，此断赵之右臂也。夫断右臂而与人斗，失其党而孤居，求欲毋危，岂可得乎？

※ 译文

齐王说：“齐国偏僻落后，处在东海边上，不曾听到过国家长远利益的道理。”就接受了张仪的建议。

张仪离开齐国，西去游说赵王道：“敝邑秦王派我做使臣来给大王献上不成熟的意见。大王率天下诸侯抵制秦国，秦国军民十五年都不敢出函谷关。大王的声威遍布山东各国，敝邑担惊受怕，屈服而不敢妄动，整治军备，磨砺武器，整顿战车战马，训练跑马射箭，努力种地，储存粮食，守护在四方边境之内，日夜担忧地生活着，不敢轻举妄动，怕大王有意深责我们的过失。

“现在，凭借大王的督促之力，秦国已将巴、蜀攻克，将汉中吞并，将东、西二周夺取，将九鼎宝器迁走，据守着白马渡口。秦国虽说地处偏僻，可内心压抑愤懑的日子太长了。现在，秦国有一支残兵败将，在渑池驻扎，正计划渡黄河，跨漳水，占番吾，同贵军会于邯郸城下，想在甲子这一天与贵军交战，以效法武王伐纣的旧事，所以秦王郑重地派出使臣先来敬告大王及其左右亲信。

“大王信赖倡导合纵联盟的原因，是凭靠着苏秦。苏秦迷惑诸侯，颠倒是非，他想反对齐国，自己却被五马分尸于刑场。天下诸侯不可能统一是显而易见的。现今，楚国和秦国已结成盟国，而韩国和魏国也已臣服于秦国，成为东方的属国，齐国献出盛产鱼盐之地，这就相当于把赵国的右臂斩断了。斩断了右臂而同别人争斗，失去同伙而孤立无援，想使国家不危险都是不可能的。

※ 原文

“今秦发三将军：其一军塞午道，告齐使兴师渡清河，军于邯郸之东；一军军成皋，驱韩、梁军于河外；一军军于渑池。约四国为一以攻赵，赵破，必四分其地。是故不敢匿意隐情，先以闻于左右。臣窃为大王计，莫如与秦王遇于渑池，面相见而口相结，请案兵无攻。愿大王之定计。”

赵王曰：“先王之时，奉阳君专权擅势，蔽欺先王，独擅绾事，寡人居属师傅，不与国谋计。先王弃群臣，寡人年幼，奉祀之日新，心固窃疑焉，以为一从不事秦，非国之长利也。乃且愿变心易虑，割地谢前过以事秦。方将约车趋行，适闻使者之明诏。”赵王许张仪，张仪乃去。

北之燕，说燕昭王曰：“大王之所亲莫如赵。昔赵襄子尝以其姊为代王妻，欲并代，约与代王遇于句注之塞。乃令工人作为金斗，长其尾，令可以击人。与代王饮，阴告厨人曰：‘即酒酣乐，进热啜，反斗以击之。’于是酒酣乐，进热啜，厨人进斟，因反斗以击代王，杀之，王脑涂地。其姊闻之，因摩笄以自刺，故至今有摩笄之山。代王之亡，天下莫不闻。

※ 译文

“如今，秦国派出三支军队：一支堵塞午道，通知齐国调动军队渡过清河，驻扎在邯郸的东面；一支驻扎在成皋，驱使韩国和魏国的军队驻扎在河外；一支驻扎在渑池。相约四国军队结为一体进攻赵国，攻破赵国，必然由四国瓜分它的土地。因此我不敢隐瞒实情，先报告给大王左右亲信。我暗自为大王考虑，不如与秦王会晤于渑池，当面做个口头约定，请求按兵不动，不要进攻。请大王定夺。”

赵王说：“先王在世时，奉阳君独揽权势，蒙蔽先王，独断政事，我还深居宫内，从师学习，不参与谋划国家大事。先王抛弃群臣谢世时，我还年轻，继承君位的时间也不长，我心中的确暗自怀疑这种做法，认为各国联合一体，不事奉秦国，不是我国长远的利益。于是，我想改变心志，去除疑虑，割让土地弥补已往的过失，以事奉秦国。我正要整备车马去请罪，恰逢此时听到您明智的教诲。”赵王接受了张仪的建议，张仪才离去。

张仪向北到了燕国，游说燕昭王道：“大王最亲近赵国了。过去赵襄子曾把自己的姐姐嫁给代王为妻，想吞并代国，约定与代王在句注要塞会晤，就命工匠做了一个金斗，加长了斗柄以击杀人命。赵王与代王饮酒，暗中对厨工说：‘趁酒酣时，你献上热羹，并趁机反转斗柄来击杀他。’于是当酒喝到酣畅时，送上热腾腾的羹汁，厨工趁送上金斗的机会，反转斗柄击中代王，并将其杀死，代王的脑浆流了一地。赵王的姐姐得知此事后，把簪子磨快自杀了，因此今天还有一个名叫摩笄的山名。代王的死，天下无人不知。

※ 原文

“夫赵王之很戾无亲，大王之所明见，且以赵王为可亲乎？赵兴兵攻燕，再围燕都而劫大王，大王割十城以谢。今赵王已入朝渑池，效河间以事秦。今大王不事秦，秦下甲云中、九原，驱赵而攻燕，则易水、长城非大王之有也。

“且今时赵之于秦犹郡县也，不敢妄举师以攻伐。今王事秦，秦王必喜，赵不敢妄动，是西有强秦之援，而南无齐、赵之患，是故愿大王孰计之。”

燕王曰：“寡人蛮夷僻处，虽大男子裁如婴儿，言不足以采正计。今上客幸教之，请西面而事秦，献恒山之尾五城。”燕王听仪。仪归报，未至咸阳而秦惠王卒，武王立。武王自为太子时不说张仪，及即位，群臣多谗张仪曰：“无信，左右卖国以取容。秦必复用之，恐为天下笑。”诸侯闻张仪有却武王，皆畔衡，复合从。

※ 译文

“赵王凶暴，六亲不认，大王是有明确见识的，还能觉得赵王可以亲近吗？赵国出兵攻打燕国，两次围困燕国首都来劫持大王，大王还得割让十座城池向它道歉。现今，赵王已到渑池朝拜秦王，献出河间一带土地事奉秦国。现在若大王不事奉秦国，则秦将发动兵队直下云中、九原，驱使赵国进攻燕国，那么易水和长城将不再属于大王。

“而且，现在的赵国对秦国来说，好比郡和县的关系，不敢胡乱出兵攻打别国。现在若大王事奉秦国，则秦王一定高兴，而赵国也不敢轻举妄动，这就等于西边有强大秦国的支援，而南边又解除了齐国、赵国的忧虑，因此请大王仔细考虑。”

燕王说：“我就像蛮夷之徒一样处在落后荒远之地，这里的人即使是男子汉，也都仅仅像个婴儿，其言论无法产生正确的决策。如今，承蒙贵客教诲，我愿意向西面事奉秦国，把恒山脚下的五座城池献出。”燕王接受了张仪的建议。张仪回报秦王，尚未到达咸阳秦惠王就去世了，武王即位。武王做太子时就不喜欢张仪，等到继承王位，很多大臣说张仪的坏话：“张仪不讲信用，反复无常，卖国求宠。秦国若一定要继续任用他，则恐怕会被天下人耻笑。”诸侯们得知张仪和武王感情上有裂痕，就又都纷纷背叛了连横政策，恢复了合纵联盟。

※ 原文

秦武王元年，群臣日夜恶张仪未已，而齐让又至。张仪惧诛，乃因谓秦武王曰：“仪有愚计，愿效之。”王曰：“奈何？”对曰：“为秦社稷计者，东方有大变，然后王可以多割得地也。今闻齐王甚憎仪，仪之所在，必兴师伐之。故仪愿乞其不肖之身之梁，齐必兴师而伐梁。梁、齐之兵连于城下而不能相去，王以其间伐韩，入三川，出兵函谷而毋伐，以临周，祭器必出。挟天子，按图籍，此王业也。”秦王以为然，乃具革车三十乘，入仪之梁。齐果兴师伐之。梁哀王恐。张仪曰：“王勿患也，请令罢齐兵。”乃使其舍人冯喜之楚，借使之齐，谓齐王曰：“王甚憎张仪；虽然，亦厚矣王之讬仪于秦也！”齐王曰：“寡人憎仪，仪之所在，必兴师伐之，何以托仪？”对曰：“是乃王之托仪也。夫仪之出也，固与秦王约曰：‘为王计者，东方有大变，然后王可以多割得地。今齐王甚憎仪，仪之所在，必兴师伐之。故仪愿乞其不肖之身之梁，齐必兴师伐之。齐、梁之兵连于城下而不能相去，王以其间伐韩，入三川，出兵函谷而无伐，以临周，祭器必出。挟天子，案图籍，此王业也。’秦王以为然，故具革车三十乘而入之梁也。今仪入梁，王果伐之，是王内罢国而外伐与国，广邻敌以内自临，而信仪于秦王也。此臣之所谓‘托仪’也。”齐王曰：“善。”乃使解兵。

张仪相魏一岁，卒于魏也。

※ 译文

秦武王元年，群臣日夜诋毁张仪，而齐国又派人来责备张仪。张仪担心被杀，就趁机对武王说：“我有个不成熟的计策，希望献给大王。”武王说：“什么计策？”回答说：“为秦国着想，必须使东方各国发生大的变故，大王才能得到更多的土地。现在，听说齐王很恨我，我在哪个国家，他就必然会出动军队讨伐它。因此请让我这个不成才的人到魏国去，齐国肯定会出兵攻打魏国。魏军和齐军在城下混战而谁都无法回师离开之时，大王趁此机会攻打韩国，打进三川，军队出函谷关而不要攻打别的国家，直接挺进，兵临周都，周天子定会献出祭器。大王就可挟持天子，掌握天下的地图户籍，这是成就帝王的功业啊。”秦王觉得他说得有道理，就准备了兵车三十辆，把张仪送到魏国，齐王果真发兵攻打魏国，魏哀王很担心。张仪说：“大王不用担忧，我让齐国罢兵。”就派遣他的门客冯喜去楚国，再借用楚国的使臣到齐国，对齐王说：“大王痛恨张仪。尽管如此，可大王让张仪在秦国有所依托，也做得够周到了啊！”齐王说：“我恨张仪，张仪在哪里，我就出兵攻打哪里，我怎么是让张仪有所依托呢？”回答说：“这恰是大王让张仪有所依托的原因。张仪离开秦国时，本来与秦王约定说：‘为大王着想，必须使东方各国发生大变故，大王才能割得更多的土地。现在齐国憎恨我，我在哪国，他就必然会出兵攻打哪国。因此请让我这个不成才的人去魏国，齐国定要出兵攻打魏国，当魏军和齐军在城下混战而谁都无法回师离开之时，大王就可趁此机会攻打韩国，打进三川，军队出函谷关而不要攻打别的国家，直接挺进，兵临周都，周天子定会献出祭器。大王就可挟持天子，掌握天下的地图户籍，这是成就帝王的功业啊。’秦王认为他说得有道理，所以备了三十辆兵车把张仪送到了魏国。现在，张仪去了魏国，大王果真要攻打它，会使国内疲惫困乏，而对外攻打与自己建立邦交的国家，广泛树敌，患及自身，反而让张仪得到秦国的信任。这就是我所说的‘让张仪有所依托’。”齐王说：“好。”就将攻打魏国的战争解除了。

张仪出任魏国宰相一年，就死在了魏国。

※ 原文

陈轸者，游说之士。与张仪俱事秦惠王，皆贵重，争宠。张仪恶陈轸于秦王曰：“轸重币轻使秦、楚之间，将为国交也。今楚不加善于秦而善轸者，轸自为厚而为王薄也。且轸欲去秦而之楚，王胡不听乎？”王谓陈轸曰：“吾闻子欲去秦之楚，有之乎？”轸曰：“然。”王曰：“仪之言果信矣。”轸曰：“非独仪知之也，行道之士尽知之矣。昔子胥忠于其君而天下争以为臣，曾参孝于其亲而天下愿以为子。故卖仆妾不出闾巷而售者，良仆妾也；出妇嫁于乡曲者，良妇也。今轸不忠其君，楚亦何以轸为忠乎？忠且见弃，轸不之楚何归乎？”王以其言为然，遂善待之。

居秦期年，秦惠王终相张仪，而陈轸奔楚。楚未之重也，而使陈轸使于秦。过梁，欲见犀首。犀首谢弗见。轸曰：“吾为事来，公不见轸，轸将行，不得待异日。”犀首见之。陈轸曰：“公何好饮也？”犀首曰：“无事也。”曰：“吾请令公厌事可乎？”曰：“奈何？”曰：“田需约诸侯从亲，楚王疑之，未信也。公谓于王曰：‘臣与燕、赵之王有故，数使人来，曰：无事何不相见，愿谒行于王。’王虽许公，公请毋多车，以车三十乘，可陈之于庭，明言之燕、赵。”燕、赵客闻之，驰车告其王，使人迎犀首。楚王闻之大怒，曰：“田需与寡人约，而犀首之燕、赵，是欺我也。”怒而不听其事。齐闻犀首之北，使人以事委焉。犀首遂行，三国相事皆断于犀首。轸遂至秦。

※ 译文

陈轸，是游说的策士。与张仪共同侍奉秦惠王，都被重用而显贵，互相争宠。张仪在秦王面前中伤陈轸说：“陈轸以丰厚的礼物随便地来往于秦楚之间，应当为国家外交工作。现在楚国却不曾对秦国更加友好反而亲善陈轸，足见其为自己打算得多而为大王着想得少啊。而且陈轸想离开秦国而到楚国去，大王怎么没听说呢？”秦王对陈轸说：“我听说先生打算离开秦国去楚国，有此事吗？”陈轸说：“有。”秦王说：“张仪的话果真可信。”陈轸说：“不仅是张仪知道此事，就连路人也都知道此事。以前伍子胥忠于国君，天下国君都争着要他做臣子；曾参孝敬父母，天下的父母都希望他做儿子。因此被出卖的奴仆侍妾不等走出里巷就卖掉了，因为他们都是好奴仆；被遗弃的妻子还能在本乡本土嫁出去，因为她们都是好女人。现在，陈轸若不忠于自己的国君，楚国又凭什么认为陈轸能忠于它呢？若忠诚被抛弃，陈轸不去楚国，又能去哪儿呢？”秦王认为他说得对，于是就更加优待他。

陈轸在秦国过了整整一年，秦惠王终于任张仪为宰相，而陈轸投奔楚国，楚王没有重用他，却派他出使秦国。他路过魏国，想见一下犀首，犀首谢绝不见。陈轸说：“我有事才来，您不见，我就要走了，无法等到第二天。”犀首便接见了他。陈轸说：“您为何爱好喝酒呢？”犀首说：“无事可做。”陈轸说：“我让您有很多事做，好吗？”犀首说：“怎么做？”陈轸说：“田需约集各国合纵，楚王怀疑他，还不相信。您跟魏王说：‘我和燕、赵两国国君有旧交情，他们曾多次派人来对我说：‘闲着没事为何不互相见见面，希望您去晋见我们国君。’魏王即使答应您去，您也不必多要车辆，只需把三十辆车摆列在庭院里，公开宣称要去燕国和赵国。”燕、赵两国的外交人员听了此消息，急忙驱车回报他们的国君，派人迎接犀首。楚王听了此消息，很生气，说：“田需同我相约，而犀首却去燕、赵，这是在欺骗我呀。”楚王因此很生气而不再理睬田需合纵的事。齐国听说犀首去了北方，便派人把国家政事托付给他，犀首就去了齐国，于是三国宰相的事务都由犀首决断，陈轸也就回到了秦国。

※ 原文

韩、魏相攻，期年不解。秦惠王欲救之，问于左右。左右或曰救之便，或曰勿救便，惠王未能为之决。陈轸适至秦，惠王曰：“子去寡人之楚，亦思寡人不？”陈轸对曰：“王闻夫越人庄舄乎？”王曰：“不闻。”曰：“越人庄舄仕楚执珪，有顷而病。楚王曰：‘舄故越之鄙细人也，今仕楚执珪，贵富矣，亦思越不？’中谢对曰：‘凡人之思故，在其病也。彼思越则越声，不思越则楚声。’使人往听之，犹尚越声也。今臣虽弃逐之楚，岂能无秦声哉！”惠王曰：“善。今韩魏相攻，期年不解，或谓寡人救之便，或曰勿救便，寡人不能决，愿子为子主计之余，为寡人计之。”陈轸对曰：“亦尝有以夫卞庄子刺虎闻于王者乎？庄子欲刺虎，馆竖子止之，曰：‘两虎方且食牛，食甘必争，争则必斗，斗则大者伤，小者死，从伤而刺之，一举必有双虎之名。’卞庄子以为然，立须之。有顷，两虎果斗，大者伤，小者死。庄子从伤者而刺之，一举果有双虎之功。今韩、魏相攻，期年不解，是必大国伤，小国亡，从伤而伐之，一举必有两实。此犹庄子刺虎之类也。臣主与王何异也。”惠王曰：“善。”卒弗救。大国果伤，小国亡，秦兴兵而伐，大克之。此陈轸之计也。

※ 译文

韩国同魏国交战，整整一年都未能停战。秦惠王想让它们和解，问左右亲信的意见。有的说和解有利，有的说不和解有利，惠王做不出决断。陈轸正好回到秦国，惠王说：“先生离开我到楚国，也想我吗？”陈轸回答说：“大王听说过越国人庄舄吗？”惠王说：“没有。”陈轸说：“越人庄舄在楚国官做到执珪的爵位，没多长时间就生病了。楚王说：‘庄舄原本是越国一个地位低微的人，现在官做到执珪的爵位，富贵了，也不知想不想越国？’中谢说：‘大凡人们思念自己的故乡，是在其生病之时，若他思念越国，就会用越国的腔调，反之就要用楚国的腔调。’派人前去偷听，庄舄还是用越国的腔调。今天我即使被遗弃跑到楚国，难道能丢下秦国的腔调吗？”惠王说：“好。现在韩国与魏国交战，一整年都没有停战，有人说让它们和解有利，有人说不让它们和解有利，我无法决断，请先生在为你的国君出谋划策之余，也替我出个主意。”陈轸答道：“曾有人把卞庄子刺虎的事讲给大王听吗？卞庄子正要刺杀猛虎，旅馆有个人阻止他道：‘两只虎正在吃牛，等它们吃出滋味时必定会争夺，一争夺就肯定会打起来，一旦打起来，则大的就必然会受伤，小的会死亡，追逐着受伤的老虎而刺杀它，这一来必然获得刺杀双虎的名声。’卞庄子认为他说得有道理，站在旁边等待它们，不久，两只老虎果真打了起来，结果大的受了伤，小的死了，庄子追赶上受伤的老虎并将其杀死，这一来果真获得了杀死双虎的功劳。现在韩、魏交战，一年不能解除，这样势必大国损伤，小国危亡，追逐着受到损伤的国家而讨伐它，则必然会获得两个胜利果实。这就好比卞庄子刺杀猛虎一类的事啊。我为自己的国君出主意和为大王出主意有什么区别呢？”惠王说：“说得好。”最终没有让它们和解。果真大国受到损伤，小国面临危亡，秦国就趁机出兵讨伐它们，获得大胜，这是陈轸的策略呀。

※ 原文

犀首者，魏之阴晋人也，名衍，姓公孙氏。与张仪不善。

张仪为秦之魏，魏王相张仪。犀首弗利，故令人谓韩公叔曰：“张仪已合秦魏矣，其言曰‘魏攻南阳，秦攻三川’。魏王所以贵张子者，欲得韩地也。且韩之南阳已举矣，子何不少委焉以为衍功，则秦魏之交可错矣。然则魏必图秦而弃仪，收韩而相衍。”公叔以为便，因委之犀首以为功。果相魏。张仪去。

义渠君朝于魏。犀首闻张仪复相秦，害之。犀首乃谓义渠君曰：“道远不得复过，请谒事情。”曰：“中国无事，秦得烧掇焚杅君之国；有事，秦将轻使重币事君之国。”其后五国伐秦。会陈轸谓秦王曰：“义渠君者，蛮夷之贤君也不如赂之以抚其志。”秦王曰：“善。”乃以文绣千纯，妇女百人遗义渠君。义渠君致群臣而谋曰：“此公孙衍所谓邪？”乃起兵袭秦，大败秦人李伯之下。

张仪已卒之后，犀首入相秦。尝佩五国之相印，为约长。

太史公曰：三晋多权变之士，夫言从衡强秦者大抵皆三晋之人也。夫张仪之行事甚于苏秦，然世恶苏秦者，以其先死，而仪振暴其短以扶其说，成其衡道。要之，此两人真倾危之士哉！

※ 译文

犀首，是魏国阴晋人，名叫衍，姓公孙。和张仪关系不好。

张仪为了秦国而到魏国去，魏王任张仪做宰相。犀首觉得不利于自己，于是他派人对韩国公叔说：“张仪已经让秦、魏联合了，他扬言道：‘魏国进攻南阳，秦国进攻三川。’魏王之所以器重张仪，是因为想得到韩国的土地。况且韩国的南阳已经被占领，先生何不稍微把一些政事委托给公孙衍，让他到魏王面前请功，那么秦国和魏国的交往就会停止。那么，魏国一定会谋取秦国而抛弃张仪，结交韩国而让公孙衍任宰相。”公叔觉得有利，于是就把政事付于托犀首，让他献功。犀首果真做了魏国宰相，张仪离开魏国。

义渠君前来朝拜魏王。犀首听说张仪又任秦国宰相，迫害义渠君。犀首就对义渠君说：“贵国道路遥远，今日分别，不容易再来访问，请允许我把一件事情告诉您。”他继续说：“中原各国不联合起来讨伐秦国，秦国才会焚烧掠夺您的国家，中原各国共同讨伐秦国，秦国就会派遣轻装的使臣带着厚礼事侍您的国家。”此后，楚、魏、齐、韩、赵五国联合讨伐秦国，正赶上陈轸对秦王说：“义渠君是蛮夷各国中的贤明君主，不如赠送财物以安抚其心志。”秦王说：“好。”就把一千匹锦绣和一百名美女赠送给义渠君，义渠君把群臣召来商量道：“这就是公孙衍告诉我的情形吗？”于是就起兵袭击秦国，大败秦军于李伯城下。

张仪死后，犀首到秦国任宰相。犀首曾经佩带过五个国家的相印，做了联盟的领袖。

太史公说：三晋出了很多权宜机变的人物，那些主张合纵、连横使秦国强大的，多为三晋人。张仪的行为比苏秦过分，可社会上之所以厌恶苏秦，是因为他先死了而张仪暴露了他合纵政策的短处，以附会自己的主张，促成连横政策。总之，此二人都是真正险诈的人。

※ 评析

出于某种情感和价值观的考虑，太史公司马迁在更大的程度上还是同情苏秦，而厌恶张仪的。当然这种情感倾向也表现在司马迁本人对战国时代其他历史人物身上，显然，他对于东方六国的人物似乎怀有更多的好感，而对于秦国将相的好感却相对较少。而事实上现代战国史的研究者们在深入考辨的基础上得出了可信的结论，那就是张仪的历史贡献要远远超过苏秦，这一点很多古人也都已经看清楚了，因此，尽管不能将其当作历史，但是本着忠实于原著的原则，对于司马迁的“一家之言”，每一篇都不能忽视。另外文中人物在贫困潦倒时，在碰壁后的那种隐忍发奋、不甘于现状、坚持不懈的精神还是值得每一个人学习的。

樗里子甘茂列传第十一

※ 原文

樗里子者，名疾，秦惠王之弟也，与惠王异母。母，韩女也。樗里子滑稽多智，秦人号曰“智囊”。

秦惠王八年，爵樗里子右更，使将而伐曲沃，尽出其人，取其城，地入秦。秦惠王二十五年，使樗里子为将伐赵，虏赵将军庄豹，拔蔺。明年，助魏章攻楚，败楚将屈丐，取汉中地。秦封樗里子，号为严君。

秦惠王卒，太子武王立，逐张仪、魏章，而以樗里子、甘茂为左右丞相。秦使甘茂攻韩，拔宜阳。使樗里子以车百乘入周。周以卒迎之，意甚敬。楚王怒，让周，以其重秦客。游腾为周说楚王曰：“知伯之伐仇犹，遗之广车，因随之以兵，仇犹遂亡。何则？无备故也。齐桓公伐蔡，号曰诛楚，其实袭蔡。今秦，虎狼之国，使樗里子以车百乘入周，周以仇犹、蔡观焉，故使长戟居前，强弩在后，名曰卫疾，而实囚之。且夫周岂能无忧其社稷哉？恐一旦亡国以忧大王。”楚王乃悦。

※ 译文

樗里子，名疾，是秦惠王同父异母的弟弟，其母是韩国女子。樗里子能说会道，足智多谋，因此秦人都称他是“智囊”。

秦惠王八年，樗里子封为右更爵位，秦王派他率兵攻打魏国的曲沃，他把那里的人全都赶走，占领了城邑，曲沃周围的土地便并入了秦国。秦惠王二十五年，秦王任樗里子为将军攻伐赵国，把赵国将军庄豹俘虏了，拿下了蔺邑。第二年，又协助魏章攻伐楚国，战败楚将屈丐，夺取了汉中地区。秦王赐封樗里子，封号是严君。

秦惠王死后，太子武王即位，把张仪和魏章驱逐，任樗里子和甘茂为左右丞相。秦王派甘茂攻伐韩国，一举拿下宜阳，同时还派樗里子率百辆战车进抵周朝都城。周王派士兵列队迎接，看起来很是恭敬。楚王知道后怒不可遏，就责骂周王，因为周王不该如此敬重秦国的不速之客。对此，游腾替周王劝说楚王道：“先前知伯攻打仇犹时，用赠送大车的办法，趁机让军队跟在后面，结果仇犹灭亡了。为什么？就是因为没有防备啊。齐桓公攻打蔡国时，声称是要诛罚楚国，其实是偷袭蔡国。现在的秦国，是个如虎似狼的国家，派樗里子带着百辆战车进入周都，居心叵测，周王要以仇犹、蔡国的教训来看待此事，因此派手持长戟的兵卒在前，让佩带强弓的军士列在后，表面上说是护卫樗里子，实际上是监管他，以防不测。再说，周王怎能不担忧周朝的天下呢？恐怕一旦亡国会给大王您带来麻烦。”楚王这才高兴起来。

※ 原文

秦武王卒，昭王立，樗里子又益尊重。

昭王元年，樗里子将伐蒲。蒲守恐，请胡衍。胡衍为蒲谓樗里子曰："公之攻蒲，为秦乎？为魏乎？为魏则善矣，为秦则不为赖矣。夫卫之所以为卫者，以蒲也。今伐蒲入于魏，卫必折而从之。魏亡西河之外而无以取者，兵弱也。今并卫于魏，魏必强。魏强之日，西河之外必危矣。且秦王将观公之事，害秦而利魏，王必罪公。"樗里子曰："奈何？"胡衍曰："公释蒲勿攻，臣试为公入言之，以德卫君。"樗里子曰："善。"胡衍入蒲，谓其守曰："樗里子知蒲之病矣，其言曰必拔蒲。衍能令释蒲勿攻。"蒲守恐，因再拜曰："愿以请。"因效金三百斤，曰："秦兵苟退，请必言子于卫君，使子为南面。"故胡衍受金于蒲以自贵于卫。于是遂解蒲而去。还击皮氏，皮氏未降，又去。

昭王七年，樗里子卒，葬于渭南章台之东。曰："后百岁，是当有天子之宫夹我墓。"樗里子疾室在于昭王庙西渭南阴乡樗里，故俗谓之樗里子。至汉兴，长乐宫在其东，未央宫在其西，武库正直其墓。秦人谚曰："力则任鄙，智则樗里。"

※ 译文

秦武王死后，昭王即位，樗里子更加受到尊重了。

秦昭王元年，樗里子率兵进攻蒲城。蒲城的长官很恐惧，便请胡衍出主意。胡衍便替蒲城长官出面对樗里子说："您进攻蒲城，是为了秦国，还是为了魏国啊？若是为了魏国，那当然好了；若是为了秦国，那就不算有利了。因为卫国之所以成为一个国家，就是因为有蒲城存在。现在您进攻它迫使它投入魏国怀抱，整个卫国就会屈服并依附魏国。魏国丧失了西河之外的城邑却无法夺回来，就是因为兵力薄弱啊。现在攻打蒲城使卫国并入魏国，魏国必定强大起来。魏国强大的时候，也就是贵国所占城邑危险的时候。况且，秦王要察看您此次的行动，倘若有害于秦国而使魏国得利，则秦王定要加罪于您。"听后，樗里子若有所思地说："如何是好呢？"胡衍顺势说："您放弃进攻蒲城，我试着替您到蒲城说说这个意思，让卫国国君不忘您给予他的恩德。"樗里子说："好吧。"胡衍进入蒲城后，就对那个长官说："樗里子已经掌握了蒲城困厄的处境，他扬言定要拿下蒲城。不过，我可以使他放弃蒲城，不再进攻。"蒲城长官很担心，听了胡衍的话，仿佛见到了救星，拜了又拜连声说："求您施恩救助。"于是还献上三百斤黄金，又表示说："若秦军果真撤退了，请让我一定把您的功劳报告给卫国国君，让您享受国君一样的待遇。"于是胡衍从蒲城得到重金，且使自己在卫国成了显贵。这时，樗里子已解围撤离了蒲城，回兵进攻魏国城邑皮氏，皮氏没投降，便又撤离了。

昭王七年，樗里子去世，葬在渭水南边章台之东。他临终前曾预言：“百年之后，此处会有天子的宫殿夹着我的坟墓。”樗里子嬴疾的家在昭王庙西边渭水之南的阴乡樗里，所以人们俗称他为樗里子。汉朝兴起，所建长乐宫就在他坟墓的东边，而在他坟墓的西边则是未央宫，武库正对着他的坟墓，果如所言。秦国人有句谚语说：“力气大要数任鄙，智谋多要数樗里子。”

※ 原文

甘茂者，下蔡人也。事下蔡史举先生，学百家之术。因张仪、樗里子而求见秦惠王。王见而说之，使将，而佐魏章略定汉中地。

惠王卒，武王立。张仪、魏章去，东之魏。蜀侯煇、相壮反，秦使甘茂定蜀。还，而以甘茂为左丞相，以樗里子为右丞相。

秦武王三年，谓甘茂曰：“寡人欲容车通三川，以窥周室，而寡人死不朽矣。”甘茂曰：“请之魏，约以伐韩，而令向寿辅行。”甘茂至，谓向寿曰：“子归，言之于王曰‘魏听臣矣，然愿王勿伐’。事成，尽以为子功。”向寿归，以告王，王迎甘茂于息壤。甘茂至，王问其故。

对曰：“宜阳，大县也，上党、南阳积之久矣。名曰县，其实郡也。今王倍数险，行千里攻之，难。昔曾参之处费，鲁人有与曾参同姓名者杀人，人告其母曰‘曾参杀人’，其母织自若也。顷之，一人又告之曰‘曾参杀人’，其母尚织自若也。顷又一人告之曰‘曾参杀人’，其母投杼下机，逾墙而走。夫以曾参之贤与其母信之也，三人疑之，其母惧焉。今臣之贤不若曾参，王之信臣又不如曾参之母信曾参也，疑臣者非特三人，臣恐大王之投杼也。始张仪西并巴蜀之地，北开西河之外，南取上庸，天下不以多张子而以贤先王。魏文侯令乐羊将而攻中山，三年而拔之。乐羊返而论功，文侯示之谤书一箧。乐羊再拜稽首曰：‘此非臣之功也，主君之力也。’今臣，羁旅之臣也。樗里子、公孙奭二人者挟韩而议之，王必听之，是王欺魏王而臣受公仲侈之怨也。”

※ 译文

甘茂，是下蔡人。曾侍奉下蔡的史举先生，跟他学习诸子百家的学说。后来通过张仪和樗里子的引荐得以拜见秦惠王。惠王接见后，很喜欢他，就派他带兵去支援魏章夺取汉中地区。

惠王死后，武王即位。当时张仪和魏章都已离开秦国，跑到东边的魏国。不久，秦公子蜀侯辉和他的辅相陈壮谋反，武王就派甘茂去平定蜀地。返回秦国后，武王任甘茂为左丞相，任樗里子为右丞相。

秦武王三年，武王对甘茂说："我有个心愿，想乘着垂帷挂幔的车子，通过三川之地，去看一看周朝都城，死了也心满意足。"甘茂心领神会，便说："请允许我到魏国，与魏国相约去攻伐韩国，并请让向寿辅助我一同前往。"武王应许了甘茂的请求。甘茂到魏国后，就对向寿说："您回去告诉武王出使的情况，就说'魏国听从我的主张了，但我希望大王先不要攻伐韩国'。事情成了，全算是您的功劳。"向寿回到秦国，把甘茂的话报告给武王，武王到息壤迎接甘茂。甘茂抵达息壤，武王问他先不攻打韩国的原因。

甘茂说："宜阳是个大县，上党、南阳财赋的积贮经时很久了。那里名为县，其实是个郡。如今大王离开自己所凭据的几处险要关隘，不远千里去攻打它们，取胜难度很大。从前，曾参住在费邑，鲁国有个与曾参同姓同名的人杀了人，有人告诉曾参的母亲说：'曾参杀了人。'其母正在织布，神情泰然自若。一会儿，又一个人来说：'曾参杀了人。'其母仍然织布，神情不变。一会儿，又有一个人来说：'曾参杀了人。'他的母亲就扔下梭子，走下织布机，翻墙逃跑了。凭着曾参的贤德与他母亲对他的深信不疑，有三个人怀疑他，以致他母亲真的担心他杀了人。现在我的贤能不比曾参，大王对我的信任也不比曾参的母亲，而且怀疑我的绝非只是三个人，我怕大王也像曾母扔杼一样，怀疑我啊。当初，张仪在西边兼并巴蜀的土地，在北面扩大了西河之外的疆域，在南边夺取了上庸，天下人并不因此夸赞张仪，而是认为大王贤能。魏文侯让乐羊带兵去攻伐中山国，三年才将其攻下。乐羊回到魏国论功请赏，而魏文侯把一箱子告发信拿给他看。吓得乐羊一连两次行跪拜大礼道：'这可并非我的功劳，全仗主上的威力啊。'现在我是个寄居此地的臣僚。樗里子和公孙奭二人会以韩国国力强为由来同我争议攻韩的得失，大王必定会听从他们的意见，这样就会造成大王欺骗魏王而我将遭到韩相公仲侈怨恨的结果。"

※ 原文

王曰："寡人不听也，请与子盟。"卒使丞相甘茂将兵伐宜阳。五月而不拔，樗里子、公孙奭果争之。武王召甘茂，欲罢兵。甘茂曰："息壤在彼。"王曰："有之。"因大悉起兵，使甘茂击之。斩首六万，遂拔宜阳。韩襄王使公仲侈入谢，与秦平。

武王竟至周，而卒于周。其弟立，为昭王。王母宣太后，楚女也。楚怀王怨前秦败楚于丹阳而韩不救，乃以兵围韩雍氏。韩使公仲侈告急于秦。秦昭王新立，太后楚人，不肯救。公仲因甘茂，茂为韩言于秦昭王曰："公仲方有得秦救，故敢扞楚也。今雍氏围，秦师不下殽，公仲且仰首而不朝，公叔且以国南合于楚。楚、韩为一，魏氏不敢不听，然则伐秦之形成矣。不识坐而待伐孰与伐人之利？"秦王曰："善。"乃下师于殽以救韩。楚兵去。

秦使向寿平宜阳，而使樗里子、甘茂伐魏皮氏。向寿者，宣太后外族也，而与昭王少相长，故任用。向寿如楚，楚闻秦之贵向寿，而厚事向寿。向寿为秦守宜阳，将以伐韩。韩公仲使苏代谓向寿曰："禽困覆车。公破韩，辱公仲，公仲收国复事秦，自以为必可以封。今公与楚解口地，封小令尹以杜阳。秦楚合，复攻韩，韩必亡。韩亡，公仲且躬率其私徒以阏于秦。愿公孰虑之也。"向寿曰："吾合秦、楚非以当韩也，子为寿谒之公仲，曰秦韩之交可合也。"

※ 译文

秦武王说："我不听他们的，请让我跟您盟誓。"最终让丞相甘茂带兵攻打宜阳。足足打了五个月却还没能拿下宜阳，樗里子和公孙奭果真提出反对意见。秦武王召甘茂回国，准备退兵不攻了。甘茂说："息壤就在那里，您可别忘记……"秦武王说："有过盟誓。"于是就调集了全部兵力，命甘茂进攻宜阳，斩敌六万人，终于攻克了宜阳。韩襄王派公仲侈到秦国谢罪，同秦国讲和。

秦武王最终通过三川之地到了周都，最后在那里去世。秦武王的弟弟即位，即秦昭王。秦昭王的母亲宣太后是楚国女子。楚怀王由于怨恨原来秦国在丹阳打败楚国的时候，韩国坐视不救，因而就带兵围攻韩国雍氏。韩王派公仲侈到秦国告急求援。秦昭王初即位，太后又是楚国人，因此不肯出兵救援。公仲侈就去托付甘茂，甘茂便替韩国向秦昭王进言道："公仲侈正是由于渴望得到秦国援救，所以才敢于抵抗楚国。眼下雍氏被围攻，秦军不肯下殽山救援，公仲侈将会轻蔑秦国而不来朝见了。韩公叔也将会让韩国向南同楚国联合，楚国和韩国一旦联合起来，魏国就不敢不任其摆布，这样看来，攻打秦国之势就形成了。您认为坐等别人进攻和主动进攻别人相比，哪种更好呢？"秦武王说："好。"于是就让军队下殽山去救韩国。楚国军队随即撤离。

秦王让向寿去平定宜阳，同时派樗里子和甘茂去攻伐魏国皮氏。向寿是宣太后的娘家亲戚，与秦昭王从小就很要好，因此被秦昭王任用。向寿先到了楚国，楚王听说秦王很敬重向寿，便优厚地礼遇向寿。向寿替秦国驻守宜阳，打算据此攻打韩国。韩相公仲侈派苏代对向寿说："野兽被围困急了就会撞翻猎人车子。您攻破韩国，虽使公仲侈受辱，但公仲侈仍可收拾韩国局面再去侍奉秦国，他会自认为必定能得到秦国的封赐。现在您将解口送给楚国，又将杜阳封给下小令尹，使秦、楚交好。秦和楚联合，也就是为了再次攻伐韩国，韩国必然要灭亡。韩国要灭亡，则公仲侈必将亲自率领他的私家徒隶去顽强抗拒秦国。请您慎重考虑。"向寿说："我联合秦、楚两国，并不是为了对付韩国，您替我把这个意思转达给公仲侈，说秦国与韩国的关系是可以合作的。"

※ 原文

苏代对曰："愿有谒于公。人曰贵其所以贵者贵。王之爱习公也，不如公孙奭；其智能公也，不如甘茂。今二人者皆不得亲于秦事，而公独与王主断于国者何？彼有以失之也。公孙奭党于韩，而甘茂党于魏，故王不信也。今秦楚争强而公党于楚，是与公孙奭、甘茂同道也，公何以异之？人皆言楚之善变也，而公必亡之，是自为责也。公不如与王谋其变也，善韩以备楚，如此则无患矣。韩氏必先以国从公孙奭而后委国于甘茂。韩，公之仇也。今公言善韩以备楚，是外举不僻仇也。"向寿曰："然，吾甚欲韩合。"对曰："甘茂许公仲以武遂，反宜阳之民，今公徒收之，甚难。"向寿曰："然则奈何？武遂终不可得也？"对曰："公奚不以秦为韩求颍川于楚？此韩之寄地也。公求而得之，是令行于楚而以其地德韩也。公求而不得，是韩、楚之怨不解而交走秦也。秦、楚争强，而公徐过楚以收韩，此利于秦。"向寿曰："奈何？"对曰："此善事也。甘茂欲以魏取齐，公孙奭欲以韩取齐。今公取宜阳以为功，收楚韩以安之，而诛齐魏之罪，是以公孙奭、甘茂无事也。"

※ 译文

苏代回答说："我愿意向您进一言。人们常说尊重别人所尊重的东西，才能赢得别人的尊重。秦王对您的亲近程度，比不上公孙奭；您的智慧才能被秦王赏识的程度，也比不上甘茂。可是现在此二人都不能直接参与秦国大事，而您却独能与秦王对秦国大事作出决策，这是为什么呢？是由于他们各有自己失去信任的地方啊。公孙奭偏向韩国，而甘茂则偏袒魏国，因此不被秦王所信任。如今秦国与楚国争强，可您却偏护楚国，这就与公孙奭、甘茂走上了同一条路。您还能靠什么来跟他们相区别呢？人们都说楚国善于权变，您必然会在同楚国结交上栽跟头，这是自惹麻烦。还不如与秦王谋划对付楚国权变的策略，交好韩国而防备楚国，这样就没有忧患了。韩国与秦国交好必定会先把国家大事交给公孙奭，听从他的处理意见，然后会再把国家托付给甘茂。韩国是您的仇敌。现在您提出与韩国交好而防备楚国，这就是外交结盟不避仇敌啊。"向寿说："是这样，我确实很想与韩国合作。"苏代说："甘茂曾答应公仲侈将武遂还给韩国，让宜阳百姓返回宜阳，现在您只想着要收回武遂，办到就会有困难。"向寿说："既然如此，该如何是好呢？武遂就终究不能得到了？"苏代说："您为何不借助秦国的声威，替韩国向楚国索回颍川呢？颍川是韩国的寄托之地，您如果索取并得到它，这是您的政令在楚国被推行而以楚国的地盘来使韩国感激您。您若索取而得不到它，这样韩国与楚国的怨仇无法化解，就会争着巴结秦国。秦楚两国争强，您一点一点地责备楚国以使韩国逐渐靠拢您，这对秦国有很大益处。"向寿听后，权衡利弊，一时不能下决心，便顺口说道："如何是好呢？"苏代立即答道："这是好事啊。甘茂想借着魏国的力量去攻伐齐国，公孙奭想借韩国的势力去攻伐齐国。如今您夺取了宜阳作为功劳，又得到了楚、韩的信任并使它们安定下来，进而再诛罚齐国和魏国的罪过。这样做了，公孙奭和甘茂的计划便都将化为泡影，他们在秦国的权势也就会进一步削弱。”

※ 原文

甘茂竟言秦昭王，以武遂复归之韩。向寿、公孙奭争之，不能得。向寿、公孙奭由此怨，谗甘茂。茂惧，辍伐魏蒲阪，亡去。樗里子与魏讲，罢兵。

甘茂之亡秦奔齐，逢苏代。代为齐使于秦。甘茂曰：“臣得罪于秦，惧而遁逃，无所容迹。臣闻贫人女与富人女会绩，贫人女曰：‘我无以买烛，而子之烛光幸有余，子可分我余光，无损子明而得一斯便焉。’今臣困，而君方使秦而当路矣。茂之妻子在焉，愿君以余光振之。”苏代许诺。遂致使于秦。已，因说秦王曰：“甘茂，非常士也。其居于秦，累世重矣。自殽塞及至鬼谷，其地形险易皆明知之。彼以齐约韩、魏反以图秦，非秦之利也。”秦王曰：“然则奈何？”苏代曰：“王不若重其贽，厚其禄以迎之，使彼来则置之鬼谷，终身勿出。”秦王曰：“善。”即赐之上卿，以相印迎之于齐。甘茂不往。苏代谓齐湣王曰：“夫甘茂，贤人也。今秦赐之上卿，以相印迎之。甘茂德王之赐，好为王臣，故辞而不往。今王何以礼之？”齐王曰：“善。”即位之上卿而处之。秦因复甘茂之家以市于齐。

※ 译文

甘茂终于向秦昭王提出，把武遂还给韩国。向寿和公孙奭竭力反对，但无济于事。向寿和公孙奭因此而怨恨，常在昭王面前说甘茂的坏话。甘茂担心自己会有不测，便停止进攻魏国的蒲阪，趁机逃亡而去。樗里子与魏国和解撤兵作罢。

甘茂逃出秦国跑到齐国，恰巧路遇苏代。当时，苏代正替齐国出使秦国。甘茂说：“我在秦国获罪，怕遭殃便逃了出来，现在还无容身之地。我听说贫家女和富家女在一起搓麻线，贫家女说：‘我没钱买蜡烛，而您的烛光还有剩余，请您分给我一点剩余的光亮，这影响不到您照明，却能使我同您一样享用烛光的方便。’现今我处于困窘境地，而您正出使秦国，大权在握。我的妻儿尚在秦国，请您拿点余光救济他们。”苏代答应了，于是就出使到达秦国。完成任务后，苏代借机劝说秦王道：“甘茂是个不平常的士人。他居住秦国多年，连续三代被重用，从殽塞到鬼谷，地形哪里险要哪里平坦，他都了如指掌。倘若他依靠齐国与韩国、魏国约盟联合，反过来图谋秦国，则对秦国不利呀。”秦王说：“既然如此，那该怎么办呢？”苏代说：“大王干脆送他更加贵重的礼物，给他更加丰厚的俸禄，将其迎回，一旦迎回，就将其安置在鬼谷，终身不准出来。”秦王说：“好。”随即赐给甘茂上卿官位，并派人拿着相印到齐国迎接甘茂。甘茂执意不回。苏代对齐湣王说：“甘茂可是个贤人。如今秦国已赐给他上卿官位，并带着相印来迎接他。由于甘茂感激大王的恩赐，情愿做大王的臣下，所以推辞邀请而不去秦国。现在大王您拿什么来礼遇他呢？”齐王说：“好。”立即安排他上卿官位，把他留在了齐国。秦国也将甘茂全家的赋税徭役免除来同齐国争着收买甘茂。

※ 原文

齐使甘茂于楚，楚怀王新与秦合婚而欢。而秦闻甘茂在楚，使人谓楚王曰：“愿送甘茂于秦。”楚王问于范蜎曰：“寡人欲置相于秦，孰可？”对曰：“臣不足以识之。”楚王曰：“寡人欲相甘茂，可乎？”对曰：“不可。夫史举，下蔡之监门也，大不为事君，小不为家室，以苟贱不廉闻于世，甘茂事之顺焉。故惠王之明，武王之察，张仪之辩，而甘茂事之，取十官而无罪。茂诚贤者也，然不可相于秦。夫秦之有贤相，非楚国之利也。且王前尝用召滑于越，而内行章义之难，越国乱，故楚南塞厉门而郡江东。计王之功所以能如此者，越国乱而楚治也。今王知用诸越而忘用诸秦，臣以王为钜过矣。然则王若欲置相于秦，则莫若向寿者可。夫向寿之于秦王，亲也，少与之同衣，长与之同车，以听事。王必相向寿于秦，则楚国之利也。”于是使使请秦相向寿于秦。秦卒相向寿。而甘茂竟不得复入秦，卒于魏。

※ 译文

齐国派甘茂出使楚国，楚怀王刚与秦国通婚结亲，对秦国很是亲热。秦王听说甘茂正在楚国，就派人告诉楚王：“希望把甘茂送到秦国来。”楚王向范蜎询问说：“我想在秦国安排一个丞相，您看谁适合？”范蜎说：“我能力不够，看不准谁合适。”楚王说：“我想让甘茂去任丞相，合适吗？”范蜎答道：“不合适。那个史举，是下蔡的城门看守，大事上侍奉不好国君，小事上治理不好家庭，他以苟且活命、人格低下、节操不廉而闻名于世，可是甘茂侍奉他却很恭顺。因此，就惠王的明智，武王的敏锐，张仪的善辩来说，甘茂能够一一奉事他们，取得十个官位而没有罪过，这是平常士人做不到的。甘茂的确是个贤才，但不能到秦国任丞相。秦国有了贤能的丞相，对楚国来讲并不是好事。更何况大王先前曾把召滑推荐到越国任职，他却暗中鼓动章义发难，搞得越国大乱，因此楚国才得以开拓疆域，以厉门为边塞，把江东作郡县。我认为大王的功绩之所以能够达到如此辉煌的地步，就是因为越国大乱，而楚国大治。如今大王只知道把这种谋略用于越国却忽视用于秦国，我认为您派甘茂到秦国任相是个重大的过失。您如果真的想在秦国安置丞相，那就不如安排向寿这样的人更为合适些。向寿对于秦王来说，是亲戚关系，小时候又与秦王同穿一件衣服，长大后与秦王同乘一辆车子，因此可以直接参与国政。大王若安排向寿到秦国任相，对楚国来讲就是好事了。”于是楚王派使臣去请求秦王让向寿在秦国任相。秦国最终让向寿担任了丞相。甘茂最终也没能够再到秦国，后来在魏国去世。

※ 原文

甘茂有孙曰甘罗。

甘罗者，甘茂孙也。茂既死后，甘罗年十二，事秦相文信侯吕不韦。

秦始皇帝使刚成君蔡泽于燕，三年而燕王喜使太子丹入质于秦。秦使张唐往相燕，欲与燕共伐赵以广河间之地。张唐谓文信侯曰：“臣尝为秦昭王伐赵，赵怨臣，曰：‘得唐者与百里之地。’今之燕必经赵，臣不可以行。”文信侯不快，未有以强也。甘罗曰：“君侯何不快之甚也？”文信侯曰：“吾令刚成君蔡泽事燕三年，燕太子丹已入质矣，吾自请张卿相燕而不肯行。”甘罗曰：“臣请行之。”文信侯叱曰：“去！我身自请之而不肯，女焉能行之？”甘罗曰：“大项橐生七岁为孔子师。今臣生十二岁于兹矣，君其试臣，何遽叱乎？”于是甘罗见张卿曰：“卿之功孰与武安君？”卿曰：“武安君南挫强楚，北威燕、赵，战胜攻取，破城堕邑，不知其数，臣之功不如也。”甘罗曰：“应侯之用于秦也，孰与文信侯专？”张卿曰：“应侯不如文信侯专。”甘罗曰：“卿明知其不如文信侯专与？”曰：“知之。”甘罗曰：“应侯欲攻赵，武安君难之，去咸阳七里而立死于杜邮。今文信侯自请卿相燕而不肯行，臣不知卿所死处矣。”张唐曰：“请因孺子行。”令装治行。

※ 译文

甘茂有个孙子叫甘罗。

甘罗是甘茂的孙子。甘茂去世时，甘罗才十二岁，侍奉秦国丞相文信侯吕不韦。

秦始皇派刚成君蔡泽到燕国，三年后燕国国君喜派太子丹到秦国做人质。秦国打算派张唐去燕国任相，想同燕国一起进攻赵国以扩张河间一带的领地。张唐对文信侯说：“我曾为昭王进攻过赵国，因此赵国怨恨我，曾扬言道：‘谁能够逮住张唐，就赏给他百里方圆的土地。’现在去燕国赵国是必经之路，我不能去。”文信侯听后心中不快，可是又没什么办法勉强他去。甘罗说：“君侯您为何如此闷闷不乐呢？”文信侯说：“我让刚成君蔡泽侍奉燕国三年，燕太子丹已经来秦国做人质了，我亲自请张卿去燕国任相，可他不肯去。”甘罗说：“请让我去说服他。”文信侯呵斥道：“快走开！我亲自请他去，他都不答应，你能有什么办法？”甘罗说：“项橐七岁就做了孔子的老师。现在我都已满十二岁了，您还是让我试一试。何必这么急着呵斥我呢？”于是文信侯就同意了。甘罗去拜见张卿说：“您与武安君白起相比，谁的功劳大？”张卿说：“武安君南败强大的楚国，北威慑燕、赵两国，战无不胜，攻无不克，夺取不计其数的城邑，我的功劳可比不上他。”甘罗又说：“应侯范雎在秦国任丞相时与现在的文信侯相比，哪个权力大？”张卿说：“应侯没有文信侯的权力大。”甘罗进而说：“您确实明了应侯没有文信侯的权力大吗？”张卿说：“确实明了这一点。”甘罗接着说：“应侯想去攻伐赵国，武安君故意为难他，结果武安君刚离开咸阳七里地就死在杜邮。现今文信侯亲自请您去燕国任相而您执意不肯，我说不准您会死在什么地方了。”张唐说：“那就依着你这个童子的意见前往燕国吧。”于是就让人整治行装，准备上路。

※ 原文

行有日，甘罗谓文信侯曰：“借臣车五乘，请为张唐先报赵。”文信侯乃入言之于始皇曰：“昔甘茂之孙甘罗，年少耳，然名家之子孙，诸侯皆闻之。今者张唐欲称疾不肯行，甘罗说而行之。今愿先报赵，请许遣之。”始皇召见，使甘罗于赵。赵襄王郊迎甘罗。甘罗说赵王曰：“王闻燕太子丹入质秦欤？”曰：“闻之。”曰：“闻张唐相燕欤？”曰：“闻之。”“燕太子丹入秦者，燕不欺秦也。张唐相燕者，秦不欺燕也。燕、秦不相欺者，伐赵，危矣。燕、秦不相欺无异故，欲攻赵而广河间。王不如赍臣五城以广河间，请归燕太子，与强赵攻弱燕。”赵王立自割五城以广河间。秦归燕太子。赵攻燕，得上谷三十城，令秦有十一。

甘罗还报秦，乃封甘罗以为上卿，复以始甘茂田宅赐之。

太史公曰：樗里子以骨肉重，固其理，而秦人称其智，故颇采焉。甘茂起下蔡闾阎，显名诸侯，重强齐、楚。甘罗年少，然出一奇计，声称后世。虽非笃行之君子，然亦战国之策士也。方秦之强时，天下尤趋谋诈哉。

※ 译文

出发不久，甘罗便对文信侯说：“借我五辆马车，请让我为张唐赴燕先到赵国打个招呼。”文信侯就进宫把甘罗的请求报告给秦始皇说：“过去的甘茂有个孙子甘罗，年纪很轻，然而是著名门第的子孙，因此诸侯们都有所闻。最近，张唐推托有病不想去燕国，结果被甘罗说服，使其毅然前往。现在甘罗想先去赵国把张唐的事通报一声，请允许派他去。”秦始皇召见了甘罗，就派他去赵国。赵襄王到郊外远迎甘罗。甘罗劝赵王道：“大王听说燕太子丹到秦国做人质了吗？”赵王回答说：“听说了。”甘罗又问道：“听说张唐要去燕国任相吗？”赵王答道：“听说了。”甘罗接着说：“燕太子丹到秦国来，说明燕国不欺骗秦国。张唐到燕国任相，表明秦国不欺骗燕国。

燕、秦两国互不相欺，显然是为了要共同进攻赵国，这样赵国就危险了。燕、秦两国互不相欺，没有别的缘故，就是要进攻赵国以扩大自己在河间一带的领地。大王不如先送给我五座城邑以扩大秦国在河间的领地，我劝说秦王送回燕太子，再帮助强大的赵国攻打弱小的燕国。”赵王立即亲自划出五座城邑来扩大秦国在河间的领地。秦国送回燕太子，赵国便有恃无恐进攻燕国，结果得到上谷三十座城邑，让秦国占有其中的十一座。

甘罗回来后把情况报告了秦王，秦王于是封赏甘罗并将其拜为上卿，又把原来甘茂的田地房宅赐给了甘罗。

太史公说：樗里子因为是秦王的骨肉兄弟而受到尊重，这本是常理，但秦国人称颂其才智，所以较多地采录了他的事迹。甘茂出身下蔡平民，名声显扬于诸侯，被强大的齐、楚所推重。甘罗年纪很轻，却因献出一条妙计而名垂后世。尽管他不能算上是品行忠厚的君子，但也算得上是战国时代名副其实的谋士。要知道，当秦国强盛起来之时，天下非常流行权变谋诈之术呢！

※ 评析

《战国策·魏策二》：“庞聪与太子质于邯郸，谓魏王曰：‘今一人言市有虎，王信之乎？’王曰：‘否。’‘二人言市有虎，王信之乎？’王曰：‘寡人疑之矣。’‘三人言市有虎，王信之乎？’王曰：‘寡人信之矣。’庞葱曰：‘夫市之无虎明矣。然而三人言而成虎。……’”城里本来没有虎，但是传言有虎的人多了，就会信以为真。当谣言和讹传一再重复时，就能蛊惑人心了。文中曾子的母亲本来很信任儿子不会杀人，然而说的人多了，她也就不那么坚定了。母亲尚且如此，更何况外人呢。历史上“三人成虎”的事例数不胜数，这是因为人们往往相信大多数人的意见。尤其是对一个领导者而言，在用人上最重要的是疑人不用、用人不疑，要相信自己的判断力，不能听信多数人的谣传。要知道，有时候，真理往往掌握在少数人的手里。

穰侯列传第十二

※ 原文

穰侯魏冉者，秦昭王母宣太后弟也。其先楚人，姓芈氏。

秦武王卒，无子，立其弟为昭王。昭王母故号为芈八子，及昭王即位，芈八子号为宣太后。宣太后非武王母。武王母号曰惠文后，先武王死。宣太后二弟：其异父长弟曰穰侯，姓魏氏，名冉；同父弟曰芈戎，为华阳君。而昭王同母弟曰高陵君、泾阳君。而魏冉最贤，自惠王、武王时任职用事。武王卒，诸弟争立，唯魏冉力为能立昭王。昭王即位，以冉为将军，卫咸阳。诛季君之乱，而逐武王后出之魏，昭王诸兄弟不善者皆灭之，威振秦国。昭王少，宣太后自治，任魏冉为政。

昭王七年，樗里子死，而使泾阳君质于齐。赵人楼缓来相秦，赵不利，乃使仇液之秦，请以魏冉为秦相。仇液将行，其客宋公谓液曰："秦不听公，楼缓必怨公。公不若谓楼缓曰'请为公毋急秦'。秦王见赵请相魏冉之不急，且不听公。公言而事不成，以德楼子；事成，魏冉故德公矣。"于是仇液从之。而秦果免楼缓而魏冉相秦。

欲诛吕礼，礼出奔齐。昭王十四年，魏冉举白起，使代向寿将而攻韩、魏，败之伊阙，斩首二十四万，虏魏将公孙喜。明年，又取楚之宛、叶。魏冉谢病免相，以客卿寿烛为相。其明年，烛免，复相冉，乃封魏冉于穰，复益封陶，号曰穰侯。

※ 译文

穰侯魏冉是秦昭王母亲宣太后的弟弟。他的祖先是楚国人，姓芈。

秦武王去世后，没有儿子，所以立秦武王的弟弟为国君，即秦昭王。秦昭王之母原是宫内女官，称为芈八子，等到秦昭王即位，芈八子才称为宣太后。宣太后并非秦武王生母。秦武王的母亲为惠文后，死在秦武王去世之前。宣太后有两个弟弟：她的异父长弟叫穰侯，姓魏，名冉；她的同父弟弟叫芈戎，即华阳君。秦昭王还有两个同母弟弟：高陵君和泾阳君。诸多人中，魏冉最贤能，从秦惠王、秦武王时即已任职掌权。秦武王死后，他的弟弟们争相继承王位，唯有魏冉有能力物色并拥立了秦昭王。秦昭王即位后，便任魏冉为将军，戍守咸阳。魏冉曾平定了季君公子壮及一些大臣的叛乱，并把秦武王后驱逐到魏国，秦昭王的兄弟中有图谋不轨的全部被诛灭，魏冉的声威一时震动秦国。当时秦昭王年纪还轻，宣太后亲自主持朝政，魏冉执掌大权。

秦昭王七年，樗里子去世，秦国派泾阳君到齐国做人质。赵国人楼缓来秦国任相，这显然不利于赵国，于是赵国派仇液到秦国游说，请求让魏冉担任秦相。仇液将要上路时，门客宋公对他说："若秦王不接受您的劝说，您必定会遭到楼缓的怨恨。不如对楼缓说'请为您打算，我劝说秦王任用魏冉为相将会有所保留。'秦王见赵国使者并不急切请求任用魏冉，必感奇怪，将会不接受您的劝说。您这样一说，若事情不成功，秦王乃用楼缓为相，您就会得到楼缓的好感；若事情成功了，秦王任用魏冉为相，则当然会得到魏冉感激。"于是，仇液听从了宋公的意见。秦国果然免掉了楼缓，魏冉做了丞相。

秦昭王要诛杀吕礼，吕礼逃到齐国。秦昭王十四年，魏冉任白起为将军，派他代替向寿领兵攻伐韩国和魏国，在伊阙打败了它们，斩敌二十四万人，俘虏了魏将公孙喜。第二年，又攻取了楚国的宛、叶两座城邑。此后，魏冉托病免职，秦王任客卿寿烛为丞相。第二年，寿烛免职，又起用魏冉为丞相，于是赐封魏冉于穰地，后来又加封陶邑，称为穰侯。

※原文

穰侯封四岁，为秦将攻魏。魏献河东方四百里。拔魏之河内，取城大小六十余。昭王十九年，秦称西帝，齐称东帝。月余，吕礼来，而齐、秦各复归帝为王。魏冉复相秦，六岁而免。免二岁，复相秦。四岁，而使白起拔楚之郢，秦置南郡。乃封白起为武安君。白起者，穰侯之所任举也，相善。于是穰侯之富，富于王室。

昭王三十二年，穰侯为相国，将兵攻魏，走芒卯，入北宅，遂围大梁。梁大夫须贾说穰侯曰："臣闻魏之长吏谓魏王曰：'昔梁惠王伐赵，战胜三梁，拔邯郸；赵氏不割，而邯郸复归。齐人攻卫，拔故国，杀子良；卫人不割，而故地复反。卫、赵之所以国全兵劲而地不并于诸侯者，以其能忍难而重出地也。宋、中山数伐割地，而国随以亡。臣以为卫、赵可法，而宋、中山可为戒也。秦，贪戾之国也，而毋亲。蚕食魏氏，又尽晋国，战胜暴子，割八县，地未毕入，兵复出矣。夫秦何厌之有哉！今又走芒卯，入北宅，此非敢攻梁也，且劫王以求多割地。王必勿听也。今王背楚、赵而讲秦，楚、赵怒而去王，与王争事秦，秦必受之。秦挟楚、赵之兵以复攻梁，则国求无亡不可得也。愿王之必无讲也。王若欲讲，少割而有质；不然，必见欺。'此臣之所闻于魏也，愿君之以是虑事也。《周书》曰'惟命不于常'，此言幸之不可数也。夫战胜暴子，割八县，此非兵力之精也，又非计之工也，天幸为多矣。今又走芒卯，入北宅，以攻大梁，是以天幸自为常也。智者不然。臣闻魏氏悉其百县胜甲以上戍大梁，臣以为不下三十万。以三十万之众守梁七仞之城，臣以为汤、武复生，不易攻也。夫轻背楚、赵之兵，陵七仞之城，战三十万之众，而志必举之，臣以为自天地始分以至于今，未尝有者也。

"攻而不拔，秦兵必罢，陶邑必亡，则前功必弃矣。今魏氏方疑，可以少割收也。愿君逮楚、赵之兵未至于梁，亟以少割收魏。魏方疑而得以少割为利，必欲之，则君得所欲矣。楚、赵怒于魏之先己也，必争事秦，从以此散，而君后择焉。且君之得地岂必以兵哉！割晋国，秦兵不攻，而魏必效绛安邑。又为陶开两道，几尽故宋，卫必效单父。秦兵可全，而君制之，何索而不得，何为而不成！愿君熟虑之而无行危。"穰侯曰："善。"乃罢梁围。

※ 译文

穰侯受封的第四年，担任秦国将领去攻打魏国。魏国被迫献出河东方圆四百里的土地。后来又占领了魏国的河内地区，攻取了大大小小六十余座城邑。秦昭王十九年，由魏冉操持，秦昭王自称西帝，尊齐湣王为东帝。一个多月后，吕礼又来到秦国，齐、秦两国国君取消了帝号仍旧称王。魏冉再度任秦国丞相后，第六年时便免职了。免职后二年，第三次出任秦国丞相。在第四年时，派白起攻下楚国的郢都，秦国设置了南郡。于是赐封白起为武安君。白起是穰侯所举荐的将军，两人很交好。当时，穰侯个人财富超过了国君。

秦昭王三十二年，穰侯任相国，率军攻伐魏国，使魏将芒卯战败而逃，进入北宅，随即围攻大梁。魏国大夫须贾劝穰侯道："我听魏国的一位长吏对魏王说：'从前梁惠王攻伐赵国，攻取了三梁，拿下了邯郸；而赵王即使战败也不肯割地，后来邯郸最终被收复。齐国人攻伐卫国，攻下了国都，子良被杀死；而卫人宁愿受辱也绝不割地，后来丧失的国都仍归卫人所有。卫、赵两国之所以国家完整，军队强劲，土地没有被诸侯兼并，就是因为他们能忍受苦难，爱惜每一寸土地。宋国和中山国屡次遭到进犯又屡次割地，结果国家迅速灭亡。我认为卫国、赵国值得效法，而宋国、中山国则应该引以为戒。秦国贪婪无厌，凶恶暴戾，千万不要亲近。它蚕食魏国，吞并原属晋国之地，战胜暴鸢，割取八个县之多，土地来不及全部并入，可军队却又耀武扬威地出动了。秦国哪有满足的时候啊？现在又使芒卯败逃，兵队开进了北宅，这并非敢于进攻魏都，而是威胁大王，要求多多割让土地。大王万万不可接受它的要求。现今若大王背弃楚国、赵国而与秦国讲和，则必定被楚、赵两国所怨恨而使它们背离大王，并同大王争着事奉秦国，秦国也肯定会接受它们的做法。秦国挟制楚、赵两国的军队再进攻魏都，则魏国想要不亡国恐怕是不可能的。请大王千万别讲和。大王要想讲和，也一定要少割地并且要有人质作保；否则必定会上当受骗。'这是我在魏国所听到的，希望您据此来考虑围攻大梁的事。《周书》上说：'要明白上天的旨意并非一成不变。'这就是说天赐幸运是不可多得的。秦国战胜暴鸢，割取八县，并非因为兵力精良，也并非凭借计谋的高超巧妙，而是主要靠运气。如今秦国又打败了芒卯，兵入北宅，进而围攻大梁，以此看来是把侥幸当作了常规，聪明的人并不这样的。据我所知，魏国已调集了上百个县的精兵良将来守卫大梁，看起来不少于三十万人。以三十万的大军来守卫七丈高的城垣，我觉得就算是商汤、周武王死而复生，也攻不下。轻易地背着楚、赵两国军队，要登七丈高的城垣，与三十万大军对垒，而且志在必得，我看从开天辟地直到今天，都不曾有过。

"攻而不克，秦军定会疲惫不堪，大梁攻不下而陶邑却定要丧失，那样就会前功尽弃了。现在魏国正犹疑未决，可以让它少割土地先拢住它。希望您把握住楚、赵援军尚未到达大梁的时机，抓紧以少割土地来收服魏国。魏国正在犹豫不决，会把以少割土地换取大梁解围的做法看作是有利的上策，魏国定会想这么办，那么您的愿望就会实现了。楚、赵两国对于魏国抢先与秦国讲和会很恼火，肯定会争先恐后地讨好秦国，合纵便因此瓦解，然后您再从容地选择对象逐个攻破。何况，您要取得土地也不一定非用军事手段呀！割取了原来的晋国土地，秦军不必攻坚，魏国就会乖乖把绛、安邑两城献出。这样又为您打开了河西与河东两条通道，原来的宋国土地也将会全部归秦国所有，随即卫国必会献出单父。秦军不动一兵一卒，而您却可以控制全面局势，有什么想要的得不到，有什么想要的成功不了呢！请您仔细考虑围攻大梁之事而不要使自己的行动冒险。”穰侯说：“好。”于是停止攻梁，解围而去。

※ 原文

明年，魏背秦，与齐从亲。秦使穰侯伐魏，斩首四万，走魏将暴鸢，得魏三县。穰侯益封。

明年，穰侯与白起客卿胡阳复攻赵、韩、魏，破芒卯于华阳下，斩首十万，取魏之卷、蔡阳、长社，赵氏观津。且与赵观津，益赵以兵，伐齐。齐襄王惧，使苏代为齐阴遗穰侯书曰：“臣闻往来者言曰‘秦将益赵甲四万以伐齐’，臣窃必之敝邑之王曰：‘秦王明而熟于计，穰侯智而习于事，必不益赵甲四万以伐齐。’是何也？夫三晋之相与也，秦之深仇也。百相背也，百相欺也，不为不信，不为无行。今破齐以肥赵。赵，秦之深仇，不利于秦。此一也。秦之谋者，必曰：‘破齐，弊晋、楚，而后制晋、楚之胜。’

“夫齐，罢国也，以天下攻齐，如以千钧之弩决溃痈也，必死，安能弊晋、楚？此二也。秦少出兵，则晋、楚不信也；多出兵，则晋、楚为制于秦。齐恐，不走秦，必走晋、楚。此三也。秦割齐以啖晋、楚，晋、楚案之以兵，秦反受敌。此四也。是晋、楚以秦谋齐，以齐谋秦也，何晋、楚之智而秦、齐之愚？此五也。故得安邑以善事之，亦必无患矣。秦有安邑，韩氏必无上党矣。取天下之肠胃，与出兵而惧其不反也，孰利？臣故曰秦王明而熟于计，穰侯智而习于事，必不益赵甲四万以代齐矣。”于是穰侯不行，引兵而归。

※ 译文

第二年，魏国背离了秦国，同齐国合纵交好。秦王派穰侯攻伐魏国，斩敌四万人，使魏将暴鸢战败而逃，攻取了魏国的三个县。穰侯又增加了封邑。

第三年，穰侯与白起、客卿胡阳再次攻伐赵国、韩国和魏国，在华阳城下大败芒卯，斩敌十万，夺取了魏国的卷、蔡阳、长社和赵国的观津。然后又把观津还给了赵国，并且给赵国增加了兵力，让它去攻伐齐国。齐襄王担心被伐，就让苏代替齐国暗地里送给穰侯一封信说："我从来往人们那里听说：'秦国准备给赵国增援四万士兵来攻打齐国。'我私下一定对我们国君说：'秦王精明而又谙熟谋略，穰侯机智而又精通军事，肯定不这么做。'为何这么说呢？韩、赵、魏三国友好结盟，是秦国的大敌。此三国之间关系非同一般，尽管有上百次的背弃，上百次的相骗，但都算不上是背信弃义，一旦对外它们是互信不疑的。现在要战败齐国会使赵国强盛起来。赵国被秦国所仇视，显然不利于秦国。这是第一点。秦国的谋臣策士们，必定会说：'打败齐国，先把三晋和楚国的力量削弱，然后再战而胜之。'

"其实，齐国是个势单力薄的疲惫之国，调集天下诸侯的兵力攻伐齐国，就好比用千钧强弓去冲开溃烂的痈疽，齐国必死无疑，怎么会使三晋和楚国削弱呢？这是第二点。秦国若出兵少，则三晋和楚国就不相信秦国；若出兵多，则又会让三晋和楚国担忧将被秦国控制。齐国担心被伐，不会投靠秦国，而是会投靠三晋和楚国。这是第三点。秦国以瓜分齐国来引诱三晋和楚国，而三晋和楚国派兵进驻进行扼守，秦国反而会腹背受敌。这是第四点。这种做法就是让三晋与楚国借秦国之力来谋取齐国，用齐国之地来对付秦国，难道三晋、楚国如此聪明而秦国、齐国如此愚蠢吗？这是第五点。所以得到安邑把它治理好，就一定没有祸患了。秦国占据了安邑，韩国也就必定控制不了上党。把天下的中心区域夺取，与出兵而担忧其不能返回，二者相比较，哪个有利？这些都是显而易见的道理，因此我才说秦国精明而又谙熟谋略，穰侯机智而又精通军事，肯定不会给赵国四万士兵让他攻伐齐国了。"于是穰侯不再进军，而是领兵回国了。

※ 原文

昭王三十六年，相国穰侯言客卿灶，欲伐齐取刚、寿，以广其陶邑。于是魏人范雎自谓张禄先生，讥穰侯之伐齐，乃越三晋以攻齐也，以此时奸说秦昭王。昭王于是用范雎。范雎言宣太后专制，穰侯擅权于诸侯，泾阳君、高陵君之属太侈，富于王室。于是秦昭王悟，乃免相国，令泾阳之属皆出关，就封邑。穰侯出关，辎车千乘有余。

穰侯卒于陶，而因葬焉。秦复收陶为郡。

太史公曰：穰侯，昭王亲舅也。而秦所以东益地，弱诸侯，尝称帝于天下，天下皆西乡稽首者，穰侯之功也。及其贵极富溢，一夫开说，身折势夺而以忧死，况于羁旅之臣乎！

※ 译文

秦昭王三十六年，相国穰侯与客卿灶商量准备攻伐齐国夺取刚、寿两城，借以扩大自己在陶邑的封地。这时有个叫范雎自称张禄先生的魏国人，讥笑穰侯居然越过韩、魏等国去攻伐齐国，他趁此机会劝说秦昭王。秦昭王于是任用了范雎。范雎向秦昭王说宣太后专制于朝内，穰侯专权于外事，泾阳君和高陵君等人则过于奢侈，以致富于国君。这使秦昭王幡然醒悟，就把穰侯的相国职务免除，责令泾阳君等人一律迁出国都，去各自的封地。穰侯走出国都关卡时，载物坐人的车子有一千多辆。

穰侯在陶邑去世，就葬在那里。秦国把陶邑收回并设为郡。

太史公说：穰侯是秦昭王的亲舅舅。秦国之所以能向东扩张领土，削弱诸侯，曾称帝于天下，各国诸侯纷纷俯首称臣，这都是穰侯的功劳。等到显贵至极豪富无比时，一人说破，便屈居下位，权势被夺，抑郁而亡，何况那些寄居异国的臣子呢！

※ 评析

秦昭王之所以得立，很大一部分原因就是得力于穰侯的辅佐。穰侯为相，又推举白起为将，将相联合，为秦昭王开拓疆土，为秦国国力强盛、秦的统一都奠定了坚实的基础。他的贡献可以说是巨大的，但是他也未能善终。原因就是“过满则溢”，当他爵高位显的时候，不注意收敛自己，这样就使君臣之间产生罅隙。再加上穰侯主张“近交远攻”，国家费力但得到的实惠却不大，相反穰侯本人却得到不少私利。如此一来，范雎的“远交近攻”战略倒是颇见实效。因此，穰侯便很自然地就失势了，终抑郁而亡。司马迁对此感到很是可惜，然而现在看来，这又能怪谁呢？

白起王翦列传第十三

※ 原文

白起者，郿人也。善用兵，事秦昭王。昭王十三年，而白起为左庶长，将而击韩之新城。是岁，穰侯相秦，举任鄙以为汉中守。其明年，白起为左更，攻韩、魏于伊阙，斩首二十四万，又虏其将公孙喜，拔五城。起迁为国尉。涉河取韩安邑以东，到乾河。明年，白起为大良造。攻魏，拔之，取城小大六十一。明年，起与客卿错攻垣城，拔之。后五年，白起攻赵，拔光狼城。后七年，白起攻楚，拔鄢、邓五城。其明年，攻楚，拔郢，烧夷陵，遂东至竟陵。楚王亡去郢，东走徙陈。秦以郢为南郡。白起迁为武安君。武安君因取楚，定巫、黔中郡。昭王三十四年，白起攻魏，拔华阳，走芒卯，而虏三晋将，斩首十三万。与赵将贾偃战，沈其卒二万人于河中。昭王四十三年，白起攻韩陉城，拔五城，斩首五万。四十四年，白起攻南阳太行道，绝之。

四十五年，伐韩之野王。野王降秦，上党道绝。其守冯亭与民谋曰："郑道已绝，韩必不可得为民。秦兵日进，韩不能应，不如以上党归赵。赵若受我，秦怒，必攻赵。赵被兵，必亲韩。韩赵为一，则可以当秦。"因使人报赵。赵孝成王与平阳君、平原君计之。平阳君曰："不如勿受。受之，祸大于所得。"平原君曰："无故得一郡，受之便。"赵受之，因封冯亭为华阳君。

四十六年，秦攻韩缑氏、蔺，拔之。

※ 译文

白起是郿地人，善用兵，奉事秦昭王。秦昭王十三年，白起封为左庶长，带兵进攻韩国的新城。这一年，穰侯任秦国丞相。他推举任鄙做了汉中郡守。第二年，白起又被封为左更，攻伐韩、魏两国联军，在伊阙交战，斩二十四万敌人，还把他们的将领公孙喜俘虏了，攻取了五座城邑。白起被升为国尉。他率兵渡过黄河，夺取韩国安邑以东直到干河的大片土地。第三年，白起又被封为大良造。他打败魏国军队，夺取了大大小小六十一座城邑。第四年，白起与客卿错进攻垣城，随即拿了下来。此后的第五年，白起攻伐赵国，夺取了光狼城。这以后的第七年，白起攻伐楚国，占领了鄢、邓等五座城邑。第二年，白起又一次进攻楚国，占领了楚国都城郢，把楚国先王的墓地烧毁，一直向东到达竟陵。楚王逃离郢都，向东奔逃迁都到陈。秦国便设郢地为南郡。白起被封为武安君，他趁势攻下楚地，并将巫、黔中两郡平定。秦昭王三十四年，白起进攻魏，拔取华阳，使芒卯败逃，并将赵、魏将领俘获，斩敌十三万。当时白起与赵国将领贾偃交战，把赵国两万士兵沉到黄河里。秦昭王四十三年，白起攻打韩国的陉城，攻取了五个城邑，斩敌五万人。秦昭王四十四年，白起攻伐韩国的南阳太行道，把这条通道堵死。

秦昭王四十五年，白起发兵攻打韩国的野王城，野王投降，使韩国的上党郡同韩国的联系被切断。上党郡守冯亭便与民众谋划道："通往都城郑的道路被切断，韩国肯定不能管我们了。秦国军队日渐逼进，韩国不能救应，不如把上党归附赵国。赵国若接受我们，则秦国恼怒，定会攻打赵国。赵国遭到武力攻击，定会亲近韩国。韩、赵两国联合就可抵挡秦国。"于是便派人通报赵国。赵孝成王跟平阳君和平原君共同研究此事，平阳君说："不如不接受。接受带来的殃祸远比得到的好处大。"平原君表示异议道："白得一郡，接受有利。"结果赵王接受了上党，就封冯亭为华阳君。

秦昭王四十六年，秦国攻取了韩国的缑氏和蔺邑。

※ 原文

四十七年，秦使左庶长王龁攻韩，取上党。上党民走赵。赵军长平，以按据上党民。四月，龁因攻赵。赵使廉颇将。赵军士卒犯秦斥兵，秦斥兵斩赵裨将茄。六月，陷赵军，取二鄣四尉。七月，赵军筑垒壁而守之。秦又攻其垒，取二尉，败其阵，夺西垒壁。廉颇坚壁以待秦，秦数挑战，赵兵不出。赵王数以为让。而秦相应侯又使人行千金于赵为反间，曰："秦之所恶，独畏马服子赵括将耳，廉颇易与，且降矣。"赵王既怒廉颇军多失亡，军数败，又反坚壁不敢战，而又闻秦反间之言，因使赵括代廉颇将以击秦。秦闻马服子将，乃阴使武安君白起为上将军。而王龁为尉裨将，令军中有敢泄武安君将者斩。赵括至，则出兵击秦军。秦军详败而走，张二奇兵以劫之。赵军逐胜，追造秦壁。壁坚拒不得入，而秦奇兵二万五千人绝赵军后，又一军五千骑绝赵壁间，赵军分而为二，粮道绝。而秦出轻兵击之。赵战不利，因筑壁坚守，以待救至。秦王闻赵食道绝，王自之河内，赐民爵各一级，发年十五以上悉诣长平，遮绝赵救及粮食。

※ 译文

秦昭王四十七年，秦国派左庶长王龁进攻韩国，拿下了上党。上党的百姓纷纷逃往赵国。赵国在长平屯兵，据以接应上党的百姓。四月，王龁借此进攻赵国。赵国派廉颇统领军队。秦赵两军士兵时有交手，赵军士兵把秦军侦察兵杀害了，秦军侦察兵又把赵军名叫茄的副将斩了，战事逐渐扩大。六月，秦军攻克赵军阵地，夺下两个城堡，还俘虏了四个尉官。七月，赵军高筑围墙坚壁不出。秦军实施攻坚，俘虏了两个尉官，攻克赵军阵地，拿下西边的营垒。廉颇固守营垒，用防御态势与秦军对峙，秦军一再挑战，赵兵坚守不出。赵王多次指责廉颇不与秦军交战。秦国丞相应侯又遣人到赵国花费千金施行反间计，大肆宣扬道："秦国最伤脑筋的只是怕马服君的儿子赵括担任将领，廉颇好对付，他就要投降了。"赵王早已恼怒廉颇军队伤亡很多，屡次战败，却又坚守营垒不敢出战，加上听到很多谣言，就信以为真，于是就派赵括取代廉颇率兵进攻秦军，秦国得知马服君的儿子充任将领，就暗中派武安君白起担任上将军，让王龁担任尉官副将，并命军中有敢于泄露白起出任最高指挥官的，格杀勿论。赵括一到任，就发兵进击秦军。秦军佯装战败而逃，同时布置了两支突袭部队逼进赵军。赵军乘胜追击，一直追到秦军营垒。但是秦军营垒坚固异常，无法攻入，而秦军的一支突袭部队两万五千人已经将赵军的后路切断了，另一支五千骑兵的快速部队楔入赵军的营垒之间，断绝了他们的联系，赵军被分割成两个孤立的部分，运粮通道也被堵住。这时秦军派出轻装精兵实施攻打，赵军交战失利后就构筑壁垒，顽强固守以待援兵。秦王得知赵国运粮通道已被截断，就亲自到河内，封给百姓爵位各一级，征调十五岁以上的青壮年全部集中到长平战场，拦截赵国的救兵，断绝他们的粮食。

※ 原文

至九月，赵卒不得食四十六日，皆内阴相杀食。来攻秦垒，欲出。为四队，四五复之，不能出。其将军赵括出锐卒自搏战，秦军射杀赵括。括军败，卒四十万人降武安君。武安君计曰：“前秦已拔上党，上党民不乐为秦而归赵。赵卒反覆。非尽杀之，恐为乱。”乃挟诈而尽坑杀之，遗其小者二百四十人归赵。前后斩首虏四十五万人。赵人大震。

四十八年十月，秦复定上党郡。秦分军为二：王龁攻皮牢，拔之；司马梗定太原。韩、赵恐，使苏代厚币说秦相应侯曰：“武安君禽马服子乎？”曰：“然。”又曰：“即围邯郸乎？”曰：“然。”“赵亡则秦王王矣，武安君为三公。武安君所为秦战胜攻取者七十余城，南定鄢、郢、汉中，北禽赵括之军，虽周、召、吕望之功不益于此矣。今赵亡，秦王王，则武安君必为三公，君能为之下乎？虽无欲为之下，固不得已矣。秦尝攻韩，围邢丘、困上党，上党之民皆反为赵，天下不乐为秦民之日久矣。今亡赵，北地入燕，东地入齐，南地入韩、魏，则君之所得民亡几何人。故不如因而割之，无以为武安君功也。”于是应侯言于秦王曰：“秦兵劳，请许韩、赵之割地以和，且休士卒。”王听之，割韩垣雍、赵六城以和。正月，皆罢兵。武安君闻之，由是与应侯有隙。

※ 译文

到了九月，赵国士兵断绝口粮已经四十六天，军内士兵们暗中互相残杀以人肉充饥。困厄至极的赵军扑向秦军营垒，发动攻击，想突围。他们编成四队，轮番进攻了四五次，仍无效果。他们的将领赵括派出精锐士兵并亲自披挂上阵与秦军搏杀，结果被秦军射死。赵括的部队大败，四十万士兵向武安君投降。武安君谋划道：“先前秦军拿下上党，上党百姓不甘心做秦国臣民而归附赵国。赵国士兵变化无常，不将其全部杀掉，恐怕要出乱子。”于是就用欺骗伎俩把赵国降兵全部活埋了。只把那些年纪尚小的士兵，共二百四十人放回了赵国。此战前后斩首擒杀赵兵四十五万，赵国上下一片震惊。

秦昭王四十八年十月，秦军再次平定上党郡。以后，秦军兵分两路：王龁攻下皮牢，司马梗平定太原。韩、赵两国非常担忧，就派苏代到秦国，献上丰厚的礼物劝丞相应侯说：“武安君擒杀赵括了吗？”应侯回答说：“是的。”苏代又问：“就要围攻邯郸了吗？”应侯答道：“是的。”于是苏代说：“赵国灭亡，秦王就要君临天下了，武安君应当被封为三公。武安君足足为秦国攻占夺取了七十多座城邑，向南平定了楚国的鄢、郢及汉中地区，向北俘获了赵括的四十万大军，就算在历史上赫赫有名的周公、召公和吕望等人的功劳也超不过这些了。若赵国灭亡，秦王君临天下，则武安君位居三公是无疑的，您能不屈居他之下吗？就算不甘心屈居下位，可已成事实，也就不得不屈从了。秦军曾进攻韩国，围击刑丘，困死上党，上党百姓都转而归附赵国，天下百姓早就不甘做秦国臣民了。若灭掉赵国，则其北边土地将落入燕国，东边土地将并入齐国，南边土地将归入韩国、魏国，而您得到的百姓也就没有多少了。所以不如趁韩国、赵国惊恐之机让它们割让土地，不要再让武安君立功了。”听了苏代这番话，应侯便向秦王进言道：“秦国士兵已经很劳累了，请您应允韩国、赵国割地讲和，暂且让他们休整一下。”秦王听从了应侯的意见，便割取了韩国的垣雍和赵国的六座城邑讲和。正月，双方停战。武安君听说停战消息，自有想法，此后与应侯互有恶感。

※ 原文

其九月，秦复发兵，使五大夫王陵攻赵邯郸。是时武安君病，不任行。四十九年正月，陵攻邯郸，少利，秦益发兵佐陵。陵兵亡五校。武安君病愈，秦王欲使武安君代陵将。武安君言曰：“邯郸实未易攻也。且诸侯救日至，彼诸侯怨秦之日久矣。今秦虽破长平军，而秦卒死者过半，国内空。远绝河山而争人国都，赵应其内，诸侯攻其外，破秦军必矣。不可。”秦王自命，不行；乃使应侯请之，武安君终辞不肯行，遂称病。

秦王使王龁代陵将，八九月围邯郸，不能拔。楚使春申君及魏公子将兵数十万攻秦军，秦军多失亡。武安君言曰：“秦不听臣计，今如何矣！”秦王闻之，怒，强起武安君，武安君遂称病笃。应侯请之，不起。于是免武安君为士伍，迁之阴密。武安君病，未能行。居三月，诸侯攻秦军急，秦军数却，使者日至。秦王乃使人遣白起，不得留咸阳中。武安君既行，出咸阳西门十里，至杜邮。秦昭王与应侯群臣议曰：“白起之迁，其意尚怏怏不服，有余言。”秦王乃使使者赐之剑，自裁。武安君引剑将自刭，曰：“我何罪于天而至此哉？”良久，曰：“我固当死。长平之战，赵卒降者数十万人，我诈而尽坑之，是足以死。”遂自杀。武安君之死也，以秦昭王五十年十一月。死而非其罪，秦人怜之，乡邑皆祭祀焉。

※ 译文

这一年九月，秦国曾再次派军队，命五大夫王陵进攻赵国邯郸。当时武安君因病无法出征。秦昭王四十九年正月，王陵进攻邯郸，但战果很少，进展也不大，秦国便增派部队帮王陵继续进攻。结果王陵部队损失了五个军营。武安君病好了，秦王想让武安君代替王陵去统率部队。武安君进言道：“邯郸委实难攻。且诸侯国的救兵每天都有到达的，他们对秦国的怨恨已积存很久了。如今秦国虽把长平的赵军消灭了，可是秦军死亡的士兵也超过了一半，国内兵力空虚。远行千里越过河山去争夺别人的国都，赵军同诸侯军里应外合，内外夹击，秦军必败无疑。这个仗不能打。”秦王亲自下令，武安君不肯赴任；于是就命应侯去请他，但武安君始终推辞不肯赴任，从此推病不起。

秦王只好改派王龁代替王陵统率军队，八九月围攻邯郸没成功。楚国派春申君同魏公子信陵君率数十万士兵进攻秦军，秦军兵士伤亡不计其数。武安君说：“秦王不听我的意见，如今怎样！”秦王听后怒火中烧，强令武安君赴任，武安君就推说病情严重。应侯又请他，仍然推辞而不赴任。于是就把武安君的官爵免去，降为士兵，让他离开咸阳迁到阴密。但武安君因病未能成行。三个月后，诸侯联军攻击秦军更加紧迫，秦军屡次退却，报告失利情况的使者每天都有来的。秦王就派人驱逐白起，不让他留在咸阳城里。武安君已经上路，走出咸阳西门十里路，到达杜邮。秦昭王与应侯以及群僚议论道：“让白起迁出咸阳，他还不情愿，不服气，有怨言。”秦王就派使者赐给他一把剑，让他自杀。武安君要用剑抹脖子时，仰天长叹道：“我对上天有什么罪过，竟落得这个结果？”过了好一会儿，说：“我原本就该死。长平之战，赵国士兵有几十万士兵投降，我欺诈他们并将其全部活埋，这足够死罪了。”随即自杀。武安君死于秦昭王五十年十一月。武安君死而无罪，秦国人都同情他，因此无论城乡都祭祀他。

※ 原文

王翦者，频阳东乡人也。少而好兵，事秦始皇。始皇十一年，翦将攻赵阏与，破之，拔九城，十八年，翦将攻赵。岁余，遂拔赵，赵王降，尽定赵地为郡。明年，燕使荆轲为贼于秦，秦王使王翦攻燕。燕王喜走辽东，翦遂定燕蓟而还。秦使翦子王贲击荆，荆兵败。还击魏，魏王降，遂定魏地。

秦始皇既灭三晋，走燕王，而数破荆师。秦将李信者，年少壮勇，尝以兵数千逐燕太子丹至于衍水中，卒破得丹，始皇以为贤勇。于是始皇问李信：“吾欲攻取荆，于将军度用几何人而足？”李信曰：“不过用二十万人。”始皇问王翦，王翦曰：“非六十万人不可。”始皇曰：“王将军老矣，何怯也！李将军果势壮勇，其言是也。”遂使李信及蒙恬将二十万南伐荆。王翦言不用，因谢病，归老于频阳。李信攻平与，蒙恬攻寝，大破荆军。信又攻鄢、郢，破之，于是引兵而西，与蒙恬会城父。荆人因随之，三日三夜不顿舍，大破李信军，入两壁，杀七都尉，秦军走。

始皇闻之，大怒，自驰如频阳，见谢王翦曰：“寡人以不用将军计，李信果辱秦军。今闻荆兵日进而西，将军虽病，独忍弃寡人乎！”王翦谢曰：“老臣罢病悖乱，唯大王更择贤将。”始皇谢曰：“已矣，将军勿复言！”王翦曰：“大王必不得已用臣，非六十万人不可。”始皇曰：“为听将军计耳。”于是王翦将兵六十万人，始皇自送至灞上。王翦行，请美田宅园池甚众。始皇曰：“将军行矣，何忧贫乎？”王翦曰：“为大王将，有功终不得封侯，故及大王之向臣，臣亦及时以请园池为子孙业耳。”始皇大笑。王翦既至关，使使还请善田者五辈。或曰：“将军之乞贷，亦已甚矣。”王翦曰：“不然。夫秦王怚而不信人。今空秦国甲士而专委于我，我不多请田宅为子孙业以自坚，顾令秦王坐而疑我邪？”

※ 译文

王翦是频阳东乡人。少年时就喜好军事，后来奉事秦始皇。秦始皇十一年，王翦带兵进攻赵国的阏与，不仅将其攻陷，还一连拿下九座城邑。秦始皇十八年，王翦率兵进攻赵国。一年多就攻取了赵国，赵王投降，赵国各地均被平定，设置为郡。第二年，燕国派荆轲去秦国刺杀秦王，秦王派王翦进攻燕国。燕王喜逃往辽东，王翦最终平定了燕国都城蓟，胜利而回。秦王派王翦的儿子王贲攻伐楚国，楚兵战败。再掉头来进击魏国，魏王投降，最后平定了魏国各地。

秦始皇灭掉了韩、赵、魏三国，又把燕王喜赶跑，同时多次打败楚军。秦国将领李信，年轻气盛，英勇威武，曾率几千士兵把燕太子丹追赶到衍水，最后打败燕军捉到太子丹，秦始皇认为李信贤能勇敢。一天，秦始皇问李信：“我想攻伐楚国，将军估计得调用多少人才够？”李信答道：“最多不过二十万人。”秦始皇又问王翦，王翦说：“非六十万不可。”秦始皇说：“王将军老啦，胆子小啦！李将军真是果断勇敢，他说得对。”于是就派李信和蒙恬率二十万兵士向南进军攻打楚国。王翦的话不被采用，就推病回到家乡频阳养老。李信进攻平与，蒙恬进攻寝邑，大败楚军。李信接着又拿下了鄢、郢，于是带领部队向西前进，要与蒙恬会师于城父。其实，楚军正在跟踪追击他们，三天三夜不停息，结果大败李信部队。楚军攻入两个军营，七个都尉被杀，秦军大败而逃。

秦始皇得知后大为震怒，亲自乘快车奔往频阳，见到王翦道歉说：“我没采用你的计策，李信果然使秦军蒙受了耻辱。如今听说楚军一天天向西逼进，将军虽染病，难道就忍心弃我于不顾吗？”王翦推辞道：“老臣病弱疲乏，昏聩无能，请大王另择良将。”秦始皇再次表示歉意道：“好啦，将军不要再说了！”王翦说：“大王非要不得已而用我的话，则非六十万士兵不可。”秦始皇满口答应道：“全听将军你谋划。”于是王翦率领六十万大军出发了，秦始皇亲自到灞上送行。王翦临出发时，请求赐予许多良田、美宅、园林池苑等。秦始皇说：“将军尽管走吧，何必担忧家里日子不好过呢？”王翦说：“为大王带兵，就算有功劳也终究难以得到封侯赐爵，因此趁大王器重我的时候，我也得赶快请求大王赐予园林池苑来给子孙后代置份家产吧。”秦始皇听了大笑。王翦出发后到了函谷关，又连续五次派使者回朝廷请求赐予良田。有人说：“将军请求赐予家业，未免太过分了吧。”王翦说：“不是这样。秦王性情粗暴多疑。如今他把全国的武士调光特地委托给我，我不多多请求赏赐田宅给子孙们置份家产来表示自己出征的坚定意志，难道反而让他平白无故地怀疑我吗？”

※ 原文

王翦果代李信击荆。荆闻王翦益军而来，乃悉国中兵以拒秦。王翦至，坚壁而守之，不肯战。荆兵数出挑战，终不出。王翦日休士洗沐，而善饮食抚循之，亲与士卒同食。久之，王翦使人问军中戏乎？对曰：“方投石超距。”于是王翦曰：“士卒可用矣。”荆数挑战而秦不出，乃引而东。翦因举兵追之，令壮士击，大破荆军。至蕲南，杀其将军项燕，荆兵遂败走。秦因乘胜略定荆地城邑。岁余，虏荆王负刍，竟平荆地为郡县。因南征百越之君。而王翦子王贲，与李信破定燕、齐地。

秦始皇二十六年，尽并天下，王氏、蒙氏功为多，名施于后世。

秦二世之时，王翦及其子贲皆已死，而又灭蒙氏。陈胜之反秦，秦使王翦之孙王离击赵，围赵王及张耳钜鹿城。或曰：“王离，秦之名将也。今将强秦之兵，攻新造之赵，举之必矣。”客曰：“不然。夫为将三世者必败。必败者何也？必其所杀伐多矣，其后受其不祥。今王离已三世将矣。”居无何，项羽救赵，击秦军，果虏王离，王离军遂降诸侯。

太史公曰：鄙语云“尺有所短，寸有所长”。白起料敌合变，出奇无穷，声震天下，然不能救患于应侯。王翦为秦将，夷六国，当是时，翦为宿将，始皇师之，然不能辅秦建德，固其根本，偷合取容，以至均身。及孙王离为项羽所虏，不亦宜乎！彼各有所短也。

※ 译文

王翦终于代替李信进攻楚国。楚王得知王翦增兵而来，就用全国军队来抗拒秦兵。王翦抵达战场，构筑坚固的营垒采取守势，不肯出兵交战。楚军多次挑战，王翦始终坚守不出，他还让士兵们天天休息洗浴，供给上等饭食抚慰他们，亲自与士兵同饮同食。一段时间后，王翦派人询问士兵玩什么游戏，回来报告说：“正比赛投石，看谁投得远。”于是王翦说：“士兵可以被派用了。”楚军多次挑战后，秦军都不应战，于是就领兵东去。王翦趁机发兵追击，派健壮善战的兵丁实施强击，大败楚军。王翦追到蕲南，楚国将军项燕被杀，楚军终于败逃。秦军乘胜追击，将楚国城邑占领并平定了。一天后，楚王负刍被俘虏，最后将楚国各地平定，并设为郡县。又乘势征伐南边的百越国王。同时，王翦的儿子王贲同李信一起攻陷平定了燕国和齐国各地。

秦始皇二十六年，把所有诸侯国兼并，统一了天下，王翦和蒙恬的功劳最大，名声流传后世。

秦二世的时候，王翦和他的儿子王贲都已去世，蒙恬也因被陷害而遭诛杀。陈胜起义反抗秦朝时，秦二世派王翦的孙子王离攻伐赵国，把赵歇和张耳围困在钜鹿城。当时有个人说："王离是秦朝的名将。如今他率领强大的秦军攻伐初建的赵国，获胜是必然的。"一个过客说："并非如此。因为做将领的世家到第三代的时候必定要失败。说他必然失败是什么道理呢？肯定是由于他家杀戮的人太多了，后代就要承受为恶的惩罚。如今王离已是第三代将领了。"不久，项羽救援赵国，进攻秦军，果真将王离俘虏，王离的军队就投降了诸侯军。

太史公说：俗话说"尺有所短，寸有所长"。白起算计敌人会随机应变，计策无穷，奇妙多变，名震天下，然而却对付不了应侯给他制造的祸患。王翦作为秦国将领，平定六国，功绩卓著，在当时可谓元老将军，被秦始皇尊为师，可他不能辅佐秦始皇建立德政，以巩固国家根基，反而苟且迎合，取悦人主，直至死去。到了他的孙子王离被项羽俘虏，不也是理所应当吗！他们各自有各自的短处啊。

※ 评析

文章最后太史公慨叹：白起声名震动天下，奇策层出不穷，却没能拯救应侯所造成的灾害，正应了"尺有所短，寸有所长"的道理。白起在协助秦国统一六国的过程中建立的卓越功绩有目共睹，其杰出的军事才华更令后人赞叹。但自古优秀的人都会遭到嫉妒。在听信范雎的谗言后，秦昭王将白起赐死了。再说文中提到的赵括"纸上谈兵"而导致战败的故事，它的寓意可以说众人皆知。熟读兵法并不能打胜仗，就好比读过所有的关于游泳的书，却从未下过水，一旦身临其境，就只能大口大口地喝水了，甚至丧命。王翦在秦国统一过程中建立了丰功伟绩。毫无疑问，他是一个出众的将帅之才。然而这样一个攻无不克、战无不胜的大将，也同样以客观实际为原则，面对强敌，他毫不轻敌，所谓"知己知彼、百战不殆"，正是因为他对敌我双方的正确估量，才能取得战争的胜利。然而自古至今，能够做到不狂傲自大、不骄傲自满的人并不是很多。"骄傲使人落后"，骄傲的人就不会客观分析形势的发展，做不到"知己知彼"，其结果可想而知。

孟子荀卿列传第十四

※ 原文

太史公曰：余读孟子书，至梁惠王问“何以利吾国”，未尝不废书而叹也。曰：嗟乎，利诚乱之始也！夫子罕言利者，常防其原也。故曰“放于利而行，多怨”。自天子至于庶人，好利之弊何以异哉！

孟轲，邹人也。受业子思之门人。道既通，游事齐宣王，宣王不能用。适梁，梁惠王不果所言，则见以为迂远而阔于事情。当是之时，秦用商君，富国强兵；楚、魏用吴起，战胜弱敌；齐威王、宣王用孙子、田忌之徒，而诸侯东面朝齐。天下方务于合从连衡，以攻伐为贤，而孟轲乃述唐、虞、三代之德，是以所如者不合。退而与万章之徒序《诗》《书》，述仲尼之意，作《孟子》七篇。其后有驺子之属。

齐有三驺子。其前驺忌，以鼓琴干威王，因及国政，封为成侯而受相印，先孟子。

其次驺衍，后孟子。驺衍睹有国者益淫侈，不能尚德，若《大雅》整之于身，施及黎庶矣。乃深观阴阳消息而作怪迂之变，《终始》《大圣》之篇十余万言。其语闳大不经，必先验小物，推而大之，至于无垠。先序今以上至黄帝，学者所共术，大并世盛衰，因载其禨祥度制，推而远之，至天地未生，窈冥不可考而原也。

※ 译文

太史公说：我读《孟子》，每当读到梁惠王问“怎样才有利于我的国家”时，总免不了放下书本而感叹。唉，谋利的确是一切祸乱的开始啊！孔夫子很少讲利的问题，就是为了时常防备这个祸乱的根源。因此他说：“依据个人的利益而行动就会带来很多怨恨。”上自天子下至平民，都有好利的弊病，有什么区别呢？

孟轲是邹国人。他曾师从子思的弟子。通晓孔道之后便去游说齐宣王，没有被任用，于是就到了魏国，魏惠王不但不听信他的主张，反而认为其主张不切实际。当时，各诸侯国都在实行变革，秦国任用商鞅，使国富兵强；楚国和魏国也都任用过吴起，战胜了一些国家，使强敌削弱；齐威王和宣王用孙膑和田忌等人，使国力强盛，各诸侯国纷纷东来朝拜齐国。当各诸侯国正致力于“合纵连横”的攻伐谋略，把能攻善伐看作贤能的时候，孟子却称颂唐尧、虞舜以及夏、商、周三代的德政，因而与他所周游的那些国家的需要不符。于是他回到家乡与万章等人整理《诗经》《书经》，阐发孔丘的思想学说，写成《孟子》一书，共七篇。在他之后又出现了学者邹子等人。

齐国有三个邹子。在前的叫邹忌，他凭弹琴的技艺得以求见齐威王，随后便参与了国家政事，封为成侯并接受相印，做了宰相，他生活的时代早于孟子。

第二个叫邹衍，生在孟子之后。邹衍目睹了那些掌握国权的诸侯日益荒淫奢侈，不崇尚德政，不像《诗经·大雅》所要求的那样先整饬自己，再推及到百姓。于是就深入观察万物的阴阳消长，记述怪异玄虚的变化，写下《终始》《大圣》等篇共十余万字。他的话宏大广阔，但又荒诞不合情理，他一定要先从细小的事物验证开始，然后推广到大的事物，以至达到无边无际。他先从现在说起，再向前推至学者们所共同谈论的黄帝时代，然后再大体上按照世代的盛衰变化，记载不同时代的凶吉制度，再从黄帝时代向前推到很远很远，一直到天地还未出现之时，真是深幽玄妙不能稽考而追究它的本源。

※ 原文

先列中国名山大川，通谷禽兽，水土所殖，物类所珍，因而推之，及海外人之所不能睹。称引天地剖判以来，五德转移，治各有宜，而符应若兹。以为儒者所谓中国者，于天下乃八十一分居其一分耳。中国名曰赤县神州。赤县神州内自有九州，禹之序九州是也，不得为州数。中国外如赤县神州者九，乃所谓九州也。于是有裨海环之，人民禽兽莫能相通者，如一区中者，乃为一州。如此者九，乃有大瀛海环其外，天地之际焉。其术皆此类也。然要其归，必止乎仁义节俭，君臣上下六亲之施，始也滥耳。王公大人初见其术，惧然顾化，其后不能行之。

是以驺子重于齐。适梁，惠王郊迎，执宾主之礼。适赵，平原君侧行襒席。如燕，昭王拥彗先驱，请列弟子之座而受业，筑碣石宫，身亲往师之。作《主运》。其游诸侯见尊礼如此，岂与仲尼菜色陈、蔡，孟轲困于齐、梁同乎哉！故武王以仁义伐纣而王，伯夷饿不食周粟；卫灵公问陈，而孔子不答；梁惠王谋欲攻赵，孟轲称大王去邠。此岂有意阿世俗苟合而已哉！持方枘欲内圆凿，其能入乎？或曰，伊尹负鼎而勉汤以王，百里奚饭牛车下而缪公用霸，作先合，然后引之大道。驺衍其言虽不轨，傥亦有牛鼎之意乎？

自驺衍与齐之稷下先生，如淳于髡、慎到、环渊、接子、田骈、驺奭之徒，各著书言治乱之事，以干世主，岂可胜道哉！

※ 译文

邹衍先列出中国的名山大川，长谷、禽兽，水土所生的，各种物类中最珍贵的，一概俱全，并由此推广开去，直到人们根本无法看到的海外。他认为开天辟地以来，金、木、水、火、土的五种德行相生相克，而历代帝王的更替恰好都与它们相合。天降祥瑞与人事相应就是如此。他认为儒家所说的中国，只不过是天下的八十一分之一而已。中国称作“赤县神州”。赤县神州之内又有九州，即夏禹按次序排列的九个州，但不是州的全部数目。在中国之外，还有九个像是赤县神州的地方，这才是所谓的九州。在那里都有小海环绕，人和禽兽不能与其他州相通，好像一个独立的区域，这才算是一州。共有九个像这样的州，更有大海环在它的外面，那就到了天地的边际了。邹衍的学说都是这一类的述说。然而总括其要领，一定都归结到仁义节俭，并在君臣上下和六亲之间施行，不过开始的述说确实泛滥无节了。王公大臣初见他的学说，感到惊异而思考，受到感化，但后来却不能实行。

因此，邹衍在齐国受到尊重。到魏国时，魏惠王远接高迎，同他行宾主的礼节。到赵国，平原君侧身陪行，并亲自为他拂拭席位。到燕国，燕昭王用扫帚清除道路为他作先导，并请求坐在弟子的座位上向他学习，还曾为他修建碣石宫，并亲自拜他为老师。邹衍作了《主运》篇。邹衍周游各国受到如此礼尊，这同孔丘在陈蔡断粮面有饥色，孟轲在齐、梁遭到困厄，怎可同日而语啊？以前周武王用仁义讨伐殷纣王而称王天下，伯夷宁肯饿死都不吃周朝的粮食；卫灵公问作战方阵，孔子却不回答；魏惠王想攻伐赵国，孟轲却称颂太王离开邠地的事迹。这些有名人物的做法，难道是故意迎合世俗、讨好人主就算了吗？要把拿着的方榫头放入圆榫眼，怎能放进去呢？有人说，伊尹背着鼎去给汤烹饪，却勉励汤行王道，结果汤统一了天下；百里奚在车下喂牛而被秦穆公任用，因而秦穆公称霸诸侯。他们的做法都是先投合人主的意愿，然后再引导人主向正大的道路上走。邹衍的话虽然不合常理常情，但或许有伊尹负鼎、百里奚喂牛的意思吧？

从邹衍到齐国稷下的很多学士，如淳于髡、慎到、环渊、接子、田骈、邹奭等人，各自著书立说探讨国家兴亡治乱的大事，以求得国君的信用，这些怎能说得完呢！

※ 原文

淳于髡，齐人也。博闻强记，学无所主。其谏说，慕晏婴之为人也，然而承意观色为务。客有见髡于梁惠王，惠王屏左右，独坐而再见之，终无言也。惠王怪之，以让客曰：“子之称淳于先生，管、晏不及，及见寡人，寡人未有得也。岂寡人不足为言邪？何故哉？”客以谓髡。髡曰：“固也。吾前见王，王志在驱逐；后复见王，王志在音声，吾是以默然。”客具以报王，王大骇，曰：“嗟乎，淳于先生诚圣人也！前淳于先生之来，人有献善马者，寡人未及视，会先生至。后先生之来，人有献讴者，未及试，亦会先生来。寡人虽屏人，然私心在彼，有之。”后淳于髡见，壹语连三日三夜无倦。惠王欲以卿相位待之，髡因谢去。于是送以安车驾驷，束帛加璧，黄金百镒。终身不仕。

慎到，赵人。田骈、接子，齐人。环渊，楚人。皆学黄老道德之术，因发明序其指意。故慎到著十二论，环渊著上下篇，而田骈、接子皆有所论焉。

驺奭者，齐诸驺子，亦颇采驺衍之术以纪文。

于是齐王嘉之，自如淳于髡以下，皆命曰列大夫，为开第康庄之衢，高门大屋，尊宠之。览天下诸侯宾客，言齐能致天下贤士也。

※ 译文

淳于髡是齐国人。他见多识广，擅长记忆，学业不专主一家之言。从他劝说君王的言谈中看，好像他更仰慕晏婴直言敢谏的为人，可事实上他专心察言观色，揣摩人主的心意。一次，有个宾客向魏惠王推荐淳于髡，魏惠王将身边侍从喝退，单独坐着接见他两次，可他始终不发一言。魏惠王感到很奇怪，就责备那个宾客道："你称赞淳于髡，说连管仲、晏婴都比不上他，可他见了我却没让我得到一点收获啊。难道是我不配跟他谈话吗？到底是为什么呢？"那个宾客把魏惠王的话告诉了淳于髡。淳于髡说："是这样的。我前一次见大王时，大王的心思全用在相马上；后一次见大王，大王的心思却用在了声色上，所以我沉默不语。"那个宾客把淳于髡的话全部告诉给魏惠王，魏惠王大吃一惊道："哎呀，淳于先生真是个圣人啊！头一次淳于先生来时，有人献上一匹好马，我没来得及相一相，正好淳于先生来了。后一次，又有人献来歌妓，我还没来得及看一看，也就赶上淳于先生来了。我接见淳于先生时虽将身边侍从喝退了，可心里却还在想着马和歌妓，是有这么回事。"后来淳于髡见魏惠王，两人专注地交谈，三天三夜都无丝毫倦意。魏惠王打算封给淳于髡卿相官位，淳于髡客气地推辞不受便离开了。当时，魏惠王送给他一辆四匹马驾的精致车子、五匹帛、璧玉和百镒黄金。淳于髡终身都未做官。

慎到是赵国人。田骈和接子是齐国人。环渊是楚国人。他们都专攻黄帝、老子关于道德的理论学说，对黄老学说的意旨进行阐述发挥。因此他们都有著述，慎到著有十二篇论文，环渊著有上、下篇，田骈和接子也都有各自的论著。

邹奭，是齐国几位邹子中的一个，他多用邹衍的学说来著述文章。

当时齐王很欣赏这些学士，淳于髡等人都被任命为列大夫，给他们在人来人往的通衢大道旁建造住宅，高门大屋，以表示对他们的尊崇和偏爱。并以此招揽各诸侯国的宾客，宣扬齐国最能招贤纳士。

※ 原文

荀卿，赵人。年五十始来游学于齐。驺衍之术迂大而闳辩；奭也文具难施；淳于髡久与处，时有得善言。故齐人颂曰："谈天衍，雕龙奭，炙毂过髡。"田骈之属皆已死。齐襄王时，而荀卿最为老师。齐尚修列大夫之缺，而荀卿三为祭酒焉。齐人或谗荀卿，荀卿乃适楚，而春申君以为兰陵令。春申君死而荀卿废，因家兰陵。李斯尝为弟子，已而相秦。荀卿嫉浊世之政，亡国乱君相属，不遂大道而营于巫祝，信禨祥，鄙儒小拘，如庄周等又猾稽乱俗，于是推儒、墨、道德之行事兴坏，序列著数万言而卒。因葬兰陵。

而赵亦有公孙龙为坚白同异之辩，剧子之言；魏有李悝，尽地力之教；楚有尸子、长卢；阿之吁子焉。自如孟子至于吁子，世多有其书，故不论其传云。

盖墨翟，宋之大夫，善守御，为节用。或曰并孔子时，或曰在其后。

※ 译文

荀卿是赵国人。五十岁时才到齐国来游说讲学。邹衍的学说曲折夸大而多空洞的论辩；邹奭的文章完备周密却难以实行；若与淳于髡相处久了，就能时常学到一些精辟的言论。因此齐国人称颂他们道："高谈阔论的是邹衍，精雕细刻的是邹奭，智多善辩、滔滔不绝的是淳于髡。"田骈等人都已在齐襄王时去世，此时荀卿是最年长、最资深的宗师。当时齐国仍在补列大夫的缺额，荀卿曾先后三次以宗师的身份任稷下学士的祭酒。后来被齐国人毁谤，荀卿就去了楚国，春申君让他担任兰陵令。春申君去世后，荀卿又被罢官，便在兰陵安了家。李斯曾是他的学生，后来任秦朝的丞相。荀卿憎恶乱世的黑暗政治，亡国昏乱之君不断地出现，他们不通晓常理正道而被装神弄鬼的巫祝所迷惑，相信求神赐福去灾，庸俗鄙陋的儒生，拘泥于琐碎礼节，再加上庄周等人狡猾多辩，伤风败俗，于是就推究儒家、墨家、道家活动的成败，编写著述了几万字的文章便辞世了。死后就葬在兰陵。

当时赵国也有个公孙龙，他曾用"离坚白"之说，同惠施的"合同异"之说展开了辩论，另外还有剧子的著述；魏国曾有李悝，他提出鼓励耕作以尽地力的主张；楚国曾有尸子和长卢，齐国东阿也有一位吁子。自孟子到吁子，世上流传他们的著作很多，因此就不详叙这些著作的内容了。

墨翟是宋国的大夫，擅长防守和抵御之术，竭力倡导节省费用。有人说他与孔子同时代，也有人说他在孔子之后。

※ 评析

孟子不愧"亚圣"的称谓。今天翻开《孟子》，我们依然可以感觉到他的气大声宏。他能言善辩，走到哪里辩到哪里，没有人不被他辩得落荒而逃。他关心国家的兴亡和百姓的疾苦，他所写的一篇又一篇文章，语言脍炙人口、文字鞭辟入里、思想合理先进、精神百折不挠。中国古代总有很多这样的贤士，其中与荀卿同时代的著名文人学士，还有宋国的墨翟、赵国的慎到、齐国的田骈、楚国的环渊等。这些人都满腹经纶，才华横溢，但是他们都或因未遇明君，或淡泊名利，因此在当时声名不显，倒是有著述流传于世，为后世所看重。每个时代都有当时的人，但是，我们今天知道的多是那些在当时并不被人看好的人。名重一时者，后人反而不知；而当时声名不显者，却深得后世景仰。这或许就是崇尚权势富贵和追求品德学问所带来的两种截然不同的结果吧！孟轲如此，荀卿如此，还有数不胜数的类似于这两位先贤的亦如此。造化往往弄人，时代也爱跟人才开玩笑。看来，很多时候被外界所接受需要一个漫长的过程，有时甚至会漫长到千百年。

魏公子列传第十七

※ 原文

魏公子无忌者，魏昭王子少子而魏安釐王异母弟也。昭王薨，安釐王即位，封公子为信陵君。是时范雎亡魏相秦，以怨魏齐故，秦兵围大梁，破魏华阳下军，走芒卯。魏王及公子患之。

公子为人仁而下士，士无贤不肖皆谦而礼交之，不敢以其富贵骄士。士以此方数千里争往归之，致食客三千人。当是时，诸侯以公子贤，多客，不敢加兵谋魏十余年。

公子与魏王博，而北境传举烽，言“赵寇至，且入界”。魏王释博，欲召大臣谋。公子止王曰：“赵王田猎耳，非为寇也。”复博如故。王恐，心不在博。居顷，复从北方来传言曰：“赵王猎耳，非为寇也。”魏王大惊，曰：“公子何以知之？”公子曰：“臣之客有能深得赵王阴事者，赵王所为，客辄以报臣，臣以此知之。”是后魏王畏公子之贤能，不敢任公子以国政。

※ 译文

魏公子名叫无忌，是魏昭王的小儿子、魏安釐王的异母弟弟。昭王去世后，安釐王即位，公子被封为信陵君。当时范雎从魏国逃到秦国任秦相，由于怨恨魏相魏齐屈打自己几乎致死的缘故，就派秦军围攻大梁，将魏国驻扎在华阳的部队击败，使魏将芒卯战败而逃。魏王和公子十分焦虑此事。

公子为人仁爱宽厚又礼贤下士，士人无论有无才能也无论才能大小，他都谦恭有礼地与其交往，从来不因为自己富贵而轻慢士人。因此方圆几千里的士人都争相前来归附，招徕食客三千人。当时，诸侯各国因公子贤德，宾客众多，接连十几年都不敢动兵谋犯魏国。

有一次，公子正在跟魏王下棋，北边边境却传来警报，说“赵国发兵进犯，马上要进入边境”。魏王立即放下棋子，要召集大臣们商讨对策。公子劝阻魏王道：“是赵王在打猎罢了，并非进犯边境。”又接着同魏王下棋，就好像什么都没有发生过一样。可是魏王担心，没有下棋的心思。过了一会儿，又从北边传来消息说：“只是赵王打猎罢了，并非进犯边境。”魏王听后感到很惊诧，问：“公子是怎么知道的？”答道：“我的食客中有个人可以深入探到赵王的秘密，赵王的一切行动，都会被他探到而立即报告我，所以我知道此事。”此后，魏王因畏惧公子的贤能，所以不敢任用他来处理国家大事。

※ 原文

魏有隐士曰侯嬴，年七十，家贫，为大梁夷门监者。公子闻之，往请，欲厚遗之。不肯受，曰：“臣修身洁行数十年，终不以监门困故而受公子财。”公子于是乃置酒大会宾客。坐定，公子从车骑，虚左，自迎夷门侯生。侯生摄敝衣冠，直上载公子上坐，不让，欲以观公子。公子执辔愈恭。侯生又谓公子曰：“臣有客在市屠中，愿枉车骑过之。”公子引车入市，侯生下见其客朱亥，俾倪故久立，与其客语，微察公子。公子颜色愈和。当是时，魏将相宗室宾客满堂，待公子举酒。市人皆观公子执辔。从骑皆窃骂侯生。侯生视公子色终不变，乃谢客就车。至家，公子引侯生坐上坐，遍赞宾客，宾客皆惊。酒酣，公子起，为寿侯生前。侯生因谓公子曰：“今日嬴之为公子亦足矣。嬴乃夷门抱关者也，而公子亲枉车骑，自迎嬴于众人广坐之中，不宜有所过，今公子故过之。然嬴欲就公子之名，故久立公子车骑市中，过客以观公子，公子愈恭。市人皆以嬴为小人，而以公子为长者能下士也。”于是罢酒，侯生遂为上客。

※ 译文

魏国有个隐士叫侯嬴，已经七十岁了，家境贫寒，是大梁城东门的看门人。公子听说此人，就派人去拜见，并想送予厚礼。但侯嬴不肯接受，他说：“我几十年来修养品德，坚持操守，始终不能因我看门贫困的缘故而接受公子的财礼。”公子于是就大摆酒席，宴饮宾客。大家来齐坐定后，公子就带车马随从，并将车子上的左位空出，亲自到东城门去迎接侯先生。侯先生整理了一下破旧的衣帽，就径直上了车子，坐在公子空出的尊贵座位，毫无谦让之意，想借此观察一下公子的态度。可公子手握马缰绳更加恭敬。侯先生又对公子说：“我有个朋友在街市的屠宰场，请委屈一下车马载我去拜访他吧。”公子立即驾车进入街市，侯先生下车去会见他的朋友朱亥，他斜眯着眼看公子，故意站在那里很久，同他的朋友聊天，也同时暗中观察公子。公子面色更加和悦。这时候，魏国的将军、宰相、宗室大臣以及高朋贵宾坐满堂上，正等着公子举杯开宴。街市上人人都看到公子手握缰绳替侯先生驾车。公子的随从人员都私下里责骂侯先生。侯先生看到公子面色始终不变，才告别了朋友上了车。到家后，公子让侯先生坐到上位，并向全体宾客赞扬地介绍了侯先生，满堂宾客惊异不已。大家酒兴正浓时，公子站起来，走到侯先生面前举杯为他祝寿。侯先生趁机对公子说："今天我侯嬴也够为难公子的了。我只是个城东门抱门插关的人而已，可公子却委屈车马，亲自在大庭广众之中迎接我，我本不该再去拜访朋友，可是今天公子却屈尊陪我去拜访他。因此我也想成就公子的名声，才故意让公子的车马在街市中停了很久，借拜访朋友来观察公子，结果公子更加谦恭。街市上的人都认为我是小人，而认为公子是个高尚的、能礼贤下士的人啊。"这次宴会散后，侯先生便成了公子的贵客。

※ 原文

侯生谓公子曰："臣所过屠者朱亥，此子贤者，世莫能知，故隐屠间耳。"公子往数请之，朱亥故不复谢，公子怪之。

魏安釐王二十年，秦昭王已破赵长平军，又进兵围邯郸。公子姊为赵惠文王弟平原君夫人，数遗魏王及公子书，请救于魏。魏王使将军晋鄙将十万众救赵。秦王使使者告魏王曰："吾攻赵旦暮且下，而诸侯敢救者，已拔赵，必移兵先击之。"魏王恐，使人止晋鄙，留军壁邺，名为救赵，实持两端以观望。平原君使者冠盖相属于魏，让魏公子曰："胜所以自附为婚姻者，以公子之高义，为能急人之困。今邯郸旦暮降秦而魏救不至，安在公子能急人之困也！且公子纵轻胜，弃之降秦，独不怜公子姊邪？"公子患之，数请魏王，及宾客辩士说王万端。魏王畏秦，终不听公子。公子自度终不能得之于王，计不独生而令赵亡，乃请宾客，约车骑百余乘，欲以客往赴秦军，与赵俱死。

※ 译文

侯先生对公子说："我所拜访的屠夫朱亥很贤能，只是由于不被人们所了解而隐没在屠夫中罢了。"公子于是多次前往拜见朱亥，朱亥故意不回拜答谢，公子觉得此人很奇怪。

魏安釐王二十年，秦昭王已经在长平大败赵国军队，然后进兵围攻邯郸。公子的姐姐是赵惠文王弟弟平原君的夫人，多次送信给魏王和公子，请求魏国支援。魏王派将军晋鄙率十万部队去救赵国。秦昭王得知此消息后就派使臣告诫魏王道："我就要攻下赵国了，这只是迟早的事，诸侯中谁敢救赵国，则攻取赵国后就一定先调兵攻打它。"魏王很担心，就派人阻止晋鄙不要再进军了，把军队留在邺城扎营驻守，打着救赵国的旗号，事实上是用两面倒的策略来观望形势的发展。平原君使臣的车子陆续地来到魏国，频频告急，责备魏公子道：“我之所以自愿依托魏国跟魏国联姻结亲，就是因为公子的道义高尚，可以热心帮别人摆脱危难。现在邯郸危在旦夕，迟早都要投降秦国，可魏国救兵至今未到，公子能帮别人摆脱危难又表现在何处呢！再说就算公子不把我放在眼里，抛弃我让我投降秦国，难道您就不可怜您的姐姐吗？”公子为此事万分忧虑，屡次请求魏王抓紧出兵，又让宾客辩士们千方百计地劝说魏王。魏王因为害怕秦国，始终都不肯听从公子的意见。公子估计终究不能征得魏王同意出兵了，就决定不能自己活着而让赵国灭亡，于是就请来宾客，凑集了一百多辆战车，准备带着宾客赶到战场上去同秦军拼一死命，与赵国人同甘共苦。

※ 原文

行过夷门，见侯生，具告所以欲死秦军状。辞决而行，侯生曰：“公子勉之矣，老臣不能从。”公子行数里，心不快，曰：“吾所以待侯生者备矣，天下莫不闻，今吾且死而侯生曾无一言半辞送我，我岂有所失哉？”复引车还，问侯生。侯生笑曰：“臣固知公子之还也。”曰：“公子喜士，名闻天下。今有难，无他端而欲赴秦军，譬若以肉投馁虎，何功之有哉？尚安事客？然公子遇臣厚，公子往而臣不送，以是知公子恨之复返也。”公子再拜，因问。侯生乃屏人间语，曰：“嬴闻晋鄙之兵符常在王卧内，而如姬最幸，出入王卧内，力能窃之。嬴闻如姬父为人所杀，如姬资之三年，自王以下欲求报其父仇，莫能得。如姬为公子泣，公子使客斩其仇头，敬进如姬。如姬之欲为公子死，无所辞，顾未有路耳。公子诚一开口请如姬，如姬必许诺，则得虎符夺晋鄙军，北救赵而西却秦，此五霸之伐也。”公子从其计，请如姬。如姬果盗晋鄙兵符与公子。

※ 译文

公子带着车队走过东门时，去见侯先生，把准备同秦军决一死战的情况全都告诉给他。而后向侯先生诀别准备上路，行前侯先生说：“公子努力做吧，老臣我无法随行。”公子走了几里路，心中不快，自语道：“天下人人知晓我对侯先生算是周到的了，但现在我都快要死了，侯先生竟无一言半语来送我，难道我对待他有闪失吗？”于是就又赶着车子返回来，想问问侯先生原因。侯先生一见公子便笑着说：“我就知道公子会回来的。”接着说：“公子好客爱士，天下闻名。现在有了危难，无计可施反而要赶到战场上同秦军拼死，这就好比把肥肉扔给饥饿的老虎，有什么用呢？若这样，还用我们这些宾客做什么呢？公子待我情深意厚，公子前往可我却不送行，所以知道公子必然恼恨我而会返回。”公子连着两次向侯先生拜礼，进而询问对策。侯先生就让旁人离开，同公子密谈道：“我听说晋鄙的兵符常放在魏王的卧室内，其妻妾中如姬最受宠爱，她可以随意出入魏王的卧室，只要尽力就可以将兵符偷出来的。我还听说如姬的父亲被人杀死，如姬报仇雪恨的心志积蓄了三年之久，魏王以下的群臣左右无不想为如姬报仇，但都未能如愿。为此，如姬曾对公子哭诉，公子派门客把那个仇人的头斩了，恭敬地献给如姬。如姬要为公子效命，即使死都在所不辞，只是无行动的机会罢了。公子果真要开口请求如姬帮忙，她必答应，那么就可得到虎符而夺了晋鄙的军权，北可救赵国，西能抵御秦国，这是春秋五霸的功业啊。”公子按照侯嬴的计策，请如姬帮忙。如姬果然盗出晋鄙的兵符交给了公子。

※ 原文

公子行，侯生曰：“将在外，主令有所不受，以便国家。公子即合符，而晋鄙不授公子兵而复请之，事必危矣。臣客屠者朱亥可与俱，此人力士。晋鄙听，大善；不听，可使击之。”于是公子泣。侯生曰：“公子畏死邪？何泣也？”公子曰：“晋鄙嚄唶宿将，往恐不听，必当杀之，是以泣耳，岂畏死哉？”于是公子请朱亥。朱亥笑曰：“臣乃市井鼓刀屠者，而公子亲数存之，所以不报谢者，以为小礼无所用。今公子有急，此乃臣效命之秋也。”遂与公子俱。公子过谢侯生。侯生曰：“臣宜从，老不能。请数公子行日，以至晋鄙军之日，北乡自刭，以送公子。”公子遂行。

至邺，矫魏王令代晋鄙。晋鄙合符，疑之，举手视公子曰：“今吾拥十万之众，屯于境上，国之重任，今单车来代之，何如哉？”欲无听。朱亥袖四十斤铁椎，椎杀晋鄙，公子遂将晋鄙军。勒兵下令军中曰：“父子俱在军中，父归；兄弟俱在军中，兄归；独子无兄弟，归养。”得选兵八万人，进兵击秦军。秦军解去，遂救邯郸，存赵。赵王及平原君自迎公子于界，平原君负韊矢为公子先引。赵王再拜曰：“自古贤人未有及公子者也。”当此之时，平原君不敢自比于人。公子与侯生决，至军，侯生果北乡自刭。

※ 译文

公子拿到了兵符准备上路，侯先生说：“将帅在外作战时，有机断处置的权力，国君的命令有的可以不接受，以有利于国家。公子到那后就算两符相合，验明无误，可若晋鄙仍不交给公子兵权反而再去请示魏王，则事情就危险了。我的朋友屠夫朱亥可跟您前往，此人力大无比。若晋鄙听从，那是再好不过了；否则，可让朱亥击杀他。”公子听后便哭了。侯先生见状便问道：“公子是怕死吗？为何要哭呢？”公子答道：“晋鄙是魏国勇猛强悍、富有经验的老将，我去他那里恐怕他不会听从命令，必定要将其杀死，所以我难过地哭了，怎么会是怕死呢？”于是公子去请求朱亥一同前往。朱亥笑着说：“我只不过是个市场上击刀杀生的屠夫，可公子竟多次登门问候我，我之所以不回拜答谢您，是因为我觉得小礼小节没什么用。现在公子有危难，这正是我为公子杀身效命之时。”于是就同公子上路了。公子去向侯先生辞行。侯先生说：“我本应随您同去，但因年老，心有余力不足，无法成行。请允许我计算您行程的日期，您到达晋鄙军部的那一天，我将面北刎颈而死，以表达我为公子送行的一片忠心。”公子于是上路出发。

到了邺城，公子便拿出兵符假传魏王命令代替晋鄙担任将领。晋鄙合了兵符，验证无误，但仍然怀疑此事，就举着手盯着公子道：“如今我统帅十万之众的大军，驻扎在边境上，这是关系到国家命运的重任，现在您只身一人来代替我，这是怎么回事啊？”正要拒绝接受命令。这时朱亥取出藏在衣袖里的四十斤重的铁椎，一椎将其击死，公子于是统帅了晋鄙的军队。然后整顿部队，向军中下令道：“父子都在军队里的，父亲回家；兄弟同在军队里的，长兄回家；没有兄弟的独生子，回家去奉养双亲。”整顿选拔后，得到八万精兵。开赴前线攻击秦军。秦军解围撤离而去，于是邯郸得救，赵国得以保全。赵王和平原君到郊界来迎接公子。平原君替公子背着盛满箭支的囊袋在前面引路。赵王连着两次拜谢道：“自古以来的贤人没有哪个能赶得上公子。”这时，平原君不敢再拿自己跟别人比了。公子与侯先生诀别之后，在到达邺城军营的那一天，侯先生果然面北刎颈而亡。

※ 原文

魏王怒公子之盗其兵符，矫杀晋鄙，公子亦自知也。已却秦存赵，使将将其军归魏，而公子独与客留赵。赵孝成王德公子之矫夺晋鄙兵而存赵，乃与平原君计，以五城封公子。公子闻之，意骄矜而有自功之色。客有说公子曰：“物有不可忘，或有不可不忘。夫人有德于公子，公子不可忘也；公子有德于人，愿公子忘之也。且矫魏王令，夺晋鄙兵以救赵，于赵则有功矣，于魏则未为忠臣也。公子乃自骄而功之，窃为公子不取也。”于是公子立自责，似若无所容者。赵王扫除自迎，执主人之礼，引公子就西阶。公子侧行辞让，从东阶上。自言罪过，以负于魏，无功于赵。赵王侍酒至暮，口不忍献五城，以公子退让也。公子竟留赵。赵王以鄗为公子汤沐邑，魏亦复以信陵奉公子。公子留赵。

公子闻赵有处士毛公藏于博徒，薛公藏于卖浆家，公子欲见两人，两人自匿不肯见公子。公子闻所在，乃间步往从此两人游，甚欢。平原君闻之，谓其夫人曰：“始吾闻夫人弟公子天下无双，今吾闻之，乃妄从博徒卖浆者游，公子妄人耳。”夫人以告公子。公子乃谢夫人去，曰：“始吾闻平原君贤，故负魏王而救赵，以称平原君。平原君之游，徒豪举耳，不求士也。无忌自在大梁时，常闻此两人贤，至赵，恐不得见。以无忌从之游，尚恐其不我欲也，今平原君乃以为羞，其不足从游。”乃装为去。

夫人具以语平原君。平原君乃免冠谢，固留公子。平原君门下闻之，半去平原君归公子，天下士复往归公子，公子倾平原君客。

※ 译文

魏王恼怒公子盗了他的兵符，假传君令击杀晋鄙，这一点公子也是知道的。因此在打退秦军拯救赵国之后，就让部将带着部队返回魏国，而自己和门客就留在了赵国。赵孝成王感激公子假托君命夺取晋鄙军权从而保住了赵国这一义举，就与平原君商量，封赏给公子五座城邑。公子听说此消息后，产生了骄傲自大的情绪，显露出居功自满的神色。门客中有个人劝公子道："事情有不可以忘的，也有不可以不忘的。别人对公子有恩德，公子不可忘；公子对别人有恩德，请公子忘掉它。况且假托魏王命令，夺取晋鄙兵权去救赵国，这对赵国来说算是有功劳了，但对魏国来说那就不是忠臣了。公子却因此而自以为有功，洋洋自得，我个人认为公子实在不应该。"公子听后，立刻责备自己，很是无地自容。赵国召开盛大欢迎宴会，赵王打扫了殿堂台阶，亲自到门口迎接贵客，并执行主人的礼节，带公子走进殿堂的西边台阶。公子则侧身走一再推辞谦让，并主动从东边的台阶升堂。宴会上，公子称说自己有罪，愧对魏国，于赵国也无功可言。赵王陪公子饮酒直到傍晚，始终不好意思开口讲奉献五座城邑之事，因为公子始终在谦让自责。公子终于留在了赵国。赵王把鄗邑封赏给公子，这时魏王也把信陵邑奉还给公子。公子仍留在赵国。

公子听说赵国有两个人有才有德而没有从政，一个是藏身于赌徒中的毛公，一个是藏身在酒店里的薛公，公子很想见见此二人，可他们却躲起来不肯见公子。公子打听到他们的藏身之处，就悄悄地步行去同他们交往，彼此都以相识为乐事，非常高兴。平原君得知此情况，就对夫人说："当初我听说夫人的弟弟魏公子是个举世无双的大贤人，如今我听说他竟然胡来，同那赌徒、酒店伙计交往，公子只不过是个无知妄为的人罢了。"平原君夫人把这些话跟公子说了。公子听后就向夫人告辞准备离开这里，说："以前我听说平原君贤德，因此才背弃魏王而救赵国，满足他的要求。今天才知道平原君与人交往，只是显示富贵的豪放举动罢了，他并不是求取贤士人才啊。我在大梁时，就常听说毛公、薛公贤能有才，到了赵国，我唯恐无法见到他们。我跟他们交往，还担心他们不要我呢，现在平原君却把跟他们交往看作是羞辱，平原君此人实在不值得结交。"于是就整理行装准备离去。夫人把公子的话又全都告诉了平原君，平原君听后自感惭愧便去向公子脱帽谢罪，坚决地把公子挽留下来。平原君门下的宾客们闻听此事，有一半人离开了平原君而归附于公子门下，天下士人也纷纷去投靠公子，归附在他门下。公子的为人使平原君的宾客仰慕而都到公子的门下来。

※ 原文

公子留赵十年不归。秦闻公子在赵，日夜出兵东伐魏。魏王患之，使使往请公子。公子恐其怒之，乃诫门下："有敢为魏王使通者，死。"宾客皆背魏之赵，莫敢劝公子归。毛公、薛公两人往见公子曰："公子所以重于赵，名闻诸侯者，徒以有魏也。今秦攻魏，魏急而公子不恤，使秦破大梁而夷先王之宗庙，公子当何面目立天下乎？"语未及卒，公子立变色，告车趣驾归救魏。

魏王见公子，相与泣，而以上将军印授公子，公子遂将。魏安釐王三十年，公子使使遍告诸侯。诸侯闻公子将，各遣将将兵救魏。公子率五国之兵破秦军于河外，走蒙骜。遂乘胜逐秦军至函谷关，抑秦兵，秦兵不敢出。当是时，公子威振天下，诸侯之客进兵法，公子皆名之，故世俗称《魏公子兵法》。

※ 译文

公子留在赵国十年，不回魏国。秦国听说公子留在赵国，就日夜兼程，发兵东进攻伐魏国。魏王为此万分焦虑，就派使臣去请公子回国。公子仍恐怕魏王恼怒自己，就告诫门下宾客道："谁敢替魏王使臣通报传达，就被处死。"由于宾客们都是背弃魏国来赵国的，因此无人敢劝公子回魏国。这时，毛公和薛公两人去见公子说："公子之所以能够在赵国受到尊重，名扬诸侯，都是因为有魏国存在啊。如今秦国进攻魏国，魏国危急而公子却毫不顾念，倘若秦国攻破大梁而夷平您先祖的宗庙，公子还有什么脸面活在世上呢？"话尚未说完，公子就变了脸色，嘱咐车夫赶快套车回去救魏国。

魏王见到公子，两人禁不住相对落泪，魏王把上将军的大印授给公子，公子便正式担任了上将军这个统帅军队的最高职务。魏安釐王三十年，公子派使臣把自己担任上将军职务一事通报给各诸侯国。诸侯们听说公子担任了上将军，都各自调兵遣将救援魏国。公子率五个诸侯国的军队大败秦军于黄河以南地区，秦将蒙骜败逃。公子又乘胜追击到函谷关，把秦军压制在函谷关内，使其不敢再出关。当时，公子的声威震动天下，各诸侯国来的宾客都进献兵法，公子将其合在一起签上自己的名字，因此世上俗称《魏公子兵法》。

※ 原文

秦王患之，乃行金万斤于魏，求晋鄙客，令毁公子于魏王曰："公子亡在外十年矣，今为魏将，诸侯将皆属，诸侯徒闻魏公子，不闻魏王。公子亦欲因此时定南面而王，诸侯畏公子之威，方欲共立之。"秦数使反间，伪贺公子得立为魏王未也。魏王日闻其毁，不能不信，后果使人代公子将。公子自知再以毁废，乃谢病不朝，与宾客为长夜饮，饮醇酒，多近妇女。日夜为乐饮者四岁，竟病酒而卒。其岁，魏安釐王亦薨。

秦闻公子死，使蒙骜攻魏，拔二十城，初置东郡。其后秦稍蚕食魏，十八岁而虏魏王，屠大梁。

高祖始微少时，数闻公子贤。及即天子位，每过大梁，常祠公子。高祖十二年，从击黥布还，为公子置守冢五家，世世岁以四时奉祠公子。

太史公曰：吾过大梁之墟，求问其所谓夷门。夷门者，城之东门也。天下诸公子亦有喜士者矣，然信陵君之接岩穴隐者，不耻下交，有以也。名冠诸侯，不虚耳。高祖每过之而令民奉祠不绝也。

※ 译文

秦王担心公子将进一步威胁秦国，就用万斤黄金到魏行贿，寻找晋鄙以前的门客，让他们在魏王面前进谗言说："公子流亡在外十年了，如今担任魏国大将，诸侯国的将领都归他指挥，诸侯们只知道魏国有个魏公子，不知道还有个魏王。公子也要趁此时机称王。诸侯们害怕公子的权势声威，正准备共同出面拥立他为王呢。"秦国又实行多次反间，让在秦国的魏国间谍假装不知情地请他们向公子问是否已立为魏王了。魏王整日听到这些毁谤公子的话，不能不信以为真，后来果真派人代替公子担任上将军，公子知道这是又一次因毁谤而被废黜，于是就推病不上朝了，他在家里与宾客们通宵达旦地宴饮，痛饮烈性酒，常同女人厮混，就这样日夜寻欢作乐度过了四年，终于因饮酒无度而患病死亡。这一年，魏安釐王也去世了。

秦王得知公子已死，就派蒙骜进攻魏国，攻占了二十座城邑，开始设立东郡。此后，秦国逐渐蚕食魏国的领土，十八年后便俘虏了魏王假，屠杀大梁军民，毁掉了这座都城。

汉高祖当初地位低贱时，就曾不只一次听说魏公子贤德有才。到他即位做了皇帝后，每次路过大梁，都要去祭祀公子。汉高祖十二年，他从击败叛将黥布的前线归来，路过大梁时为公子安置了五户人家，专门看守他的坟墓，让他们世世代代每年按四季祭祀公子。

太史公说：我经过大梁废墟时，也曾寻访那个所谓的夷门。原来夷门就是大梁城的东门。天下诸多公子中也的确有好客喜士的，但却唯有信陵君能够交结那些隐没在社会各个角落的人，他不以交结下层贱民为耻，是非常有道理的。他的名声远远超过了那些诸侯，的确不是虚传。所以，高祖每次路过大梁都会命令百姓要祭祀他不能断绝。

※ 评析

中国有句古话叫作"士为知己者死"，那么什么才是"知己者"呢？信陵君和侯嬴就告诉给了我们答案。信陵君礼贤下士，身系国家安危。司马迁曾在《自序》中说：“能以富贵下贫贱，贤能诎于不肖，唯信陵君为能之，作《魏公子列传》。”很明显，礼贤下士是司马迁所推崇的。战国四君子中，每一个人都养了很多门客，然而在司马迁眼中，孟尝君的养士不过是一种收买与被收买的关系，而平原君和信陵君养士却是用于国家。对于侯嬴，司马迁也认为他不同于其他一些士人。侯嬴等人的活动是为了抗秦救赵，而救赵的最终目的是为了救自己的国家——魏国。这种事关重大的事情跟那些只为某一个人而奔走的事情，根本不能等量齐观。这也正是在战国四君子中，不仅司马迁最为推崇信陵君，而且后人也最为推崇信陵君的关键之所在。

范雎蔡泽列传第十九

※ 原文

范雎者，魏人也，字叔。游说诸侯，欲事魏王，家贫无以自资，乃先事魏中大夫须贾。

须贾为魏昭王使于齐，范雎从。留数月，未得报。齐襄王闻雎辩口，乃使人赐雎金十斤及牛酒，雎辞谢不敢受。须贾知之，大怒，以为雎持魏国阴事告齐，故得此馈，令雎受其牛酒，还其金。既归，心怒雎，以告魏相。魏相，魏之诸公子，曰魏齐。魏齐大怒，使舍人笞击雎，折胁摺齿。雎详死，即卷以箦，置厕中。宾客饮者醉，更溺雎，故僇辱以惩后，令无妄言者。雎从箦中谓守者曰：“公能出我，我必厚谢公。”守者乃请出弃箦中死人。魏齐醉，曰：“可矣。”范雎得出。后魏齐悔，复召求之。魏人郑安平闻之，乃遂操范雎亡，伏匿，更名姓曰张禄。

※ 译文

范雎是魏国人，字叔。他曾周游列国，希望国君接受自己的主张而有所作为，但没有成功，便回到魏国想事奉魏王，可他家境贫寒又筹集不到活动资金，于是就先在魏国中大夫须贾门下做事。

有一次，须贾为魏昭王出使到齐国办事，范雎也跟去了。他们在齐国逗留了几个月，无果。当时齐襄王听说范雎很有口才，就派专人给范雎送去了十斤黄金以及牛肉美酒之类的礼物，但范雎再三推辞而不敢接受。须贾知道后，大为恼火，认为范雎必是把魏国的秘密出卖给齐国了，因此才得到这种馈赠，于是他就让范雎收下牛肉、美酒之类的食品，把黄金送回去。回魏国后，须贾心里恼怒、嫉恨范雎，就将此事报告给魏国宰相。魏国的宰相是魏国公子之一，名魏齐。魏齐听后大怒，就命左右近臣用板子、荆条对范雎进行抽打，范雎被打得肋折齿断。当时范雎假装死去，魏齐就命人用席子把他卷了卷扔在厕所里。又让宴饮的宾客喝醉后轮番往范雎身上撒尿，故意污辱他以惩一儆百，警示别人不许再乱说。卷在席里的范雎还活着，他对看守说："您若放走我，日后我必定重谢您。"看守有意放走范雎，就请示魏齐说把席子里的死人扔掉算了。恰好魏齐喝得酩酊大醉，就顺口应道："可以。"范雎因而得以逃脱。后来魏齐后悔把范雎当死人扔掉，又派人去搜索范雎。魏国人郑安平听说此事，就带着范雎一起逃跑了，他们隐藏起来，范雎隐名改姓名为张禄。

※ 原文

当此时，秦昭王使谒者王稽于魏。郑安平诈为卒，侍王稽。王稽问："魏有贤人可与俱西游者乎？"郑安平曰："臣里中有张禄先生，欲见君，言天下事。其人有仇，不敢昼见。"王稽曰："夜与俱来。"郑安平夜与张禄见王稽。语未究，王稽知范雎贤，谓曰："先生待我于三亭之南。"与私约而去。

王稽辞魏去，过载范雎入秦。至湖，望见车骑从西来。范雎曰："彼来者为谁？"王稽曰："秦相穰侯东行县邑。"范雎曰："吾闻穰侯专秦权，恶内诸侯客，此恐辱我，我宁且匿车中。"有顷，穰侯果至，劳王稽，因立车而语曰："关东有何变？"曰："无有。"又谓王稽曰："谒君得无与诸侯客子俱来乎？无益，徒乱人国耳。"王稽曰："不敢。"即别去。范雎曰："吾闻穰侯智士也，其见事迟，乡者疑车中有人，忘索之。"于是范雎下车走，曰："此必悔之。"行十余里，果使骑还索车中，无客，乃已。王稽遂与范雎入咸阳。

已报使，因言曰："魏有张禄先生，天下辩士也。曰'秦王之国危于累卵，得臣则安。然不可以书传也'。臣故载来。"秦王弗信，使舍食草具。待命岁余。

当是时，昭王已立三十六年。南拔楚之鄢、郢，楚怀王幽死于秦。秦东破齐。湣王尝称帝，后去之。数困三晋。厌天下辩士，无所信。

※ 译文

这个时候，秦昭王派出使臣王稽到魏国。郑安平就假装差役，侍候王稽。王稽问他："魏国是否有贤能人士愿跟我一起到西边去吗？"郑安平说："我的乡里有位张禄先生，想求见您，谈谈天下大事。不过他有仇人，不敢白天出来。"王稽说："那就夜里你跟他一起来好了。"于是郑安平就在夜里带着张禄来拜见王稽。二人话尚未谈完，王稽就发现范雎是个贤才，便对他说："先生请在三亭冈的南边等着我。"

范雎与王稽暗中约好见面时间就离开了。

王稽辞别魏国上路后，经过三亭冈南边时，便载上范雎很快进入了秦国国境。车到湖邑时，远远望见一队车马从西边奔驰而来。范雎便问："那边过来的是谁？"王稽答道："是秦国国相穰侯去东边巡行视察县邑。"范雎一听说是穰侯便说："我听说穰侯独揽秦国大权，他最不喜欢收纳各国的说客了，这样见面恐怕我要被侮辱，我宁可暂时躲在车里。"不一会儿，穰侯果然来到，向王稽问候，便停下车询问说："关东局势有何变化？"王稽答道："没什么变化。"穰侯又对王稽说："使臣先生不会是带着那些说客一起来的吧？那些人无一点好处，只会扰乱别人的国家。"王稽忙答道："臣下不敢。"两人随即告别而去。范雎对王稽说："我听说穰侯足智多谋，处理事情多有疑惑，刚才他怀疑车中藏着人，却忘记搜查了。"于是范雎就跳下车来奔走，说："此事穰侯不会罢休，他肯定后悔没有搜查车子。"大约走了十几里路，穰侯果然又派骑兵追回来搜查车子，却未发现有人，这才作罢。王稽于是与范雎进了咸阳。

王稽报告秦王出使情况后，趁机进言道："魏国有个张禄先生，是天下难得的能言善辩之士。他说'秦王的国家处境危如累卵，能采用我的方略便可安全。但得面谈而不能用书信传达'。我这才把他载到秦国来。"秦王不相信，只让范雎住在客舍，给他吃粗劣的饭食。就这样，范雎等待秦王接见有一年多的时间。

当时，秦昭王已经即位三十六年了。秦国夺取了南面楚国的鄢和郢重镇，楚怀王已在秦国被囚禁而死。秦攻破了东面的齐国。此前齐湣王曾经自称东帝，不久又将此帝号取消。还曾多次围攻韩、赵、魏三国以使领土得到了扩张。秦昭王武功赫赫，因而讨厌那些说客，从不听信他们。

※ 原文

穰侯，华阳君，昭王母宣太后之弟也；而泾阳君、高陵君皆昭王同母弟也。穰侯相，三人者更将，有封邑，以太后故，私家富重于王室。及穰侯为秦将，且欲越韩、魏而伐齐纲寿，欲以广其陶封。范雎乃上书曰：

臣闻明主立政，有功者不得不赏，有能者不得不官，劳大者其禄厚，功多者其爵尊，能治众者其官大。故无能者不敢当职焉，有能者亦不得蔽隐。使以臣之言为可，愿行而益利其道；以臣之言为不可，久留臣无为也。语曰："庸主赏所爱而罚所恶；明主则不然，赏必加于有功，而刑必断于有罪。"今臣之胸不足以当椹质，而要不足以待斧钺，岂敢以疑事尝试于王哉！虽以臣为贱人而轻辱，独不重任臣者之无反复于王邪？

且臣闻周有砥砨，宋有结绿，梁有县藜，楚有和朴，此四宝者，土之所生，良工之所失也，而为天下名器。然则圣王之所弃者，独不足以厚国家乎？

臣闻善厚家者取之于国，善厚国者取之于诸侯。天下有明主则诸侯不得擅厚者，何也？为其割荣也。良医知病人之死生，而圣主明于成败之事，利则行之，害则舍之，疑则少尝之，虽舜、禹复生，弗能改已。语之至者，臣不敢载之于书，其浅者又不足听也。意者臣愚而不概于王心邪？亡其言臣者贱而不可用乎？自非然者，臣愿得少赐游观之间，望见颜色。一语无效，请伏斧质。

※ 译文

穰侯和华阳君是昭王母亲宣太后的弟弟，而泾阳君和高陵君都是昭王的同胞弟弟。穰侯任国相，华阳君、泾阳君和高陵君更番担任将军，他们都有封赐的领地，由于宣太后庇护他们，使他们富可敌国。等到穰侯担任了秦国将军，他又要越过韩国和魏国去进攻齐国的纲寿，想借此扩大他的陶邑封地。于是范雎就上书启奏秦王说：

我听说圣明的君主推行政事，有功劳者必给奖赏，有才能者必授官职，劳苦者多俸禄，功绩多者高爵位，能管众多事务者职大。因此无才能者不敢担当官职，有才能者也不致被埋没。如果您认为我的话可用，就请您推行并进一步使这种主张得以实现；倘若认为我的话不可用，则长久留我在此也无意义。俗话说："庸碌的君主奖赏其宠爱之人而惩罚其厌恶之人；圣明的君主就不这样，他的奖赏一定施给有功之人，刑罚一定判给有罪之人。"现在我的胸膛耐不住铡刀和砧板，我的腰也无法承受小斧和大斧，怎敢用毫无根据、疑惑不定的主张来试探大王呢？就算您认为我是个微贱之人而加以轻蔑，难道就不在乎推荐我的人对您的担保吗？

况且我听说周室有砥砨，宋国有结绿，魏国有县藜，楚国有和氏璞玉，这四件宝玉，产于土中，可著名的工匠却误认为是石头，可它们最终还是成为天下的名贵器物。既然这样，则圣明君主所抛弃的人，难道就不能够使国家强大吗？

我听说善于中饱私囊的大夫，是从诸侯国中取利；善于使一国富足的诸侯，是从其他诸侯国中取利。而天下有了圣明的君主则诸侯就不得独自豪富，这是什么原因呢？原因就是他们会削割国家而使自我显贵。高明的医生能了解病人的生死，圣明的君主可洞察国事的成败，认为有利于国家的就实行，反之就舍弃，有疑惑的就稍加试验，就算舜和禹死而复生，也改变不了这种方略。要说的至深话语，我是不敢写在书信上的，那些浅露的话又不值得您一听。大概是我愚笨而不符合大王的心意吧？或者是推荐我的人人贱言微而不值得听信？若非如此，我希望您赐给我少许游览观赏的空闲时间，让我拜见您一次。若一次谈话没有效果，则我请求服罪受死刑。

※ 原文

于是秦昭王大说，乃谢王稽，使以传车召范雎。

于是范雎乃得见于离宫，详为不知永巷而入其中。王来而宦者怒，逐之，曰："王至！"范雎缪为曰："秦安得王？秦独有太后、穰侯耳。"欲以感怒昭王。昭王至，闻其与宦者争言，遂延迎，谢曰："寡人宜以身受命久矣，会义渠之事急，寡人旦暮自请太后；今义渠之事已，寡人乃得受命。窃闵然不敏，敬执宾主之礼。"范雎辞让。是日观范雎之见者，群臣莫不洒然变色易容者。

秦王屏左右，宫中虚无人。秦王跽而请曰："先生何以幸教寡人？"范雎曰："唯唯。"有间，秦王复跽而请曰："先生何以幸教寡人？"范雎曰："唯唯。"若是者三。秦王跽曰："先生卒不幸教寡人邪？"范雎曰："非敢然也。臣闻昔者吕尚之遇文王也，身为渔父而钓于渭滨耳。若是者，交疏也。已说而立为太师，载与俱归者，其言深也。故文王遂收功于吕尚而卒王天下。乡使文王疏吕尚而不与深言，是周无天子之德，而文、武无与成其王业也。今臣羁旅之臣也，交疏于王，而所愿陈者皆匡君之事，处人骨肉之间，愿效愚忠而未知王之心也。

"此所以王三问而不敢对者也。臣非有畏而不敢言也。臣知今日言之于前而明日伏诛于后，然臣不敢避也。大王信行臣之言，死不足以为臣患，亡不足以为臣忧，漆身为厉、被发为狂不足以为臣耻。且以五帝之圣焉而死，三王之仁焉而死，五伯之贤焉而死，乌获、任鄙之力焉而死，成荆、孟贲、王庆忌、夏育之勇焉而死。死者，人之所必不免也。处必然之势，可以少有补于秦，此臣之所大愿也，臣又何患哉！伍子胥橐载而出昭关，夜行昼伏，至于陵水，无以糊其口，膝行蒲伏，稽首肉袒，鼓腹吹篪，乞食于吴市，卒兴吴国，阖闾为伯。使臣得尽谋如伍子胥，加之以幽囚，终身不复见，是臣之说行也，臣又何忧？箕子、接舆漆身为厉，被发为狂，无益于主。假使臣得同行于箕子，可以有补于所贤之主，是臣之大荣也，臣有何耻？臣之所恐者，独恐臣死之后，天下见臣之尽忠而身死，因以是杜口裹足，莫肯乡秦耳。足下上畏太后之严，下惑于奸臣之态，居深宫之中，不离阿保之手，终身迷惑，无与昭奸。大者宗庙灭覆，小者身以孤危，此臣之所恐耳。若夫穷辱之事，死亡之患，臣不敢畏也。臣死而秦治，是臣死贤于生。"秦王跽曰："先生是何言也！夫秦国辟远，寡人愚不肖，先生乃幸辱至于此，是天以寡人慁先生而存先王之宗庙也。寡人得受命于先生，是天所以幸先王，而不弃其孤也。先生奈何而言若是！事无小大，上及太后，下至大臣，原先生悉以教寡人，无疑寡人也。"范雎拜，秦王亦拜。

※ 译文

读了这封书信，秦昭王心中大喜，便向王稽表示了歉意，派他用专车去接范雎。

于是范雎才得以去离宫拜见秦昭王，到了宫门口，他装作不知道是内宫的通道，就往里走。这时，秦昭王出来，宦官发怒了，驱赶范雎，呵斥道："大王来了！"范雎故意乱嚷："秦国哪里有王？秦国只有太后和穰侯罢了。"他想用此话激怒秦昭王。秦昭王走过来，听到范雎正与宦官争吵，便上前迎接范雎，并道歉说："我本该早就向您请教了，但是正遇到处理义渠事件很紧迫，我早晚都要请示太后，现在义渠事件已处理完毕，我才有了向您请教的机会。我糊涂、不聪敏，让我向您敬行一礼。"范雎客气地还了礼。这一天凡是看到范雎谒见秦昭王情况的文武百官，无不肃然起敬。

秦昭王将左右近臣喝退，宫中没有别的人。这时秦昭王长跪着向范雎请求道："先生如何赐教我？"范雎说："嗯嗯。"停了一会，秦昭王又长跪着向范雎请求道："先生如何赐教我？"范雎说："嗯嗯。"像这样连续询问了三次。秦昭王长跪着说："先生始终都不肯赐教我吗？"范雎说："不敢。我听说以前吕尚遇到周文王时，他只是个渭水边上钓鱼的渔夫罢了。像他们这种关系，就属于交情生疏。可文王听完他的一席话便立他为太师，并立即用车把他载回宫，就是由于他的这番话说中了文王的心思。因此文王得到吕尚的辅佐而最终统一了天下。倘若当初文王疏远吕尚而不与他深谈，则周朝就失去了做天子的德望，而文王、武王也就无人辅佐来成就他们统一天下的大业了。现在我是个寄居异国他乡的臣子，与大王交情生疏，可我所希望陈述的都是匡扶补正国君的大事，我处在大王与亲人的骨肉关系之间来谈这些大事，本愿进献我的一片愚诚的忠心，却不知大王心里想什么。

"这就是大王连续三次询问我而我却不敢回答的原因。我并非害怕什么而不敢说出来。我明知今天向您陈述主张，明天就可能伏罪受死，可我绝不想逃避。大王若真照我的话办了，受死不值得我忧患，流亡也不值得我苦恼，即使漆身生癞、披发装疯我也不会感到羞耻。再说了，像五帝那样圣明的人最终都不免死去，三王那样仁爱的人也不免死去，春秋五霸那样贤能的人都不免死了，乌获、任鄙那样力大无比的人也难免一死，成荆、孟贲、王庆忌、夏育那样勇猛威武的人也一个个死去了。可见，死亡是谁都避免不了的。处在明了必然死去的形势下，能够对秦国有少许补益，这就是我最大的愿望了，我有什么可担忧的呢！过去伍子胥被装在口袋里逃出了昭关，夜里行走，白天隐藏，走到陵水，连饭也吃不上了，只好爬着行走，裸着上身，叩着响头，鼓起肚皮吹笛子，在吴国街市上四处行乞讨饭，后来却终于使吴国振兴，使阖闾称霸。若我能像伍子胥那样极尽智谋效忠秦国，就算把我囚禁起来，终身不再见大王，这样我的主张实行了，我又担忧什么呢？过去箕子、接舆漆身生癞，披发装疯，可却对君主毫无益处。若我也跟箕子有同样的遭遇而披发装疯，可只要能对我认为贤能的君主有所补益，这是我最大的荣幸，我又有什么耻辱的？我所担忧的，只是怕我死后，天下人看见我为君主尽忠却遭死罪，因此闭口停步，谁都不肯来秦国罢了。如今您上怕太后的威严，下被奸佞臣子的惺惺作态所迷惑，自己身居深宫禁院，离不开左右近臣的把持，终身迷惑不清，也无人帮您辨出邪恶。长此以往，大可国家覆亡，小可使您孤立无援岌岌可危，我所担忧的只此而已。至于说困穷、屈辱等事情，处死、流亡等忧患，我从不害怕。若我死了而秦国得以大治，则我死了比活着更有意义。”秦昭王长跪着说：“先生这是怎么说呢！秦国偏僻远处一隅，我又愚笨无能，先生肯屈尊光临此地，这是上天恩准我烦劳先生来保存我的先王的遗业啊。我能聆听先生的教诲，正是上天恩赐我的先王，而不抛弃他们的这个后代啊。先生怎么能这样说呢！今后，事情无论大小，上至太后，下到大臣，有关问题都希望先生毫无保留地指教我，不要再怀疑我了。”范雎听后打躬行礼，秦昭王也连忙还礼。

※ 原文

范雎曰：“大王之国，四塞以为固，北有甘泉、谷口，南带泾、渭，右陇、蜀，左关、阪，奋击百万，战车千乘，利则出攻，不利则入守，此王者之地也。民怯于私斗而勇于公战，此王者之民也。王并此二者而有之。夫以秦卒之勇，车骑之众，以治诸侯，譬若施韩卢而搏蹇兔也，霸王之业可致也，而群臣莫当其位。至今闭关十五年，不敢窥兵于山东者，是穰侯为秦谋不忠，而大王之计有所失也。”秦王跽曰：“寡人愿闻失计。”

然左右多窃听者，范雎恐，未敢言内，先言外事，以观秦王之俯仰。因进曰：“夫穰侯越韩、魏而攻齐纲、寿，非计也。少出师则不足以伤齐，多出师则害于秦。臣意王之计，欲少出师而悉韩、魏之兵也，则不义矣。今见与国之不亲也，越人之国而攻，可乎？其于计疏矣。且昔齐湣王南攻楚，破军杀将，再辟地千里，而齐尺寸之地无得焉者，岂不欲得地哉，形势不能有也。诸侯见齐之罢弊，君臣之不和也，兴兵而伐齐，大破之。士辱兵顿，皆咎其王，曰：‘谁为此计者乎？’

※ 译文

范雎说：“大王的国家，四周均为坚固的要塞，北有甘泉高山、谷口险隘，南边环绕着泾、渭二水，右为陇山、蜀道，左为函谷关、殽阪山，百万雄师，千辆战车，有利就进攻，不利则退守，这是据以建立王业的好地方啊。百姓不敢因私事而争斗，却勇于为国作战，这是据以建立王业的好百姓啊。如今大王兼有地利、人和这两种有利条件。凭着秦国勇猛的兵士，众多的战车，去制伏诸侯，就好比放出韩国的壮犬去捕捉跛足的兔子一样轻而易举，建立霸王的事业是完全可以办到的，可您的臣子却都不称职。秦国至今闭关固守已有十五年，之所以不敢伺机进兵崤山以东，都是因为穰侯为秦国出谋划策不肯竭尽忠心，而大王的计策也有失误之处啊。”秦昭王长跪着说：

“我愿听听我的失策之处。”

可范雎发现谈话时周围有不少人在偷听，心里惶惑不安，不敢谈宫廷内太后专权之事，就先谈穰侯对诸侯国的外交谋略，以观察秦王的态度。于是凑到昭王面前说：“穰侯越过韩、魏两国去进攻齐国纲寿，这不是个好计策。出兵少了就损伤不了齐国，出兵多了又会损害秦国自己。我猜想大王的计策，是希望自己少出兵而让韩、魏两国尽遣兵力来协同秦国，这就违背情理了。现在已经看出这两个友国实际并非真正亲善，您却要越过他们的国境去进攻齐国，这样合适吗？这在计策上太欠周密考虑了。何况曾有过这种失算的先例，先前齐湣王向南进攻楚国，杀楚军、斩楚将，开辟了千里领土，可最后齐国却连寸尺大小的土地都没得到，难道是他们不想得到土地吗？是形势迫使它不可能占有啊。各诸侯国看到齐国已疲惫困顿国力衰退，国君又与臣属不和，便发兵攻打齐国，结果大败齐国。齐国将士受辱溃不成军，上下一片责怪齐王之声，说：‘策划攻打楚国的是谁？’

※ 原文

“王曰：‘文子为之。’大臣作乱，文子出走。攻齐所以大破者，以其伐楚而肥韩、魏也。此所谓借贼兵而赍盗粮者也。王不如远交而近攻，得寸则王之寸也，得尺亦王之尺也。今释此而远攻，不亦缪乎！且昔者中山之国地方五百里，赵独吞之，功成名立而利附焉，天下莫之能害也。今夫韩、魏，中国之处而天下之枢也，王其欲霸，必亲中国以为天下枢，以威楚、赵。楚强则附赵，赵强则附楚，楚、赵皆附，齐必惧矣。齐惧，必卑辞重币以事秦。齐附而韩、魏因可虏也。”昭王曰：“吾欲亲魏久矣，而魏多变之国也，寡人不能亲。请问亲魏奈何？”对曰：“王卑词重币以事之；不可，则割地而赂之；不可，因举兵而伐之。”王曰：“寡人敬闻命矣。”乃拜范雎为客卿，谋兵事。卒听范雎谋，使五大夫绾伐魏，拔怀。后二岁，拔邢丘。

客卿范雎复说昭王曰：“秦、韩之地形，相错如绣。秦之有韩也，譬如木之有蠹也，人之有心腹之病也。天下无变则已，天下有变，其为秦患者孰大于韩乎？王不如收韩。”昭王曰：“吾固欲收韩，韩不听，为之奈何？”对曰：“韩安得无听乎？王下兵而攻荥阳，则巩、成皋之道不通；北断太行之道，则上党之师不下。王一兴兵而攻荥阳，则其国断而为三。夫韩见必亡，安得不听乎？若韩听，而霸事因可虑矣。”王曰：“善。”且欲发使于韩。

※ 译文

“齐王说：‘是田文。’于是齐国大臣发动叛乱，田文被迫逃亡。由此可见齐国大败的原因，就是它耗尽兵力攻打远方的楚国，反而使韩、魏两国从中获利。这就是把兵器借给强盗，把粮食送给窃贼啊。大王不如结交远邦而攻伐近国，这样每攻取一寸土地就会成为您的一寸土地，每攻取一尺土地也就成为您的一尺土地。现在放弃近国而攻打远邦，不是很荒谬吗？再说，过去中山国领土有方圆五百里，赵国独自把它吞并了，功业建成，名声高扬，利益到手，天下无人能侵害它。现在韩、魏两国，地处中原这个天下的中心，大王若想称霸，则必须先亲近中原国家把它作为掌握天下的关键，以威胁楚国和赵国。楚国强大您就亲近赵国，赵国强大您就亲近楚国，楚、赵两国就都会亲附您，齐国肯定会担忧了。齐国担忧，势必会低声下气拿出丰厚财礼来事奉秦国。齐国亲附了秦国，则韩、魏两国便可乘势收服了。”昭王说：“我早就想亲近魏国了，可魏国变化无常，我无法同它亲近。请问怎么才能亲近魏国？”范雎说：“大王可先说好话送厚礼来贿赂它，实在不行，就割让土地收买它；再不行，就寻找机会发兵攻打它。”昭王说：“我就听从您的指教了。”于是授给范雎客卿官职，同他一起谋划军事。终于按照范雎的谋略，派五大夫绾带兵攻打魏国，拿下怀邑。两年后，又夺取了邢丘。

客卿范雎后来又劝说昭王道：“秦、韩两国的地形，犬牙交错，简直就像交织的刺绣。秦国境内伸进韩国的土地，就好比树干中生了蛀虫，人患了心病。天下的形势无变化也就罢了，一旦发生变化，则给秦国造成祸患的还有谁能比韩国大呢？大王不如拉拢韩国。”昭王说：“我原本就想拉拢住韩国，可它不听从，该怎么办呢？”范雎说：“韩国怎能不听从呢？您进兵去攻荥阳，则韩国由巩县通往成皋的道路被堵住；在北面切断太行山要道，则上党的军队就无法南下。大王一旦发兵荥阳，则韩国就会被分割成三块孤立的地区。韩国眼看必将灭亡，怎能不听从呢？若韩国服帖了，则您就可乘势盘算称霸的事业了。”昭王说：“好。”于是就准备派使臣到韩国去。

※ 原文

范雎日益亲，复说用数年矣，因请间，说曰：“臣居山东时，闻齐之有田文，不闻其有王也；闻秦之有太后、穰侯、华阳、高陵、泾阳，不闻其有王也。夫擅国之谓王，能利害之谓王，制杀生之威之谓王。今太后擅行不顾，穰侯出使不报，华阳、泾阳等击断无讳，高陵进退不请。四贵备而国不危者，未之有也。为此四贵者下，乃所谓无王也。然则权安得不倾，令安得从王出乎？臣闻善治国者，乃内固其威而外重其权。穰侯使者操王之重，决制于诸侯，剖符于天下，政适伐国，莫敢不听。战胜攻取则利归于陶，国弊御于诸侯；战败则结怨于百姓，而祸归于社稷。《诗》曰：‘木实繁者披其枝，披其枝者伤其心；大其都者危其国，尊其臣者卑其主。’崔杼、淖齿管齐，射王股，擢王筋，县之于庙梁，宿昔而死。李兑管赵，囚主父于沙丘，百日而饿死。今臣闻秦太后、穰侯用事，高陵、华阳、泾阳佐之，卒无秦王，此亦淖齿、李兑之类也。且夫三代所以亡国者，君专授政，纵酒驰骋弋猎，不听政事。其所授者，妒贤嫉能，御下蔽上，以成其私，不为主计，而主不觉悟，故失其国。今自有秩以上至诸大吏，下及王左右，无非相国之人者。见王独立于朝，臣窃为王恐，万世之后，有秦国者非王子孙也。”昭王闻之大惧，曰：“善。”于是废太后，逐穰侯、高陵、华阳、泾阳君于关外。秦王乃拜范雎为相。收穰侯之印，使归陶，因使县官给车牛以徙，千乘有余。到关，关阅其宝器，宝器珍怪多于王室。

※ 译文

范雎日益得到秦昭王的信任，转眼间受到秦昭王的任用就有几年了。一次，范雎趁着昭王在闲暇方便之余进言议事，说：“我在殽山以东时，只听说齐国有田文，从未听说齐国有齐王；只听说秦国有太后、穰侯、华阳君以及高陵君、泾阳君，从未听说秦国有秦王。独掌国家大权的称为王，能兴利除害的称为王，掌握生杀予夺权势的称为王。现在太后独断专行毫无顾忌，穰侯出使国外从不报告，华阳君、泾阳君等惩处断罚随心所欲，高陵君任免官吏也从不请示。这四种权贵凑在一起而国家却无危险，那是从来没有过的。人们处在这四种权贵的统治之下，就是我所说的没有秦王啊。这样大权怎能不旁落，政令又怎能由大王发出呢？我听说善于治国的，就是要在国内巩固自己的威势而对国外集中自己的权力。穰侯的使臣操持着大王的重权，对诸侯国发号施令，他又向天下遍派持符使臣订盟立约，征讨敌方，攻打别国，无人不敢听命。若打了胜仗，夺取了城地就把好处归入陶邑，国家一旦遭到困厄他便可在诸侯国中用事；若打了败仗就会使百姓怨恨国君，而把祸患推给国家。有诗说：‘树上结果太多了就会压折树枝，树枝断了就会伤害树心；封地城邑太大就会危害国都，抬高臣属就会压抑君主。’从前崔杼和淖齿在齐国专权，崔杼射中齐庄公的大腿并将其杀死，淖齿抽了齐湣王的筋又将其悬吊在庙梁上，一夜就吊死了。李兑在赵国专权，把赵武灵王囚禁在沙丘的宫里，被困饿一百天而死。现在我听说秦国的太后、穰侯专权，高陵君、华阳君和泾阳君辅助他们，最终是不要秦王的，这也就是淖齿、李兑一类的人物啊。再说夏、商、周三代之所以亡国，就是因为君主把大权全都交给宠臣，恣意饮酒、纵情游猎，不理朝政。他们授权任职的宠臣，个个妒贤嫉能，瞒上欺下，谋取私利，从不为君主考虑，可君主又不醒悟，因此才丧失了自己的国家。现在秦国从小乡官到各个大官吏，再到大王的左右侍从，都是相国穰侯的亲信。我见大王在朝廷孤单一人，暗自替您担忧，在您之后，拥有秦国的恐怕就不是您的子孙了。”昭王听后如梦初醒大感惊惧，说：“说得对啊。”于是把太后废弃，把穰侯、高陵君以及华阳君、泾阳君驱逐出国都，任命范雎为相国，将穰侯的相印收回，让他回到封地陶邑去，由朝廷派给车子和牛帮他拉东西迁出国都，装载东西的车子有一千多辆。到了国都关卡，守关官吏检查他的珍宝器物，发现珍贵奇异的宝物比国君之家还要多。

※ 原文

秦封范雎以应，号为应侯。当是时，秦昭王四十一年也。

范雎既相秦，秦号曰张禄，而魏不知，以为范雎已死久矣。魏闻秦且东伐韩、魏，魏使须贾于秦。范雎闻之，为微行，敝衣间步之邸，见须贾。须贾见之而惊曰：“范叔固无恙乎！”范雎曰：“然。”须贾笑曰：“范叔有说于秦邪？”曰：“不也。雎前日得过于魏相，故亡逃至此，安敢说乎！”须贾曰：“今叔何事？”范雎曰：“臣为人庸赁。”须贾意哀之，留与坐饮食，曰：“范叔一寒如此哉！”乃取其一绨袍以赐之。须贾因问曰：“秦相张君，公知之乎？吾闻幸于王，天下之事皆决于相君。今吾事之去留在张君。孺子岂有客习于相君者哉？”范雎曰：“主人翁习知之。唯雎亦得谒，雎请为见君于张君。”须贾曰：“吾马病，车轴折，非大车驷马，吾固不出。”范雎曰：“愿为君借大车驷马于主人翁。”

※ 译文

秦昭王把应城封给范雎，封号为应侯。这时是秦昭王四十一年。

范雎做了秦国相国后，秦国人仍称他叫张禄，而魏国人对此毫无所知，认为范雎早已死了。魏王听说秦国即将东攻韩、魏两国的消息，便派须贾出使秦国。范雎得知须贾到了秦国，便隐蔽了相国身分改装出行，他穿着破旧的衣服偷偷步行到客馆，见到须贾。须贾一见范雎不禁惊愕道：“范叔原来没有灾祸啊！”范雎说：“是啊。”须贾笑着说：“范叔是来秦国游说的吧？”范雎说：“不是的。我先前得罪了魏国宰相，才流落逃跑到此，还怎敢游说呢！”须贾问道：“现在你干些什么事？”范雎答道：“我给人家做差役。”须贾听了有些怜悯他，便留下他一起坐下吃饭，又同情地说：“范叔怎么竟然贫寒到如此地步！”于是就取出了自己的一件粗丝袍送给了他。须贾趁机问道：“秦国的相国张君，你知道他吧。我听说他在秦王那里很得宠，关于天下的大事都由他决定。这次我办事成败也都取决于他。你有没有跟相国张君熟悉的朋友啊？”范雎说：“我的主人跟他很熟悉。就是我也能求见的，请让我把您引见给张君。”须贾很不以为然地说：“我的马病了，车轴也断了，非四匹马拉的大车，我绝不出门。”范雎说：“我愿意替您向我的主人借来四匹马拉的大车。”

※ 原文

范雎归取大车驷马，为须贾御之，入秦相府。府中望见，有识者皆避匿。须贾怪之。至相舍门，谓须贾曰：“待我，我为君先入通于相君。”须贾待门下，持车良久，问门下曰：“范叔不出，何也？”门下曰：“无范叔。”须贾曰：“乡者与我载而入者。”门下曰：“乃吾相张君也。”须贾大惊，自知见卖，乃肉袒膝行，因门下人谢罪。于是范雎盛帷帐，待者甚众，见之。须贾顿首言死罪，曰：“贾不意君能自致于青云之上，贾不敢复读天下之书，不敢复与天下之事。贾有汤镬之罪，请自屏于胡貉之地，唯君死生之！”范雎曰：“汝罪有几？”曰：“擢贾之发以续贾之罪，尚未足。”范雎曰：“汝罪有三耳。昔者楚昭王时而申包胥为楚却吴军，楚王封之以荆五千户，包胥辞不受，为丘墓之寄于荆也。今雎之先人丘墓亦在魏，公前以雎为有外心于齐而恶雎于魏齐，公之罪一也。当魏齐辱我于厕中，公不止，罪二也。更醉而溺我，公其何忍乎？罪三矣。然公之所以得无死者，以绨袍恋恋，有故人之意，故释公。”乃谢罢。入言之昭王，罢归须贾。

※ 译文

范雎回去弄来四匹马拉的大车，并亲自为须贾驾车，直进了秦国相府。相府里的人见范雎驾着车子来了，有些认识他的人都回避离开了。须贾见此情景感到很奇怪。到了相国办公地方的门口，范雎对须贾说：“等等我，我替您先进去向相国张君通报一声。”须贾就等在门口，拽着马缰绳等了很长时间不见人来，便问门卒说：“怎么范叔进去很长时间了还不出来？”门卒说：“这里没有范叔。”须贾说：“就是刚才跟我一起乘车进去的那个人。”门卒说：“他是我们的相国张君。”须贾一听大惊失色，自知被诓骗进来，就忙脱掉上衣光着膀子双膝跪地而行，托门卒向范雎认罪。于是范雎派人挂上盛大的帐幕，召来许多侍从，才让须贾上堂来见。须贾见到范雎连叩响头口称死罪道：“我没想到您靠自己的能力达到如此高的尊位，我不敢再读天下书，也不敢再参与天下事了。我犯了该煮杀的大罪，就算把我抛到荒凉野蛮的胡貉地区我也甘心，要活要死全听凭您的决定了！”范雎说：“你的罪状有多少？”须贾连忙答道：“拔下我的头发来数我的罪过也数不清。”范雎说：“你的罪状有三条。从前楚昭王时申包胥为楚国谋划打退了吴国军队，楚王把楚地的五千户封给他作食邑，申包胥辞而不受，因为他的祖坟安葬在楚国，打退吴军也可将其祖坟保住。如今我的祖坟在魏国，可你先前却认为我对魏国有外心、暗通齐国而在魏齐面前说我的坏话，这是你的第一条罪状。当魏齐把我扔到厕所里肆意侮辱我时，你没有制止，这是第二条罪状。更有甚者，你喝醉后往我身上撒尿，你怎么忍心呢？这是第三条罪状。但是你之所以可以不被处死，就是因为从今天你赠我一件粗丝袍来看，你还有点老朋友的依恋之情，因此放你一条生路。”于是辞别须贾，结束了会见。随即范雎进宫把事情的原委报告了昭王，决定不接受魏国来使，责令须贾回国。

※ 原文

须贾辞于范雎，范雎大供具，尽请诸侯使，与坐堂上，食饮甚设。而坐须贾于堂下，置莝豆其前，令两黥徒夹而马食之。数曰：“为我告魏王，急持魏齐头来！不然者，我且屠大梁。”须贾归，以告魏齐。魏齐恐，亡走赵。匿平原君所。

范雎既相，王稽谓范雎曰：“事有不可知者三，有不可奈何者亦三。宫车一日晏驾，是事之不可知者一也。君卒然捐馆舍，是事之不可知者二也。使臣卒然填沟壑，是事之不可知者三也。宫车一日晏驾，君虽恨于臣，无可奈何。君卒然捐馆舍，君虽恨于臣，亦无可奈何。使臣卒然填沟壑，君虽恨于臣，亦无可奈何。”范雎不怿，乃入言于王曰：“非王稽之忠，莫能内臣于函谷关；非大王之贤圣，莫能贵臣。今臣官至于相，爵在列侯，王稽之官尚止于谒者，非其内臣之意也。”昭王召王稽，拜为河东守，三岁不上计。又任郑安平，昭王以为将军。范雎于是散家财物，尽以报所尝困厄者。一饭之德必偿，睚眦之怨必报。

范雎相秦二年，秦昭王之四十二年，东伐韩少曲、高平，拔之。

※ 译文

须贾去向范雎辞行，范雎便大摆宴席，把所有诸侯国的使臣请来，与他同坐堂上，酒菜饭食摆设得很丰盛。却让须贾坐在堂下，在他面前放了一槽草豆掺拌的饲料，又命两个受过墨刑的犯人在两旁夹菜，像喂马一样喂他吃饲料。范雎责令他道：“回去给我告诉魏王，快把魏齐的脑袋拿来！否则，我就要屠平大梁。”须贾回到魏国，告诉魏齐，魏齐大为惊恐，便逃到了赵国，躲藏在平原君的家里。

范雎担任秦相后，王稽曾经对范雎说：“事情不可预知的有三件，毫无办法的也有三件。君王不一定哪天死去，这是不可预知的第一件事。您突然死去，是不可预知的第二件事。若我突然死去，便是不可预知的第三件事。若君王有一天死了，您即使因我没被君王重用而感到遗憾，那也是毫无办法的。若您突然死了，您即使为还未报答我而感到遗憾，也是毫无办法的。若我突然死了，您即使因不曾及时推荐我而感到遗憾，也是毫无办法的。”范雎听后闷闷不乐，就入宫向秦王进言道：“若非王稽对秦国忠诚，就不会把我带进函谷关；若非大王贤能圣明，就不会使我如此显贵。现在我官至相国，爵位已经封到列候，可王稽却还仅是个谒者，这应该不是他带我进关的本意吧。”秦昭王于是便召见了王稽，任命他为河东郡守，且允许他三年之内可不向朝廷汇报郡内的政治、经济情况。范雎又向秦昭王举荐曾保护过他的郑安平，昭王便任郑安平为将军。范雎于是散发家里的财物，以报答那些曾帮过他却处境困苦的人。凡是给过他一顿饭吃的小恩小惠的人他都必定要报答，而瞪过他一眼的小怨小仇的人他也是必定要报复的。

范雎任秦相的第二年，也就是秦昭王四十二年，秦国向东进攻韩国的少曲和高平，拿下了这两个城邑。

※ 原文

秦昭王闻魏齐在平原君所，欲为范雎必报其仇，乃详为好书遗平原君曰："寡人闻君之高义，愿与君为布衣之友，君幸过寡人，寡人愿与君为十日之饮。"平原君畏秦，且以为然，而入秦见昭王。昭王与平原君饮数日，昭王谓平原君曰："昔周文王得吕尚以为太公，齐桓公得管夷吾以为仲父，今范君亦寡人之叔父也。范君之仇在君之家，愿使人归取其头来；不然，吾不出君于关。"平原君曰："贵而为友者，为贱也；富而为交者，为贫也。夫魏齐者，胜之友也，在，固不出也，今又不在臣所。"昭王乃遗赵王书曰："王之弟在秦，范君之仇魏齐在平原君之家。王使人疾持其头来；不然，吾举兵而伐赵，又不出王之弟于关。"赵孝成王乃发卒围平原君家，急，魏齐夜亡出，见赵相虞卿。虞卿度赵王终不可说，乃解其相印，与魏齐亡，间行，念诸侯莫可以急抵者，乃复走大梁，欲因信陵君以走楚。信陵君闻之，畏秦，犹豫未肯见，曰："虞卿何如人也？"时侯嬴在旁，曰："人固未易知，知人亦未易也。夫虞卿蹑屩檐簦，一见赵王，赐白璧一双，黄金百镒；再见，拜为上卿；三见，卒受相印，封万户侯。当此之时，天下争知之。夫魏齐穷困过虞卿，虞卿不敢重爵禄之尊，解相印，捐万户侯而间行。急士之穷而归公子，公子曰'何如人'。人固不易知，知人亦未易也！"信陵君大惭，驾如野迎之。魏齐闻信陵君之初难见之，怒而自刭。赵王闻之，卒取其头予秦。秦昭王乃出平原君归赵。

※ 译文

秦昭王听说魏齐藏在平原君的家里，想一定替范雎报这个仇，就假装交好写了一封信给平原君说："我早就听说您为人高尚有道德情义，想跟您交个像平民百姓一样无拘无束的知心朋友，您若肯光临我这里小住几日的话，我愿同您开怀畅饮十天。"平原君本来就畏惧秦国，看了信后又认为秦昭王真的有意交好，就到秦国见了秦昭王。昭王陪着平原君宴饮了几天，便对平原君说："从前周文王得到吕尚后尊他为太公，齐桓公得到管夷吾后尊他为仲父，现在范先生也是我的叔父啊。范先生的仇人住在您家里，希望您派人把他的脑袋取来；否则我就不让您出函谷关。"平原君说："显贵了还要交低贱的朋友，是为了不忘低贱时的情谊；富贵了还要交贫困的朋友，是为了不忘贫困时的友情。魏齐是我的朋友，就算他在我家，我也绝不能把他交出来，更何况现在他根本不在我家呢。"昭王又给赵国国君写了一封信说："大王的弟弟在我秦国，而范先生的仇人魏齐就在平原君家里。请大王派人赶快拿他的脑袋来，否则我就要发动军队攻打赵国，且不把大王的弟弟放出函谷关。”赵孝成王看了信后就派士兵包围了平原君的家宅，危急中，魏齐连夜逃出了平原君家，见到了赵国宰相虞卿。虞卿猜测不可能说服赵王，就把自己的相印解下，同魏齐一起逃出了赵国，两人抄小路奔逃，想来想去，几个诸侯国都无可以急人之难而投靠之人，就又奔回大梁，想通过信陵君投奔到楚国去。信陵君听说后，由于担心秦国找上门来，犹豫不决不肯接见他们，问周围的人说：“虞卿这个人怎么样？”当时侯嬴也在旁边，就回说：“人固然很难被别人了解，可了解别人也非易事。那个虞卿脚踏草鞋，肩搭雨伞，远行而到赵国，第一次见赵王，赵王赐给他一对白璧，百两黄金；第二次见赵王，赵王任命他为上卿；第三次见赵王，就得到了相印，被封为万户侯。如今天下人都争着了解虞卿的为人。魏齐走投无路时投奔了虞卿，虞卿丝毫没把高官厚禄看在眼里，而是解下相印，抛弃万户侯的爵位同魏齐一起逃亡。能把别人的困难当作自己的困难来投奔您，您还问‘这人怎么样’。人固然很难被别人了解，可了解别人也实非易事啊！”信陵君知道这番话分明有讥讽自己的意味，深感惭愧，赶忙驱车到郊外去迎接他们。可魏齐听到的是信陵君当初不大肯接见他的消息，便一怒之下刎颈自杀了。赵王得知魏齐自杀身亡，就取了他的脑袋送到秦国。秦昭王这才把平原君放回赵国。

※ 原文

昭王四十三年，秦攻韩汾陉，拔之，因城河上广武。

后五年，昭王用应侯谋，纵反间卖赵，赵以其故，令马服子代廉颇将。秦大破赵于长平，遂围邯郸。已而与武安君白起有隙，言而杀之。任郑安平，使击赵。郑安平为赵所围，急，以兵二万人降赵。应侯席槁请罪。秦之法，任人而所任不善者，各以其罪罪之。于是应侯罪当收三族。秦昭王恐伤应侯之意，乃下令国中：“有敢言郑安平事者，以其罪罪之。”而加赐相国应侯食物日益厚，以顺适其意。后二岁，王稽为河东守，与诸侯通，坐法诛。而应侯日益以不怿。

昭王临朝叹息，应侯进曰：“臣闻‘主忧臣辱，主辱臣死’。今大王中朝而忧，臣敢请其罪。”昭王曰：“吾闻楚之铁剑利而倡优拙。夫铁剑利则士勇，倡优拙则思虑远。夫以远思虑而御勇士，吾恐楚之图秦也。夫物不素具，不可以应卒，今武安君既死，而郑安平等畔，内无良将而外多敌国，吾是以忧。”欲以激励应侯。应侯惧，不知所出。蔡泽闻之，往入秦也。

※ 译文

昭王四十三年，秦国进攻韩国的汾陉，夺取了它，并在靠着黄河边上的广武山筑城。

五年后，昭王采用应侯的谋略，施行反间计使赵国上当，赵国因此让马服君赵奢的儿子赵括代替廉颇统帅军队。结果秦军在长平大败赵军，进而围攻邯郸。此后不久应侯同武安君白起结下了怨仇，就向昭王进谗言而杀了白起。于是昭王任用郑安平，派他领兵进攻赵国。郑安平在战场上反被赵军团团围住，危急的情况下，他带领二万人投降了赵国。对此应侯自知罪责难逃，就跪在草垫上请求惩处治罪。按秦国法令，若举荐了官员，而被举荐的官员犯了罪，则举荐人也同样按被举荐官员的罪名治罪。因此应侯应判逮捕父、母、妻三族的罪刑。可秦昭王怕伤害了应侯的感情，就下令国都内说："有敢于议论郑安平事的，一律按郑安平的罪名治罪。"同时加赏相国应侯更为丰厚的食物，以安应侯的心。此后二年，王稽任河东郡守，曾与诸侯有勾结，因犯法而被诛杀。为此，应侯一天比一天懊丧。

后来，有一天昭王上朝时总叹息，应侯走上前去说："我听说'人主忧虑是臣下的耻辱，人主受辱是臣下的死罪'。今天大王当朝处理政务却如此忧虑，我请求治我的罪。"昭王说："我听说楚国的铁剑锋利却歌舞演技拙劣。一个国家的铁剑锋利则士兵就勇敢，其歌舞演技拙劣则国君的谋计必定深远。心怀深远的谋略而指挥勇敢的士兵，我担心楚国要在秦国身上打算盘。办事不早作准备，就无法应付突然的变化。现在武安君已死，而郑安平等人叛变了，国内没有能征善战的大将，国外敌对国家却很多，我因此忧虑。"昭王说此话是为了激发鼓励应侯。可应侯听了却感到恐惧，也想不出什么办法来。蔡泽得知此事后便从燕国来到秦国。

※ 原文

蔡泽者，燕人也。游学干诸侯小大甚众，不遇。而从唐举相，曰："吾闻先生相李兑，曰'百日之内持国秉'，有之乎？"曰："有之。"曰："若臣者何如？"唐举孰视而笑曰："先生曷鼻，巨肩，魋颜，蹙齃，膝挛。吾闻圣人不相，殆先生乎？"蔡泽知唐举戏之，乃曰："富贵吾所自有，吾所不知者寿也，愿闻之。"唐举曰："先生之寿，从今以往者四十三岁。"蔡泽笑谢而去，谓其御者曰："吾持粱刺齿肥，跃马疾驱，怀黄金之印，结紫绶于要，揖让人主之前，食肉富贵，四十三年足矣。"去之赵，见逐。之韩、魏，遇夺釜鬲于涂。闻应侯任郑安平、王稽皆负重罪于秦，应侯内惭，蔡泽乃西入秦。

将见昭王，使人宣言以感怒应侯曰："燕客蔡泽，天下雄俊弘辩智士也。彼一见秦王，秦王必困君而夺君之位。"应侯闻，曰："五帝三代之事，百家之说，吾既知之，众口之辩，吾皆摧之，是恶能困我而夺我位乎？"使人召蔡泽。蔡泽入，则揖应侯。应侯固不快，及见之，又倨，应侯因让之曰："子尝宣言欲代我相秦，宁有之乎？"对曰："然。"应侯曰："请闻其说。"蔡泽曰："吁，君何见之晚也！夫四时之序，成功者去。夫人生百体坚强，手足便利，耳目聪明而心圣智，岂非士之愿与？”应侯曰：“然。”蔡泽曰：“质仁秉义，行道施德，得志于天下，天下怀乐敬爱而尊慕之，皆愿以为君王，岂不辩智之期与？”应侯曰：“然。”蔡泽复曰：“富贵显荣，成理万物，使各得其所；性命寿长，终其天年而不夭伤；天下继其统，守其业，传之无穷；名实纯粹，泽流千里，世世称之而无绝，与天地终始：岂道德之符而圣人所谓吉祥善事者与？”应侯曰：“然。”

※ 译文

蔡泽是燕国人。他曾周游列国从师学习，并向许多大小诸侯谋求官职，但没有得到任用。有一次他请唐举相面，说：“我听说先生给李兑相面，说‘一百天内将掌握一国的大权’，可有此事？”唐举说：“有。”蔡泽说：“像我这样的人你看怎么样？”唐举仔细地看了一番便笑着说：“先生是朝天鼻，端肩膀，凸额头，塌鼻梁，罗圈腿。我听说圣人不在貌相，大概说的就是先生吧。”蔡泽知道唐举是在跟自己开玩笑，就说：“富贵我本来就有，我所不知道的只是寿命的长短，希望听听你的说法。”唐举说：“先生的寿命，从今往后还有四十三岁。”蔡泽笑着表示感谢便走开了，随后对他的车夫说：“我端着米饭吃肥肉，赶着马车奔驰，手抱黄金大印，腰系紫色丝带，在人主面前备受尊重，享受荣华富贵，四十三年也该满足了。”于是便离开燕国到了赵国，但却被赵国赶了出来。随即前去韩国、魏国，路遇强盗抢走了他的锅鼎之类的炊具。他听说应侯举荐的郑安平和王稽都在秦国犯下大罪，应侯内心惭愧抬不起头来，蔡泽向西来到秦国。

他准备去拜见秦昭王，先派人到应侯面前扬言一番来激怒应侯说：“燕国来的宾客蔡泽，是个天下见识超群、极富辩才的智谋之士。他若一见秦王，秦王必定使您处于困境而剥夺您的权位。”应侯听后说：“五帝三代的事理，诸子百家的学说，我也都通晓，许多人的巧言雄辩，也都能被我折服，此人怎能使我难堪而夺取我的权位呢？”于是就派人去召蔡泽来。蔡泽进来后只向应侯作了个揖。应侯本来就不痛快，见了蔡泽，看他如此傲慢，应侯就斥责他说：“你曾扬言要取代我做秦相，可曾有此事？”蔡泽答道：“有。”应侯说：“让我听听你的说法。”蔡泽说：“呦！您认识问题怎么如此迟钝啊！一年之中春、夏、秋、冬四季更替，各自完成了它的使命就自动退去。人的身体各个部分都很健壮，手脚灵活，耳清目明，心神聪慧，这难道不是世人的愿望吗？”应侯说：“是。”蔡泽说：“以仁为本，主持正义，推行正道，广施恩德，想在天下实现自己的志向，天下人拥护爱戴而尊敬仰慕他，都想让他做君主，这难道不是善辩明智之士所期望的吗？”应侯说：“是。”蔡泽又说：“位居富贵显赫荣耀，处理一切事务，使他们都可以各得其所；性命活得长久，平安度过一生而不会夭折；天下都继承其传统，固守其事业，并永远流传；名实相符完美无缺，恩泽远施千里之外，世代称赞他永不断绝，与天地一样长久：这难道不是推行正道广施恩德的效果、圣人所说的吉祥善事吗？”应侯说：“是。”

※ 原文

蔡泽曰：“若夫秦之商君，楚之吴起，越之大夫种，其卒然亦可愿与？”应侯知蔡泽之欲困己以说，复谬曰：“何为不可？夫公孙鞅之事孝公也，极身无贰虑，尽公而不顾私；设刀锯以禁奸邪，信赏罚以致治；披腹心，示情素，蒙怨咎，欺旧友，夺魏公子卬，安秦社稷，利百姓，卒为秦禽将破敌，攘地千里。吴起之事悼王也，使私不得害公，谗不得蔽忠，言不取苟合，行不取苟容，不为危易行，行义不辟难，然为霸主强国，不辞祸凶。大夫种之事越王也，主虽困辱，悉忠而不解，主虽绝亡，尽能而弗离，成功而弗矜，贵富而不骄怠。若此三子者，固义之至也，忠之节也。是故君子以义死难，视死如归；生而辱不如死而荣。士固有杀身以成名，唯义之所在，虽死无所恨。何为不可哉？”

蔡泽曰：“主圣臣贤，天下之盛福也；君明臣直，国之福也；父慈子孝，夫信妻贞，家之福也。故比干忠而不能存殷，子胥智而不能完吴，申生孝而晋国乱。是皆有忠臣孝子，而国家灭乱者，何也？无明君贤父以听之，故天下以其君父为僇辱而怜其臣子。今商君、吴起、大夫种之为人臣，是也；其君，非也。故世称三子致功而不见德，岂慕不遇世死乎？夫待死而后可以立忠成名，是微子不足仁，孔子不足圣，管仲不足大也。夫人之立功，岂不期于成全邪？身与名俱全者，上也。名可法而身死者，其次也。名在僇辱而身全者，下也。”于是应侯称善。

※ 译文

蔡泽说：“至于说到秦国的商鞅，楚国的吴起，越国的大夫文种，他们的悲惨结局也值得羡慕吗？”应侯知道蔡泽要用这些话来堵自己的嘴，从而说服自己，便故意狡辩说：“为何不可呢？那公孙鞅奉事秦孝公，终身无二心，一心为公而毫不顾念自身；用刀锯酷刑来禁绝奸诈邪恶，切实论赏行罚以使国家太平；剖露忠心，昭示真情，蒙受怨恨指责，诱骗老友，捉住魏公子卬，使秦国的国家安定，百姓获利，终于为秦国擒敌将，破敌军，开拓了千里之遥的疆域。吴起奉事楚悼王，使私人不能损害公家，奸佞谗言无法蔽塞忠臣，议论不随声附和，办事不苟且保身，不因危险而改变自己的行动，坚持大义而不躲避灾难。就这样为使君主能够成就霸业，使国家强盛，绝不躲避殃祸凶险。大夫文种奉事越王，君主即使遭困受辱，仍竭尽忠心毫不懈怠，君主即使面临断嗣亡国，也仍竭尽全力挽救而不离弃，越王复国大功告成而不骄傲自夸，自己富贵也不放纵轻慢。像这三位先生，本来就是道德大义的标准，忠诚气节的榜样。所以君子为大义遭难而死，视死如归；活着受辱还不如死了光荣。士人本就该有牺牲性命成就名声的志向，只要是为了大义，就算是死了也没什么遗憾的。有什么不可以的呢？”

蔡泽说：“君主圣明，臣子贤能，是天下的大福；国君明智，臣子正直，是一国的福气；父慈子孝，丈夫诚实，妻子忠贞，是一家的福分。所以比干忠诚却未能保住殷朝，子胥多谋却未能保全吴国；申生孝顺，晋国却大乱。这些都是有忠臣孝子，却反而国家灭亡、大乱的事例，这是什么原因呢？原因就是没有明智的国君和贤能的父亲听他们的声音，所以天下人都觉得这样的国君和父亲是可耻的，转而怜惜同情他们的臣子和儿子。今天看来，商鞅、吴起、大夫文种作为臣子，他们是正确的，可他们的国君则是错的。因此世人称说这三位先生建立了功绩却不得好报，难道是羡慕他们不被国君体察而无辜死去吗？要是只能用死才可树立忠诚的美名，则微子就不能称为仁人，孔子也不能被称为圣人，管仲也不能称为伟人了。人们要建功立业，哪个不希望功成人在呢？自身性命与功业名声都能保全者为上等。功名可让后世效法而自身性命没能保全者为次等。名声被人诟辱而自身性命得以保全者为下等。”说到这里，应侯称赞讲得好。

※ 原文

蔡泽少得间，因曰：“夫商君、吴起、大夫种，其为人臣尽忠致功则可愿矣，闳夭事文王，周公辅成王也，岂不亦忠圣乎？以君臣论之，商君、吴起、大夫种其可愿孰与闳夭、周公哉？”应侯曰：“商君、吴起、大夫种弗若也。”蔡泽曰：“然则君之主慈仁任忠，惇厚旧故，其贤智与有道之士为胶漆，义不倍功臣，孰与秦孝公、楚悼王、越王乎？”应侯曰：“未知何如也。”蔡泽曰：“今主亲忠臣，不过秦孝公、楚悼王、越王，君之设智，能为主安危修政，治乱强兵，批患折难，广地殖谷，富国足家，强主，尊社稷，显宗庙，天下莫敢欺犯其主，主之威盖震海内，功彰万里之外，声名光辉传于千世，君孰与商君、吴起、大夫种？”应侯曰：“不若。”蔡泽曰：“今主之亲忠臣不忘旧故不若孝公、悼王、勾践，而君之功绩爱信亲幸又不若商君、吴起、大夫种，然而君之禄位贵盛，私家之富过于三子，而身不退者，恐患之甚于三子，窃为君危之。语曰‘日中则移，月满则亏’，物盛则衰，天地之常数也。进退盈缩，与时变化，圣人之常道也。故‘国有道则仕，国无道则隐’。圣人曰‘飞龙在天，利见大人’。‘不义而富且贵，于我如浮云’。今君之怨已雠而德已报，意欲至矣，而无变计，窃为君不取也。且夫翠、鹄、犀、象，其处势非不远死也，而所以死者，惑于饵也。苏秦、智伯之智，非不足以辟辱远死也，而所以死者，惑于贪利不止也。是以圣人制礼节欲，取于民有度，使之以时，用之有止，故志不溢，行不骄，常与道俱而不失，故天下承而不绝。

※ 译文

蔡泽抓住了应侯称赞时机，趁势说："商鞅、吴起、大夫文种，他们作为臣子都竭尽忠诚建立功绩是令人仰慕的，闳夭奉事周文王，周公辅佐成王，难道不也是竭尽忠诚极富智慧吗？按君臣的关系而论，商鞅、吴起、大夫文种他们令人仰慕，跟闳夭、周公相比如何呢？"应侯说："商君、吴起、大夫文种比不上闳夭、周公。"蔡泽说："既然如此，那么您的人主慈爱仁义信用忠臣，厚道诚实不忘旧情，他贤能智慧跟那些有才能明大理的人士关系极为密切，情义深厚不背弃功臣，在这些方面跟秦孝公、楚悼王、越王相比如何呢？"应侯不便回答就说："不知道。"蔡泽说："现在您的人主亲近忠臣，是超不过秦孝公、楚悼王、越王的。您施展才能，努力为主君解决危难，治理国家，平定叛乱，增强兵力，排除祸患，消除灾难，拓宽疆域，增种谷物，使国家富强，百姓安居，加强人主的权力提高国家的地位，显示王族的高贵，天下诸侯无人敢侵凌冒犯自己的人主，人主的威势压倒一切诸侯，震动海内四方，功劳显扬于万里以外的地方，声名光辉灿烂，流传千秋万代，在这些方面您同商鞅、吴起、大夫文种相比如何呢？"应侯说："我比不上他们。"蔡泽说："现在您的人主亲近忠臣，不忘旧情比如秦孝公、楚悼王、越王勾践，可您的功绩以及受到的信任、宠爱又不如商鞅、吴起和大夫文种，而您的官职爵位却显贵至大，自家的富有超过了他们三位，自己却不知引退，恐怕您遭到的祸患要更甚于他们三位啊，我私下替您感到危险。俗话说'太阳升到正中就要逐渐偏斜，月亮达到圆满就要开始亏缺'，事物发展到鼎盛就要衰败，这是天地间万事万物的规律。进退伸缩，符合时势的变化，是圣人恪守的常理。因此'国家政治清明就出来做官，国家政治黑暗就隐退不做'。圣人说'明君在位，有作为的人就应辅佐以施展抱负'。'通过不正当的手段得到的富贵，在我看来就好比浮云'。现在您的怨仇已经报复，恩德已经报答，心愿满足了，可是依然没有应变的谋划，我私自认为您不该采取这样的态度。再说了，翠鸟、鸿鹄、犀牛、大象这些动物，它们所处的形势位置，并非不远离死亡，可它们之所以死亡，就是因为被诱饵所迷惑。像苏秦、智伯那样的机智多谋，不是不能够避开耻辱远离死亡，可他们之所以死于非命，就是因为被贪得无厌所迷惑。所以圣人才制定礼法，节制欲望，向百姓征收财物要有限度，使用百姓要按时节，并且要有节制，因此心志不过分强求，行动不骄横无理，时时事事严守制礼、节欲的原则而不失掉它，天下因而才承继他们的事业而永不断绝。

※ 原文

“昔者齐桓公九合诸侯，一匡天下，至于葵丘之会，有骄矜之志，畔者九国。吴王夫差兵无敌于天下，勇强以轻诸侯，陵、齐、晋，故遂以杀身亡国。夏育、太史噭叱呼骇三军，然而身死于庸夫。此皆乘至盛而不返道理，不居卑退处俭约之患也。夫商君为秦孝公明法令，禁奸本，尊爵必赏，有罪必罚，平权衡，正度量，调轻重，决裂阡陌，以静生民之业而一其俗，劝民耕农利土，一室无二事，力田稸积，习战陈之事，是以兵动而地广，兵休而国富，故秦无敌于天下，立威诸侯，成秦国之业。功已成矣，而遂以车裂。楚地方数千里，持戟百万，白起率数万之师以与楚战，一战举鄢、郢以烧夷陵，再战南并蜀汉。又越韩、魏而攻强赵，北坑马服，诛屠四十余万之众，尽之于长平之下，流血成川，沸声若雷，遂入围邯郸，使秦有帝业。楚、赵天下之强国而秦之仇敌也，自是之后，楚、赵皆慑伏不敢攻秦者，白起之势也。身所服者七十余城，功已成矣，而遂赐剑死于杜邮。吴起为楚悼王立法，卑减大臣之威重，罢无能，废无用，损不急之官，塞私门之请，一楚国之俗，禁游客之民，精耕战之士，南收杨越，北并陈、蔡，破横散从，使驰说之士无所开其口，禁朋党以励百姓，定楚国之政，兵震天下，威服诸侯。功已成矣，而卒枝解。大夫种为越王深谋远计，免会稽之危，以亡为存，因辱为荣，垦草入邑，辟地殖谷，率四方之士，专上下之力，辅勾践之贤，报夫差之仇，卒擒劲吴。令越成霸。

※ 译文

“从前，齐桓公曾九次会盟诸侯，制止混战使天下归正，但到葵丘会盟时，他有骄横自大之意，结果许多国家叛离了他。吴王夫差的军队天下无敌，依仗勇猛强悍而轻视各个诸侯，侵犯齐国、晋国，以致自己最终被杀，国家灭亡。夏育、太史噭勇猛异常，一声呼喊可把大军吓退，最后却死在平庸之辈之手。这些都是到了功名极为煊赫时而回不到常规常理上来，不能自甘谦下、自我节制所造成的祸患啊。商鞅为秦孝公制定法令昭示全国，把奸邪的根源禁绝，崇尚封爵制度有功必赏，有罪必罚，统一权、衡，统一度、量，调节商品、货币流通等轻重关系，铲除纵横交错的田埂，允许认垦荒田，使百姓生活安宁且民俗统一，鼓励百姓耕种，以发挥土地的效益，一家不操二业，努力种田积贮粮食，平时演练军事战阵，于是发动军队就可扩展领土，休整军队就可富国强兵，因此秦国天下无敌，扬威于诸侯，为秦国奠定了基业。功业告成，他却身遭车裂而死。楚国地域方圆几千里，士兵也有百万之多，白起率几万人的军队同楚军交战，第一次交战就将鄢、郢攻克，把夷陵祖坟烧毁，第二次交战兼并了南面的蜀汉地区。后来又越过韩国和魏国去攻打强大的赵国，在北面坑杀了马服之子赵括的军队，四十多万人全部被屠杀在长平城下，血流成河，血水咆哮好似雷鸣，进而围攻邯郸，使秦国帝业形成。楚国和赵国是天下的强大国家却又是秦国的仇敌，此后，楚国、赵国都因恐惧而屈服不敢再攻打秦国，这是因为白起杀出的威风啊。他亲自征服了七十多座城邑，功业告成，却最终被赐剑自杀于杜邮。吴起为楚悼王制定法令削弱大臣的权力，把庸才罢免、废黜，裁减冗员，杜绝豪门贵族的请托，整饬了楚国风俗，禁止游民无业游荡，选练既能耕田又可作战的农民士兵，向南攻取了杨越，向北兼并了陈、蔡两个小国，拆穿纵横计谋的无用辩说，让那些往来游说的人无法开口，禁止结党营私而鼓励百姓为国耕战，使楚国政治安定，兵震天下，威慑各诸侯国。功业告成，可最后仍惨遭肢解而死。大夫文种为越国国君深谋远虑，避免了会稽被困亡国在即的危急，采用屈降计策以图谋生存，借君臣受辱而求得复国的光荣，开垦荒地，招募游民以充实城邑，开辟农田，种植谷物，率全国民众，集中上下的力量，辅助勾践这样贤能的君王报夫差灭越之仇，终于把强劲的吴国灭掉，使越国成为霸主。

※ 原文

“功已彰而信矣，勾践终负而杀之。此四子者，功成不去，祸至于此。此所谓信而不能诎，往而不能返者也。范蠡知之，超然辟世，长为陶硃公。君独不观夫博者乎？或欲大投，或欲分功，此皆君之所明知也。今君相秦，计不下席，谋不出廊庙，坐制诸侯，利施三川，以实宜阳，决羊肠之险，塞太行之道，又斩范、中行之涂，六国不得合从，栈道千里，通于蜀汉，使天下皆畏秦，秦之欲得矣，君之功极矣，此亦秦之分功之时也。如是而不退，则商君、白公、吴起、大夫种是也。吾闻之，‘鉴于水者见面之容，鉴于人者知吉与凶。’《书》曰‘成功之下，不可久处’。四子之祸，君何居焉？君何不以此时归相印，让贤者而授之，退而岩居川观，必有伯夷之廉，长为应侯。世世称孤，而有许由、延陵季子之让，乔、松之寿，孰与以祸终哉？即君何居焉？忍不能自离，疑不能自决，必有四子之祸矣。《易》曰‘亢龙有悔’，此言上而不能下，信而不能诎，往而不能自返者也。愿君孰计之！”应侯曰：“善。吾闻‘欲而不知，失其所以欲；有而不知，失其所以有。’先生幸教，睢敬受命。”于是乃延入坐，为上客。

※ 译文

“功业彰明而获得信望，可勾践却最终忘恩负义将其杀了。这四位先生，功业告成却不离开官职，遭祸居然如此悲惨。这就是常说的能伸而不能屈，能往却不能返啊。范蠡明白这个道理，因此他超脱世俗远避世事，永做悠然自乐的陶朱公。您难道没见过那些赌博之人吗？他们有时要下大赌注，有时又得分次下小赌注，这些都是您清楚了解的。如今您任秦国相国，出计不用离开座位，策划无须走出朝廷，坐而指挥即可控制诸侯，谋取三川之地，展开威势，以增强宜阳实力，将羊肠坂道的天险打通，将太行山的通路堵塞，将范、中行氏这些韩、魏领土上的要道切断，使六国诸侯无法联合，栈道连绵千里，可通往蜀汉地区，使天下诸侯都畏惧秦国，秦国的欲望满足了，您的功业也到了顶点了，秦国也就要分次下小赌注了。如果这时还不引退，则您就会和商鞅、白起、吴起、大夫文种是一样的结局。我听说过这样的话‘用水来照镜，可看清自己的面容，用别人作借鉴，就可知事情的吉凶。’《书》上说‘功成名就后不能久留。’这四位先生的灾祸，您何必还要去经受呢？何不在此时送回相印，将其让给贤能之人，自己引退而隐居山林观览流水，肯定会得到伯夷正直廉洁的美名，长享应侯爵位，世代称侯，且有许由、延陵季子谦让的声誉，同王乔、赤松子一样高寿，这么做跟终遭灾祸相比如何？您认为处于哪种情况好呢？忍耐不能自动离去，犹疑不能自我决断，必定要遭到四位先生那样的灾难。《易经》上说‘龙飞得太高了，达到顶点既无法上升又无法下降，因而后悔’，这说的就是能上不能下，能伸不能屈，能往不能自觉返回所造成的状态，以警惕人们。希望慎重考虑该问题！”应侯说：“好的。我听说‘有欲望而不知满足，就会失去欲望；只知占有而不知节制，就会丧失占有。’承蒙先生教导，我恭听从命。”于是就请蔡泽入座，待为上客。

※ 原文

后数日，入朝，言于秦昭王曰：“客新有从山东来者曰蔡泽，其人辩士，明于三王之事，五伯之业，世俗之变，足以寄秦国之政。臣之见人甚众，莫及，臣不如也。臣敢以闻。”秦昭王召见，与语，大说之，拜为客卿。应侯因谢病请归相印。昭王强起应侯，应侯遂称病笃。范雎免相，昭王新说蔡泽计画，遂拜为秦相，东收周室。

蔡泽相秦数月，人或恶之，惧诛，乃谢病归相印，号为纲成君。居秦十余年，事昭王、孝文王、庄襄王。卒事始皇帝，为秦使于燕，三年而燕使太子丹入质于秦。

太史公曰：韩子称“长袖善舞，多钱善贾”，信哉是言也！范雎、蔡泽世所谓一切辩士，然游说诸侯至白首无所遇者，非计策之拙，所为说力少也。及二人羁旅入秦，继踵取卿相，垂功于天下者，固强弱之势异也。然士亦有偶合，贤者多如此二子，不得尽意，岂可胜道哉！然二子不困戹，恶能激乎？

※ 译文

几天后，应侯上朝，对秦昭王进言说：“有位刚从山东过来的客人叫蔡泽，此人能言善辩，对三王的典事、五霸的业绩以及世俗的变迁都了如指掌，秦国的大政完全可以托付给他。我见到的人有很多，但赶得上他的却没有，我也不如。我冒昧地将此情况报告给您。”秦昭王便召见了蔡泽，跟他谈话后，很是喜欢，就授给他客卿职位。应侯趁机推病请求送回相印。昭王还是竭力让他执事，应侯于是称说病重。范雎被免掉了相国官职。昭王初次召见蔡泽就很赏识他的谋划，于是任他做秦国相国，向东灭掉了周朝。

蔡泽在秦国做了几个月的相国，就有人恶语中伤，他担心被杀，便推病送回了相印，他被赐给封号叫纲成君。蔡泽在秦国居住了十多年，曾奉事昭王、孝文王、庄襄王。最后奉事秦始皇，曾为秦国出使燕国，三年后燕国太子丹到秦国做人质。

太史公说：韩非子说"袖子长的人擅长舞蹈，钱多的人善做生意"。这话说得真是实在啊！范雎和蔡泽是人们所说的一代辩士，然而那些游说诸侯直至白发苍苍未能遇到知音的，并非计策谋略拙劣，而是使游说获得功效的条件不够。他们二人寄居秦国，得以相继取得卿相地位，功名流传天下，其原因本是国家强弱的形势不同啊。但辩士也有偶然的机遇，许多像范雎、蔡泽一样贤能之人，因无机遇尽施展才能，这些人怎能说得完呢！然而他们二人若不遭到困厄境遇，又怎会奋发有为呢？

※ 评析

自古人们都会对那些能言善辩的演说家另眼相看，先哲圣贤们纷纷游说列国，以求实现自己的理想抱负。这其中最著名之例当属毛遂了，他不仅是靠着"自荐"的勇气令世人惊叹，还靠着天才般的演说使世人信服。平原君都说毛遂的"三寸不烂之舌，胜于百万之师"。此评价很高，但似乎并不夸张。正是因为辩士在内政外交上，有时候甚至胜过"百万之师"，所以才会有越来越多这样的人才出现在这个时代。本文中的范雎和蔡泽也是两个"口辩之士"，凭借自己的聪明才智先后任宰相，告别布衣的地位。但是，事实上，他们能够官高位显，并不仅仅是因为他们能言善辩，其他方面的能力也是有目共睹的，不过是口才更加突出罢了。今天，语言表达能力显得尤为重要，人与人之间的沟通交流的成功与否直接取决于语言表达的恰当与否。能够将自己的思想、情感付诸于恰当的语言绝非易事，但这又是在社会中生存应必备的一项技能。

廉颇蔺相如列传第二十一

※ 原文

廉颇者，赵之良将也。赵惠文王十六年，廉颇为赵将伐齐，大破之，取阳晋，拜为上卿，以勇气闻于诸侯。蔺相如者，赵人也，为赵宦者令缪贤舍人。

赵惠文王时，得楚和氏璧。秦昭王闻之，使人遗赵王书，愿以十五城请易璧。赵王与大将军廉颇诸大臣谋：欲予秦，秦城恐不可得，徒见欺；欲勿予，即患秦兵之来。计未定，求人可使报秦者，未得。宦者令缪贤曰："臣舍人蔺相如可使。"王问："何以知之？"对曰："臣尝有罪，窃计欲亡走燕，臣舍人相如止臣，曰：'君何以知燕王？'臣语曰：'臣尝从大王与燕王会境上，燕王私握臣手，曰'愿结友'。以此知之，故欲往。'相如谓臣曰：'夫赵强而燕弱，而君幸于赵王，故燕王欲结于君。今君乃亡赵走燕，燕畏赵，其势必不敢留君，而束君归赵矣。君不如肉袒伏斧质请罪，则幸得脱矣。'臣从其计，大王亦幸赦臣。臣窃以为其人勇士，有智谋，宜可使。"于是王召见，问蔺相如曰："秦王以十五城请易寡人之璧，可予不？"相如曰："秦强而赵弱，不可不许。"王曰："取吾璧，不予我城，奈何？"相如曰："秦以城求璧而赵不许，曲在赵。赵予璧而秦不予赵城，曲在秦。均之二策，宁许以负秦曲。"王曰："谁可使者？"相如曰："王必无人，臣愿奉璧往使。城入赵而璧留秦；城不入，臣请完璧归赵。"赵王于是遂遣相如奉璧西入秦。

※ 译文

廉颇是赵国优秀的将领。赵惠文王十六年，廉颇率赵军讨伐齐国，大败齐军，夺取阳晋，因而被封为上卿，他以勇气闻名于诸侯各国。蔺相如是赵国人，是赵国宦者头领缪贤家的门客。

赵惠文王时，得到了楚国的和氏璧。秦昭王听说后，就派人给赵王送了一封书信，表示愿用十五座城来交换这块宝玉。赵王同大将军廉颇及众臣商量：若把宝玉给了秦国，秦国的城邑恐怕得不到，白白受骗；若不给呢，则又担心秦军会马上来攻打。无法确定如何解决此事，想找一个能派到秦国去回复的使者，也没能找到。宦者头领缪贤说："我的门客蔺相如可以派去。"赵王问："你怎么知道他能胜任呢？"缪贤答道："为臣曾犯过罪，私下准备逃亡到燕国，我的门客相如却阻拦我，说：'您怎么会了解燕王呢？'我说：'我曾随大王在国境上与燕王会见，燕王私下握住我的手，说'愿意跟您交朋友'。因此我就了解他了，所以想去他那里。'相如说：'赵强而燕弱，您又受宠于赵王，所以燕王才会想要同您结交。现在您是逃出赵国奔到燕国，燕国怕赵国，这种情况下燕王肯定不敢收留您，且还会把您捆绑起来送回赵国。您不如脱掉上衣，露出肩背，伏在斧刃之下请求治罪，这样也许会幸免。'臣听从了他的意见，大王也的确开恩赦免了为臣。为臣私下认为此人是个勇士，有智谋，派他出使很合适。"于是赵王立即召见蔺相如，问道："秦王用十五座城请求交换我的和氏璧，能不能给他？"相如说："秦强而赵弱，不能不答应。"赵王说："得了我的宝璧，却不给我城邑，怎么办？”相如说：“秦国请求用城换璧，若赵国不答应，则赵国理亏；赵国给了璧而秦国不给赵国城邑，则秦国理亏。两种对策衡量一下，就宁可答应，让秦国来承担理亏的责任。”赵王说：“谁可以作为使臣？”相如说：“大王若确实无人可派，臣愿捧护宝璧前往出使。城邑归属赵国了，就把宝璧留给秦国；否则我就一定把和氏璧完好地带回赵国。”赵王于是就派遣蔺相如带好和氏璧西行入秦。

※ 原文

秦王坐章台见相如，相如奉璧奏秦王。秦王大喜，传以示美人及左右，左右皆呼万岁。相如视秦王无意偿赵城，乃前曰：“璧有瑕，请指示王。”王授璧，相如因持璧却立，倚柱，怒发上冲冠，谓秦王曰：“大王欲得璧，使人发书至赵王，赵王悉召群臣议，皆曰：‘秦贪，负其强，以空言求璧，偿城恐不可得。’议不欲予秦璧。臣以为布衣之交尚不相欺，况大国乎！且以一璧之故逆强秦之欢，不可。于是赵王乃斋戒五日，使臣奉璧，拜送书于庭。何者？严大国之威以修敬也。今臣至，大王见臣列观，礼节甚倨；得璧，传之美人，以戏弄臣。臣观大王无意偿赵王城邑，故臣复取璧。大王必欲急臣，臣头今与璧俱碎于柱矣！”相如持其璧睨柱，欲以击柱。秦王恐其破璧，乃辞谢固请，召有司案图，指从此以往十五都予赵。相如度秦王特以诈详为予赵城，实不可得，乃谓秦王曰：“和氏璧，天下所共传宝也，赵王恐，不敢不献。赵王送璧时，斋戒五日，今大王亦宜斋戒五日，设九宾于廷，臣乃敢上璧。”秦王度之，终不可强夺，遂许斋五日，舍相如广成传。相如度秦王虽斋，决负约不偿城，乃使其从者衣褐，怀其璧，从径道亡，归璧于赵。

※ 译文

秦王坐在章台上接见蔺相如，相如捧璧献给秦王。秦王大喜，就把宝璧给妻妾和左右侍从传看，左右皆高呼万岁。相如看出秦王毫无用城邑给赵国抵偿之意，便上前道：“璧上有个小瑕疵，请让我指给大王看。”秦王把璧交给他，相如于是手持璧玉退后几步站定，身体靠着柱子，怒发冲冠，对秦王说：“大王想得到宝璧，派人送信给赵王，赵王召集群臣商议，大家都说：‘秦国贪得无厌，倚仗其强大，就想用空话得到宝璧，给我们的城邑恐怕是得不到。’商议的结果是不想把宝璧给秦国。可我认为平民百姓的交往尚且不互相欺骗，更何况是大国呢！况且为了一块璧玉的缘故就使强大的秦国不高兴，也不应该。于是赵王斋戒了五天，派我捧着宝璧在殿堂上恭敬地拜送国书。为什么这么做呢？是尊重大国的威望以表示敬意呀。现在我来到贵国，大王却在一般的台观接见我，礼节很傲慢；得到宝璧后，传给姬妾们观看来戏弄我。我看大王没有给赵王十五城的诚意，因此才又收回宝璧。大王若定要逼我，则我的头今天就同宝璧一起在柱子上撞碎！”相如手持宝璧，斜视庭柱，就要撞向庭柱。秦王怕他真把宝璧撞碎，便向他道歉，坚决请求他不要如此，并召来主管的官员查看地图，指明将从某地到某地的十五座城邑交割给赵国。相如估计秦王不过是用欺诈手段谎称给赵国城邑，事实上赵国是不可能得到的，于是就对秦王说：“和氏璧是天下公认的宝物，赵王畏惧贵国，不敢不奉献出来。赵王送璧之前斋戒了五天，现在大王也应斋戒五天，在殿堂上安排九宾大典，我才敢献上宝璧。”秦王估量此事，到底无法强夺，于是就答应斋戒五天，请相如住在广成宾馆。相如猜测秦王虽然答应斋戒，但必定背约不给城邑，便派随从穿上粗麻布衣服，怀中藏好宝璧，从小路逃出，把宝璧送回赵国。

※ 原文

秦王斋五日后，乃设九宾礼于廷，引赵使者蔺相如。相如至，谓秦王曰：“秦自缪公以来二十余君，未尝有坚明约束者也。臣诚恐见欺于王而负赵，故令人持璧归，间至赵矣。且秦强而赵弱，大王遣一介之使至赵，赵立奉璧来。今以秦之强而先割十五都予赵，赵岂敢留璧而得罪于大王乎？臣知欺大王之罪当诛，臣请就汤镬，唯大王与群臣孰计议之。”秦王与群臣相视而嘻。左右或欲引相如去，秦王因曰：“今杀相如，终不能得璧也，而绝秦赵之欢，不如因而厚遇之，使归赵，赵王岂以一璧之故欺秦邪！”卒廷见相如，毕礼而归之。

相如既归，赵王以为贤大夫使不辱于诸侯，拜相如为上大夫。秦亦不以城予赵，赵亦终不予秦璧。

其后秦伐赵，拔石城。明年，复攻赵，杀二万人。

秦王使使者告赵王，欲与王为好会于西河外渑池。赵王畏秦，欲毋行。廉颇、蔺相如计曰：“王不行，示赵弱且怯也。”赵王遂行，相如从。廉颇送至境，与王诀曰：“王行，度道里会遇之礼毕，还，不过三十日。三十日不还，则请立太子为王。以绝秦望。”王许之，遂与秦王会渑池。秦王饮酒酣，曰：“寡人窃闻赵王好音，请奏瑟。”赵王鼓瑟。秦御史前书曰：“某年月日，秦王与赵王会饮，令赵王鼓瑟。”蔺相如前曰：“赵王窃闻秦王善为秦声，请奏盆缻秦王，以相娱乐。”秦王怒，不许。于是相如前进缻，因跪请秦王。秦王不肯击缻。相如曰：“五步之内，相如请得以颈血溅大王矣！”左右欲刃相如，相如张目叱之，左右皆靡。于是秦王不怿，为一击缻。相如顾召赵御史书曰：“某年月日，秦王为赵王击缻。”秦之群臣曰：“请以赵十五城为秦王寿。”蔺相如亦曰：“请以秦之咸阳为赵王寿。”秦王竟酒，终不能加胜于赵。赵亦盛设兵以待秦，秦不敢动。

※ 译文

秦王斋戒五天后，就在殿堂上安排了九宾大典，去请赵国使者蔺相如。相如来后，对秦王说："秦国从穆公以来的二十几位君主，一个都不坚守盟约。我实在是怕被大王欺骗而有负于赵王，因此已派人带着宝璧回去，现在抄小路已到赵国了。况且秦强赵弱，大王派一位使臣到赵国，赵国立即就会把宝璧送来。现在凭您秦国的强大，先把十五座城邑割让给赵国，赵国怎敢留下宝璧而得罪您呢？我知道欺骗大王之罪应被杀，我情愿下油锅被烹，只希望大王和各位大臣慎重考虑此事。"秦王和群臣面面相觑并有惊怪之声。侍从有人准备把相如拉下，秦王趁机说："现今杀了相如，也还是得不到宝璧，反而破坏了秦赵两国的交情，不如趁此款待他，放他回赵国，赵王难道会为了一块璧玉的缘故而欺骗秦国吗？"最终还是在殿堂上接见相如，完成了大礼让他回国。

相如回国后，赵王认为他是一位称职的大夫，身为使臣而不受诸侯的欺辱，于是就封其为上大夫。秦国没给赵国城邑，赵国也始终没给秦国宝璧。

此后秦国攻打赵国，夺取了石城。第二年，秦国再次攻赵，杀死两万人。

秦王遣使者通告赵王，想在西河外的渑池与赵王进行一次友好的会见。赵王害怕秦国，不想去。廉颇和蔺相如商议说："若大王不去，就显得赵国既软弱又胆小。"赵王于是去赴会，相如随行。廉颇送到边境，和赵王诀别说："大王此行，估计路程和会见礼仪结束，再加上返回的时间，不会超过三十天。若三十天还没回来，就请允许我们立太子为王，以断绝秦国的妄想。"赵王同意，便去渑池与秦王会见。秦王饮到酒兴正浓时，说："寡人私下里听说赵王爱好音乐，请您弹瑟吧！"于是赵王就弹起瑟来。秦国的史官上前来写道："某年某月某日，秦王与赵王一起饮酒，令赵王弹瑟。"蔺相如上前道："赵王私下里听说秦王擅长秦乐，请让我为秦王捧上盆缻，以便共同娱乐。"秦王发怒，不答应。这时相如向前递上瓦缻，并跪下请求秦王演奏。秦王不肯，相如便说："五步之内，我要把脖颈里的血溅在大王身上了！"侍从们想杀相如，相如圆睁双眼大喝一声，侍从们都吓退了。当时秦王不大高兴，可也只好敲了一下缻。于是相如便回头招呼赵国史官写道："某年某月某日，秦王为赵王敲缶。"秦国群臣说："请你们用赵国的十五座城献礼给秦王。"蔺相如也说："请你们用秦国的咸阳献礼给赵王。"秦王直到酒宴结束，始终也没能把赵国压倒。赵国原来也部署了大批军队以防备秦国，因而秦国也不敢轻举妄动。

※ 原文

既罢归国，以相如功大，拜为上卿，位在廉颇之右。廉颇曰："我为赵将，有攻城野战之大功，而蔺相如徒以口舌为劳，而位居我上，且相如素贱人，吾羞，不忍为之下。”宣言曰：“我见相如，必辱之。”相如闻，不肯与会。相如每朝时，常称病，不欲与廉颇争列。已而相如出，望见廉颇，相如引车避匿。于是舍人相与谏曰：“臣所以去亲戚而事君者，徒慕君之高义也。今君与廉颇同列，廉君宣恶言而君畏匿之，恐惧殊甚，且庸人尚羞之，况于将相乎！臣等不肖，请辞去。”蔺相如固止之，曰：“公之视廉将军孰与秦王？”曰：“不若也。”相如曰：“夫以秦王之威，而相如廷叱之，辱其群臣，相如虽驽，独畏廉将军哉？顾吾念之，强秦之所以不敢加兵于赵者，徒以吾两人在也。今两虎共斗，其势不俱生。吾所以为此者，以先国家之急而后私仇也。”廉颇闻之，肉袒负荆，因宾客至蔺相如门谢罪。曰：“鄙贱之人，不知将军宽之至此也。”卒相与欢，为刎颈之交。

是岁，廉颇东攻齐，破其一军。居二年，廉颇复伐齐几，拔之。后三年，廉颇攻魏之防陵、安阳，拔之。后四年，蔺相如将而攻齐，至平邑而罢。其明年，赵奢破秦军阏与下。

※ 译文

渑池之会结束后，相如因功劳大而被封为上卿，位于廉颇之上。廉颇说：“我是赵国将军，有攻城野战的大功，而蔺相如只不过是靠能说会道立了点功，可他的地位却在我之上，况且他原本就是卑贱之人，我感到羞耻，在其之下我难以忍受。”并且扬言：“我若遇见相如，必定要羞辱他一番。”相如听说后便不肯和他相会。每到上朝时，相如就常推病而不愿和廉颇去争位次的先后。不久，相如外出，远远看到廉颇，就掉转车子回避。于是相如的门客就一起来直言进谏道：“我们之所以离开亲人来侍奉您，就是仰慕您高尚的节义呀。现在您与廉颇官位相同，他口出恶言，而您却害怕躲避，您怕得也太厉害了，平庸之人尚且感到羞耻，更何况是身为将相之人呢！我们这些人没出息，请让我们走吧！”蔺相如坚决地挽留他们，说：“诸位认为廉将军和秦王相比，谁更厉害？”回答说：“廉将军没秦王厉害。”相如说：“以秦王的威势，我都敢在朝廷上呵斥他，羞辱他的群臣，我虽无能，难道会怕廉将军吗？可是我想，强秦之所以不敢对赵国用兵，就是因为有我二人在呀，如今两虎相斗，势必无法共存。我之所以这样忍让，就是为了要把国家的急难摆在前面，而把个人的私怨放在后面啊。”廉颇听说后，就脱去上衣，露出上身，背着荆条，由宾客带引，来到蔺相如的门前请罪。他说：“我是个粗野卑贱之人，想不到将军您却如此宽厚！”二人终于相互交欢和好，成为生死之交。

这一年，廉颇向东进攻齐国，打败了它的一支军队。两年后，廉颇又攻打齐国的几个城邑，将其攻占。此后三年，廉颇进攻魏国的防陵、安阳，也都攻克了。再过四年，蔺相如领兵攻齐，打到平邑就收兵了。第二年，赵奢在阏与城下大败秦军。

※ 原文

赵奢者，赵之田部吏也。收租税，而平原君家不肯出租，奢以法治之，杀平原君用事者九人。平原君怒，将杀奢。奢因说曰："君于赵为贵公子，今纵君家而不奉公则法削，法削则国弱，国弱则诸侯加兵，诸侯加兵是无赵也，君安得有此富乎？以君之贵，奉公如法则上下平，上下平则国强，国强则赵固，而君为贵戚，岂轻于天下邪？"平原君以为贤，言之于王。王用之治国赋，国赋大平，民富而府库实。

秦伐韩，军于阏与。王召廉颇而问曰："可救不？"对曰："道远险狭，难救。"又召乐乘而问焉，乐乘对如廉颇言。又召问赵奢，奢对曰："其道远险狭，譬之犹两鼠斗于穴中，将勇者胜。"王乃令赵奢将，救之。

兵去邯郸三十里，而令军中曰："有以军事谏者死。"秦军军武安西，秦军鼓噪勒兵，武安屋瓦尽振。军中候有一人言急救武安，赵奢立斩之。坚壁，留二十八日不行，复益增垒。秦间来入，赵奢善食而遣之。间以报秦将，秦将大喜曰："夫去国三十里而军不行，乃增垒，阏与非赵地也。"赵奢既已遣秦间，乃卷甲而趋之，二日一夜至，令善射者去阏与五十里而军。军垒成，秦人闻之，悉甲而至。军士许历请以军事谏，赵奢曰："内之。"许历曰："秦人不意赵师至此，其来气盛，将军必厚集其阵以待之。不然，必败。"赵奢曰："请受令。"许历曰："请就鈇质之诛。"赵奢曰："胥后令邯郸。"许历复请谏，曰："先据北山上者胜，后至者败。"赵奢许诺，即发万人趋之。秦兵后至，争山不得上，赵奢纵兵击之，大破秦军。秦军解而走，遂解阏与之围而归。

赵惠文王赐奢号为马服君，以许历为国尉。赵奢于是与廉颇、蔺相如同位。

※ 译文

赵奢，本是赵国征收田租的官吏。在收租税的时候，平原君家不肯缴纳，赵奢便依法处治，把平原君家九个当权管事的人杀了。平原君大怒，要杀死赵奢。赵奢便趁机劝说道："您在赵国是贵公子，现在若纵容您家而不遵奉公家的法令，就会使法令削弱，法令一旦削弱就会使国家衰弱，国家一旦衰弱诸侯就要出兵侵犯，诸侯一旦出兵侵犯赵国就会灭亡，那么您还怎能保有这些财富呢？以您的地位和尊贵，能奉公守法就能使国家上下公平，上下公平就能使国家强盛，国家强盛了赵氏的政权就会稳固，而您身为赵国贵戚，难道还会被天下人轻视吗？"平原君认为他很有才干，便把他推荐给赵王。赵王让他掌管全国的赋税，全国赋税就非常公平合理，民众富足，国库充实。

秦国进攻韩国，军队在阏与驻扎。赵王召见廉颇问道："可以去援救吗？"回答说："路远，且艰险狭窄，很难援救。"又召见乐乘问此事，乐乘的回答和廉颇一样。又召见赵奢来问，赵奢说："道远地险路狭，就好比两只老鼠在洞里争斗，勇猛者胜。"赵王便派赵奢领兵，去救援阏与。

军队离开邯郸三十里，赵奢就在军中下令说："有谁来为军事进谏的处死刑。"秦军在武安西边驻扎，秦军击鼓呐喊的练兵之声，把武安城中的屋瓦都震动了。赵军中的一个侦察人员请求火速支援武安，赵奢立即将其斩首。赵军坚守营垒，停留二十八天不前进，反而又加筑营垒。秦军间谍潜入赵军营地，赵奢用饮食款待他而后又把他遣送回去。间谍把情报告给秦军将领，秦将大喜，说："离开国都三十里军队就不前进了，而且还增修营垒，阏与不会属于赵国了。"赵奢遣送秦军间谍后，就命士兵卸下铁甲，快速向阏与进发。两天一夜就抵达前线，下令善射的骑兵在离阏与五十里扎营。军营筑成后，秦军得知此情况，便立即全军赶来。一个叫许历的军士请求就军事提出建议，赵奢说："让他进来。"许历说："秦人本没想到赵军会来到这里，如今他们赶来对敌，士气很盛，将军一定要集中兵力严阵以待。否则必定要失败。"赵奢说："请让我接受您的指教。"许历说："我请求接受死刑。"赵奢说："那就等日后邯郸来的命令吧。"许历请求再提个建议，说："谁先占据北面山头谁就能得胜，否则就会失败。"赵奢同意，立即派出一万人迅速奔上北面山头。秦兵后到，与赵军争夺北山但始终攻不上去，赵奢指挥士兵猛攻，大败秦军。秦军四处逃散，于是阏与的包围被解除，赵军回国。

赵惠文王赐给赵奢的封号为马服君，并任许历为国尉。赵奢于是与廉颇、蔺相如职位相同。

※ 原文

后四年，赵惠文王卒，子孝成王立。七年，秦与赵兵相距长平，时赵奢已死，而蔺相如病笃，赵使廉颇将攻秦，秦数败赵军，赵军固壁不战。秦数挑战，廉颇不肯。赵王信秦之间。秦之间言曰："秦之所恶，独畏马服君赵奢之子赵括为将耳。"赵王因以括为将，代廉颇。蔺相如曰："王以名使括，若胶柱而鼓瑟耳。括徒能读其父书传，不知合变也。"赵王不听，遂将之。

赵括自少时学兵法，言兵事，以天下莫能当。尝与其父奢言兵事，奢不能难，然不谓善。括母问奢其故，奢曰："兵，死地也，而括易言之。使赵不将括即已，若必将之，破赵军者必括也。"及括将行，其母上书言于王曰："括不可使将。"王曰："何以？"对曰："始妾事其父，时为将，身所奉饭饮而进食者以十数，所友者以百数，大王及宗室所赏赐者尽以予军吏士大夫，受命之日，不问家事。今括一旦为将，东向而朝，军吏无敢仰视之者，王所赐金帛，归藏于家，而日视便利田宅可买者买之。王以为何如其父？父子异心，愿王勿遣。"王曰："母置之，吾已决矣。"括母因曰：

“王终遣之，即有如不称，妾得无随坐乎？”王许诺。

赵括既代廉颇，悉更约束，易置军吏。秦将白起闻之，纵奇兵，佯败走，而绝其粮道，分断其军为二，士卒离心。四十余日，军饿，赵括出锐卒自博战，秦军射杀赵括。括军败，数十万之众遂降秦，秦悉坑之。赵前后所亡凡四十五万。明年，秦兵遂围邯郸，岁余，几不得脱。赖楚、魏诸侯来救，乃得解邯郸之围。赵王亦以括母先言，竟不诛也。

自邯郸围解五年，而燕用栗腹之谋，曰：“赵壮者尽于长平，其孤未壮。”举兵击赵。赵使廉颇将，击，大破燕军于鄗，杀栗腹，遂围燕。燕割五城请和，乃听之。赵以尉文封廉颇为信平君，为假相国。

※ 译文

四年后，赵惠文王去世，太子孝成王即位。孝成王七年，秦军与赵军在长平对阵，那时赵奢已去世，蔺相如也已病重，赵王便派廉颇率兵攻打秦军，秦军几次把赵军打败，赵军坚守营垒不出战。秦军一再挑战，廉颇始终置之不理。赵王听信秦军间谍散布的谣言。秦军间谍说：“秦军所厌恶忌讳的就是让马服君赵奢的儿子赵括做将军。”赵王于是就任赵括为将军，取代了廉颇。蔺相如说：“大王只凭借名声来任用赵括，就好像用胶把调弦的柱粘死再去弹瑟那样不懂得变通。赵括只会读其父留下的书，不会灵活应变。”赵王不听，仍然命赵括为将。

赵括从小就学习兵法，谈论军事，以为天下无人能超得过他。他曾与父亲赵奢谈论用兵之事，赵奢也难不倒他，可是并不称赞他。赵括的母亲问赵奢为什么，赵奢说：“用兵打仗是关乎生死的事情，可他却把这事说得很容易。若赵国不用赵括为将也就罢了，一旦让他为将，则令赵军失败的必定就是他了。”等赵括即将起程的时候，他母亲上书给赵王说：“不能让赵括做将军。”赵王说：“为什么？”答道：“当初我侍奉他父亲，那时他是将军，由他亲自捧着饮食侍候吃喝的人数以十计，被他当作朋友看待的人数以百计，大王和王族们赏赐的东西也全都分给军吏和僚属，从接受命令的那天起，就不再过问家事了。如今赵括一下子做了将军，就面向东接受朝见，军吏中无人敢抬头看他，大王赏赐的金帛，他都带回家收藏起来，还天天访查便宜合适的田地房产，能买的就买下来。大王认为他何处像他父亲？父子二人心地不同，请大王别让他领兵。”赵王说：“您就别管此事了，我已经决定了。”赵括的母亲接着说：“您若真要派他领兵，则若他有不称职的情况，我可以不受株连吗？”赵王答应了。

赵括代替廉颇后，把原有的规章制度全都改了，也撤换了原来的军吏。秦将白起听说后便调遣奇兵，假装败逃，又去把赵军运粮的道路截断，将赵军分割成两半，赵军士卒离心。四十多天后，赵军饥饿，赵括出动精兵亲自与秦军搏斗，结果被秦军射死。赵括军队战败，几十万大军于是投降秦军，秦军将其全部活埋。赵国前后共损失四十五万人。第二年，秦军就把邯郸包围，有一年多，赵国几乎不能保全，全靠楚国和魏国军队来援救，才得以解除邯郸之围。赵王也因赵括的母亲有言在先，最终没有株连她。

邯郸解围之后五年，燕国采纳栗腹的计谋，说是“赵国的壮丁都死在长平了，他们的遗孤还没有成人”，燕王便发兵攻赵。赵王派廉颇领兵反击，大败燕军于鄗城，并把栗腹杀死，于是把燕国都城包围。燕国割让五座城请求讲和，赵王才答应停战。赵王把尉文封给廉颇，封号是信平君，由他任代理相国。

※ 原文

廉颇之免长平归也，失势之时，故客尽去。及复用为将，客又复至。廉颇曰：“客退矣！”客曰：“吁！君何见之晚也？夫天下以市道交，君有势，我则从君，君无势则去，此固其理也，有何怨乎？”居六年，赵使廉颇伐魏之繁阳，拔之。

赵孝成王卒，子悼襄王立，使乐乘代廉颇。廉颇怒，攻乐乘，乐乘走。廉颇遂奔魏之大梁。其明年，赵乃以李牧为将而攻燕，拔武遂、方城。

廉颇居梁久之，魏不能信用。赵以数困于秦兵，赵王思复得廉颇，廉颇亦思复用于赵。赵王使使者视廉颇尚可用否。廉颇之仇郭开多与使者金，令毁之。赵使者既见廉颇，廉颇为之一饭斗米，肉十斤，被甲上马，以示尚可用。赵使还报王曰：“廉将军虽老，尚善饭，然与臣坐，顷之三遗矢矣。”赵王以为老，遂不召。

楚闻廉颇在魏，阴使人迎之。廉颇一为楚将，无功，曰：“我思用赵人。”廉颇卒死于寿春。

李牧者，赵之北边良将也。常居代、雁门，备匈奴。以便宜置吏，市租皆输入莫府，为士卒费。日击数牛飨士，习射骑，谨烽火，多间谍，厚遇战士。为约曰：“匈奴即入盗，急入收保，有敢捕虏者斩。”匈奴每入，烽火谨，辄入收保，不敢战。如是数岁，亦不亡失。然匈奴以李牧为怯，虽赵边兵亦以为吾将怯。赵王让李牧，李牧如故。赵王怒，召之，使他人代将。

岁余，匈奴每来，出战。出战，数不利，失亡多，边不得田畜。复请李牧。牧杜门不出，固称疾。赵王乃复强起使将兵。牧曰：“王必用臣，臣如前，乃敢奉令。”王许之。

※ 译文

廉颇在长平被免职回家，失掉权势的时候，以前的门客都离开他了。等到又被任用为将军，门客们又都回来了。廉颇说：“先生们都请回吧！”门客们说：“唉！

您的见解怎么如此落后呢？天下之人都是按市场交易的方法进行结交，您有权势，我们就跟您，您没有权势了，我们就离开，这原本是很普通的道理啊，有什么可抱怨的呢？”又过了六年，赵国派廉颇进攻魏国的繁阳，将其攻克。

赵孝成王去世，太子悼襄王即位，派乐乘接替廉颇。廉颇大怒，攻打乐乘，乐乘逃跑了。廉颇于是也逃到魏国的大梁。第二年，赵国便以李牧为将攻伐燕国，攻下了武遂和方城。

廉颇在大梁住久了，魏国对他不能信任重用。赵国因屡次被秦兵围困，赵王就想重新任廉颇为将，廉颇也想再被赵国任用。赵王派使臣去探望廉颇，看他还能否被任用。廉颇的仇人郭开用重金贿赂使者，让他回来后说廉颇的坏话。赵国使臣见到廉颇后，廉颇当着他的面一顿饭吃了一斗米、十斤肉，还披上铁甲上马，以示自己还可被任用。赵国使者回去报告赵王说：“廉将军虽老，但饭量还很不错，不过陪我坐着时，一会儿就大便三次。”赵王认为廉颇老了，就不再把他召回了。

楚国听说廉颇在魏国，便暗中派人去迎接他。廉颇虽做了楚国的将军，但并无战功，他说：“我想指挥赵国的士兵啊。”廉颇最终在寿春去世。

李牧是赵国北部边境的良将。长期驻守代地雁门郡，防备匈奴。他根据需要设置官吏的权力，防地内城市的租税都送入李牧的幕府，作为军队的经费。他每天宰杀几头牛犒赏士兵，还教士兵练习射箭骑马，谨慎看守烽火台，多派侦察敌情的人员，优待战士。他订出规章说：“若匈奴入侵，则要赶快收拢人马退入营垒固守，有胆敢去捕捉敌人的就被斩首。”匈奴每次入侵，烽火传来警报，就立即收拢人马退入营垒固守，不敢出战。就这样过了好几年，人马物资也无损失。可是匈奴却认为李牧胆小，甚至赵国守边的官兵也认为自己的主将胆小怯战。赵王责备李牧，李牧却依然如故。赵王发怒，把他召回后令派别人代他领兵。

此后一年多时间，匈奴每次来侵犯，就出兵交战。出兵交战，屡次失利，损失伤亡很多，边境上也无法耕田、放牧。赵王只好再请李牧出任。李牧却闭门不出，坚持说有病在身。赵王就一再强使李牧出来，让他领兵。李牧说：“大王果真要用我，还得让我像以前那样做才敢奉命。”赵王答应了。

※ 原文

李牧至，如故约。匈奴数岁无所得。终以为怯。边士日得赏赐而不用，皆愿一战。于是乃具选车得千三百乘，选骑得万三千匹，百金之士五万人，彀者十万人，悉勒习战。大纵畜牧，人民满野。匈奴小入，佯北不胜，以数千人委之。单于闻之，大率众来入。李牧多为奇陈，张左右翼击之，大破杀匈奴十余万骑。灭襜褴，破东胡，降林胡，单于奔走。其后十余岁，匈奴不敢近赵边城。

赵悼襄王元年，廉颇既亡入魏，赵使李牧攻燕，拔武遂、方城。居二年，庞煖破燕军，杀剧辛。后七年，秦破杀赵将扈辄于武遂，斩首十万。赵乃以李牧为大将军，击秦军于宜安，大破秦军，走秦将桓齮。封李牧为武安君。居三年，秦攻番吾，李牧击破秦军，南距韩、魏。

赵王迁七年，秦使王翦攻赵，赵使李牧、司马尚御之。秦多与赵王宠臣郭开金，为反间，言李牧、司马尚欲反。赵王乃使赵葱及齐将颜聚代李牧。李牧不受命，赵使人微捕得李牧，斩之。废司马尚。后三月，王翦因急击赵，大破杀赵葱，虏赵王迁及其将颜聚，遂灭赵。

太史公曰：知死必勇，非死者难也，处死者难。方蔺相如引璧睨柱，及叱秦王左右，势不过诛，然士或怯懦而不敢发。相如一奋其气，威信敌国，退而让颇，名重太山，其处智勇，可谓兼之矣！

※ 译文

李牧来到边境，还依照原来的章程行事。匈奴好几年都一无所获，但还始终认为李牧胆怯。边境官兵每天得到赏赐却无用武之地，都愿意打一仗。于是李牧就准备了精选的一千三百辆战车和一万三千匹战马，还有敢于冲锋陷阵的五万勇士，善射的十万士兵，全部组织起来训练作战。同时让大批牲畜到处放牧，放牧的人民遍布山野。匈奴小股人马入侵，李牧就装作失败，故意丢弃几千人给匈奴。单于听说后就率大批人马入侵。李牧布下许多奇兵，张开左右两翼包抄反击敌军，大败匈奴，杀死了十多万人马。李牧灭了襜褴，打败了东胡，收降了林胡，单于逃跑。此后十多年，匈奴不敢接近赵国边境城镇。

赵悼襄王元年，廉颇已逃到魏国之后，赵国派李牧进攻燕国，攻克了武遂和方城。过了两年，庞煖打败燕军，杀死了剧辛。又过了七年，秦军在武遂打败并杀死了赵将扈辄，十万赵军被斩杀。赵国便任李牧为大将军，在宜安进攻秦军，大败秦军，秦将桓被赶走。李牧被封为武安君。又过三年，秦军进攻番吾，李牧击败秦军，又向南抵御韩国和魏国。

赵王迁七年，秦国派王翦攻打赵国，赵国派李牧和司马尚抵御秦军。秦国向赵王的宠臣郭开贿赂很多金钱，让他施行反间计，造谣说李牧和司马尚要谋反。赵王便让赵葱和齐国将军颜聚接替李牧，李牧不接受命令。赵王便暗中派人乘其不备将李牧逮捕后杀了，并撤了司马尚的官职。三个月后，王翦趁机猛攻赵国，赵军大败，赵葱被杀，赵王迁和他的将军颜聚被俘虏，赵国灭亡。

太史公说：知道即将面临死难而不害怕，必定很有勇气；死并不是什么难事，怎样对待这个死才难。当蔺相如手举宝璧斜视庭柱，以及呵斥秦王侍从之时，就面前形势而言，最多不过是被杀，然而一般士人却往往因胆小懦弱而不敢如此表现。相如一旦振奋起他的勇气，其威力就彰显出来，将敌国压倒。后来却又对廉颇谦逊退让，其声誉重于泰山，他处事中表现的智慧和勇气，可以说是兼而有之啊！

※ 评析

“完璧归赵”“渑池之会”“负荆请罪”“将相和”的故事流传至今。蔺相如的品质和才干不得不让人佩服，面对强敌他毫不畏惧退缩，用勇气和智慧维护了君主和国家的尊严。为了大局，蔺相如不争一己私利，宁愿自己受点委屈也不想跟廉颇产生正面冲突，导致将相不和，他深知“和”为“兴万事”的基础，正是他这种身系国家安危的行为感动了他人，包括一直对其耿耿于怀的廉颇。廉颇也是个心系国家大局的人，当他意识到自己的过失后便立即负荆请罪，致使赵国很长一段时间都无入侵者。然而，他们两个还是没能遇上明主。赵王听信谗言，废弃忠良，直到最后李牧被杀，赵王终于昏庸愚蠢到自毁长城，致使国破家亡。历史已经走到今天，“廉颇老矣，尚能饭否？”这句话依然可以表达出多少仁人志士由于种种外界因素而没有机会施展自身的才华的遗憾啊！

田单列传第二十二

※ 原文

田单者，齐诸田疏属也。湣王时，单为临菑市掾，不见知。及燕使乐毅伐破齐，齐湣王出奔，已而保莒城。燕师长驱平齐，而田单走安平，令其宗人尽断其车轴末而傅铁笼。已而燕军攻安平，城坏，齐人走，争涂，以辖折车败，为燕所虏，唯田单宗人以铁笼故得脱，东保即墨。燕既尽降齐城，唯独莒、即墨不下。燕军闻齐王在莒，并兵攻之。淖齿既杀湣王于莒，因坚守，距燕军，数年不下。燕引兵东围即墨，即墨大夫出与战，败死。城中相与推田单，曰：“安平之战，田单宗人以铁笼得全，习兵。”立以为将军，以即墨距燕。

顷之，燕昭王卒，惠王立，与乐毅有隙。田单闻之，乃纵反间于燕，宣言曰：“齐王已死，城之不拔者二耳。乐毅畏诛而不敢归，以伐齐为名，实欲连兵南面而王齐。齐人未附，故且缓攻即墨以待其事。齐人所惧，唯恐他将之来，即墨残矣。”燕王以为然，使骑劫代乐毅。

乐毅因归赵，燕人士卒忿。而田单乃令城中人食必祭其先祖于庭，飞鸟悉翔舞城中下食。燕人怪之。田单因宣言曰："神来下教我。"乃令城中人曰："当有神人为我师。"有一卒曰："臣可以为师乎？"因反走。田单乃起，引还，东乡坐，师事之。卒曰："臣欺君，诚无能也。"田单曰："子勿言也！"因师之。每出约束，必称神师。乃宣言曰："吾唯惧燕军之劓所得齐卒，置之前行，与我战，即墨败矣。"

※ 译文

田单是齐国田氏王族的远房本家。齐湣王时，他任首都临淄佐理市政的小官，并不被齐王重用。后来，到燕国派遣大将乐毅攻破齐国时，齐湣王被迫从都城逃跑，不久又退守莒城。就在燕国军队长驱直入征讨齐国时，田单也逃离都城到了安平，让同族人把车轴两端的突出部位全部锯下，安上铁箍。不久，燕军进攻安平，城池被攻破，齐国人争路逃亡，都因被撞得轴断车坏而沦为燕军的俘虏。只有田单与族人因用铁箍包住了车轴而得以逃脱，向东退守即墨。这时，燕军已将齐国大小城池全部收服，只有莒城和即墨两城未被攻下。燕军听说齐湣王在莒城，就调集军队全力进攻。大臣淖齿就把齐湣王杀死了，坚守城池抗击燕军，燕军几年都未攻破该城。不得已，燕将带兵东行来围攻即墨。即墨的守城官员出城与燕军交战，结果战败被杀。即墨城中军民都推举田单做首领，说："安平那一仗，田单与族人因用铁箍包住车轴才得以安然脱险，可见其很会用兵。"于是大家就拥立田单为将军，坚守即墨，抗击燕军。

不久，燕昭王去世，燕惠王即位，他和乐毅有些不和。田单得知此消息后，就派人到燕国去行反间计，扬言："齐湣王已被杀死，没被攻克的齐国城池只不过还剩两座而已。乐毅担心被杀而不敢回国，他以讨伐齐国为名，实际上是想同齐国联合，在齐国称王。齐国人心尚未归附，所以暂且拖延时间，慢慢进攻即墨，以待时机成熟后再称王。齐国人担心的是，一旦其他将领来带兵，则即墨城就必破无疑了。"燕惠王当真了，就派大将骑劫去代替乐毅。

乐毅被免职后直接逃到赵国，燕军官兵都为此愤愤不平。田单又命城中军民在吃饭之前都要祭祀祖先，使众多的飞鸟因争食祭祀的食物而盘旋飞舞在城上。城外的燕军看了，感到很奇怪。田单又扬言说："这是神仙要下界指导我们克敌制胜。"又对城里人说："一定会有神人来做我的老师来指导我的。"有一个士兵说："我能做您的老师吗？"然后就扬长而去。田单忙站起把他拉过来，请他坐在面向东的上座，用侍奉老师的礼节来侍奉他。那个士兵说："我骗您了，我没有一点本事。"田单说："请您什么都不要再说了。"然后就奉他为师。每次发号施令，必称是神师的主意。他又扬言说："我最担心燕军把俘虏的齐国士兵割去鼻子，放在队伍的前列，再与我们交战，那样即墨就被攻克无疑了。"

※ 原文

燕人闻之，如其言。城中人见齐诸降者尽劓，皆怒，坚守，唯恐见得。单又纵反间曰：“吾惧燕人掘吾城外冢墓，僇先人，可为寒心。”燕军尽掘垄墓，烧死人。即墨人从城上望见，皆涕泣，俱欲出战，怒自十倍。

田单知士卒之可用，乃身操版插，与士卒分功，妻妾编于行伍之间，尽散饮食飨士。令甲卒皆伏，使老弱女子乘城，遣使约降于燕，燕军皆呼万岁。田单又收民金，得千镒，令即墨富豪遗燕将，曰：“即墨即降，愿无虏掠吾族家妻妾，令安堵。”燕将大喜，许之。燕军由此益懈。

田单乃收城中得千余牛，为绛缯衣，画以五彩龙文，束兵刃于其角，而灌脂束苇于尾，烧其端。凿城数十穴，夜纵牛，壮士五千人随其后。牛尾热，怒而奔燕军，燕军夜大惊。牛尾炬火光明炫耀，燕军视之皆龙文，所触尽死伤。五千人因衔枚击之，而城中鼓噪从之，老弱皆击铜器为声，声动天地。燕军大骇，败走。齐人遂夷杀其将骑劫。燕军扰乱奔走，齐人追亡逐北，所过城邑皆畔燕而归田单，兵日益多，乘胜，燕日败亡，卒至河上，而齐七十余城皆复为齐。乃迎襄王于莒，入临菑而听政。

襄王封田单，号曰安平君。

※ 译文

燕军听说后，就照此施行。城里的人看到齐国众多降兵都被割去了鼻子，个个义愤填膺，拼力坚守城池，唯恐被敌人捉住。田单又派人施反间计说：“我很担心燕国人把我们城外的祖坟挖了，侮辱了我们的祖先，这可实在是让人寒心的事。”燕军听说后，又把齐国人的坟墓全都挖出，并把死尸焚烧殆尽。即墨人从城上看到这个情景，个个痛哭流涕，纷纷请求出城拼杀，愤怒的情绪增长十倍。

田单知道此时是出战的好时机，于是就亲自拿着夹板铲锹，同士兵们一起修筑工事，并把自己的妻子姬妾都编在队伍之中，还拿出全部食物来犒劳士卒。命令装备整齐的精锐部队埋伏起来，让老弱妇女上城防守，又派使者去与燕军约定投降事宜，燕军官兵高呼万岁。田单又把民间的黄金收集起来，共得一千镒，让即墨城里有钱有势的人去给燕军送去，请求说：“即墨即将投降，请你们进城后，不要掳掠我们的妻子姬妾，使我们可以平安地生活。”燕军将领非常高兴，满口答应。燕军于是更加松懈。

田单于是从城里收集了一千多头牛，为它们披上大红绸绢制成的被服，上面画有五颜六色的蛟龙图案，把锋利的刀子绑在它们的角上，把渍满油脂的芦苇绑在牛尾上，然后点燃牛尾末端。又把城墙凿开几十个洞穴，趁夜把牛从洞穴中赶出，派五千精壮士兵跟在火牛之后。因尾巴被烧得发热，火牛都狂怒地直奔燕军，这一切都在夜间突然发生，燕军惊慌失措。牛尾上的火把夜空照得通明如昼，燕军看到它们全是龙纹，所触及的人非死即伤。五千壮士随后又悄然无声地杀来，而城里的人趁机擂鼓呐喊，在后面紧紧跟随，甚至老弱妇孺都手持铜器敲得震天响，同城外的呐喊声汇合成惊天动地的声浪。燕军害怕极了，大败而逃。齐国人在乱军之中把燕国的主将骑劫杀死了。燕军纷乱，溃散逃命，齐军紧追击溃逃的敌军，所到城镇纷纷背叛燕军，归顺田单。田单的兵力也与日俱增，乘胜追击。燕军仓皇而逃，战斗力日渐减弱，一直退到了黄河边，原来齐国的七十多座城池又都被收复。于是田单去莒城迎接齐襄王，襄王也就回到都城临淄来处理政务。

齐襄王封赏田单，赐爵号为安平君。

※ 原文

太史公曰：兵以正合，以奇胜。善之者，出奇无穷。奇正还相生，如环之无端。夫始如处女，适人开户；后如脱兔，适不及距，其田单之谓邪！

初，淖齿之杀湣王也，莒人求湣王子法章，得之太史嫩之家，为人灌园。嫩女怜而善遇之。后法章私以情告女，女遂与通。及莒人共立法章为齐王，以莒距燕，而太史氏女遂为后，所谓“君王后”也。

燕之初入齐，闻画邑人王蠋贤，令军中曰“环画邑三十里无入！”以王蠋之故。已而使人谓蠋曰：“齐人多高子之义，吾以子为将，封子万家。”蠋固谢。燕人曰：“子不听，吾引三军而屠画邑。”王蠋曰：“忠臣不事二君，贞女不更二夫。齐王不听吾谏，故退而耕于野。国既破亡，吾不能存；今又劫之以兵为君将，是助桀为暴也。与其生而无义，固不如烹！”遂经其颈于树枝，自奋绝脰而死。齐亡大夫闻之，曰：“王蠋，布衣也，义不北面于燕，况在位食禄者乎！”乃相聚如莒，求诸子，立为襄王。

※ 译文

太史公说：用兵作战要一面同敌人正面交锋，一面出奇制胜。善于用兵的人，总是能够奇兵迭出且变化无穷。正面的交锋和背侧的奇袭都要起作用，这两种战术的相互转化，就好像圆环没有起止一般，让人捉摸不定。用兵之初要像处女那样沉静、柔弱，诱惑敌人大敞门户而毫不戒备；然后在时机到来时，要像逃跑的兔子一样快速敏捷，让敌人来不及防御。田单用兵就是这样吧！

当初，在淖齿把齐湣王杀死之时，莒城人访求齐湣王的儿子法章，在太史嫩的家里将其找到，他正在替人家种地浇田。太史嫩的女儿喜欢他并对他很好。后来法章就把自己的情况对她说了，她就与法章私通。到莒城人共同拥立法章为齐王以莒城抗击燕军时，太史嫩的女儿便被立为王后，这就是人们所说的“君王后”。

燕军在初攻入齐国之时，听说画邑人王蠋有才有德，就命令军队道：“不许进入画邑方圆三十里之内！”这是由于王蠋是画邑人的缘故。不久，燕国又派人对王蠋说：“齐国有许多人都称颂您的品德高尚，我要任用您为将军，还封赏给您食邑万户。”王蠋坚决辞而不受。燕国人说：“您要是不肯接受，我就要带兵把画邑屠平！”王蠋说：“尽忠的臣子不能侍奉两个君主，贞烈的女子不能再嫁第二个丈夫。齐王不听我的劝谏，因此我才隐居在乡间种田。齐国已破亡，我也无法使它复存，如今你们又用武力劫持我做你们的将领，答应了，我就是帮坏人做坏事。与其活着做这不义之事，还不如受烹刑而死呢！”然后他就把自己吊在树枝上，奋力挣扎，扭断脖子死去。齐国那些四处奔逃的官员听说此事，说：“王蠋只是一个平民百姓，尚且能做到坚守节操，不屈服称臣于燕人，何况我们这些享受国家俸禄的在职官员呢！”于是他们就聚集在一处，奔赴莒城去寻求齐湣王的儿子，将其拥立为齐襄王。

※ 评析

本篇主要记载了田单巧用智谋，出奇制胜，在即墨大破燕军，然后乘胜追击，一步一步将齐国恢复的故事。其非凡的智慧和军事才华，以及卓越的历史功勋总令世人惊叹不已。所谓“时势造英雄”，正是因为田单身在被燕国侵略之时，面对燕军的暴行，齐人忍无可忍的情况下，他才得以乘着那个“天怒人怒”的东风成就了一世的英明。齐国即将被踏平，仅剩下两座城邑，田单能够在危难之中安全脱身，又能够将劣势转化成优势，使得城内军民上下一致，协力奋战，最终得胜。可以说，田单在整个过程中并没有出多少力气，可是他起的作用却是至关重要的。很长时间以来，总有这样一个问题困扰着人们，到底是英雄创造了历史，还是劳动人民创造了历史，其实毫无疑问，历史是人民群众创造的，但是无论是哪个历史时期，英雄人物对历史的作用都不能被忽视。

吕不韦列传第二十五

※ 原文

吕不韦者，阳翟大贾人也。往来贩贱卖贵，家累千金。

秦昭王四十年，太子死。其四十二年，以其次子安国君为太子。安国君有子二十余人。安国君有所甚爱姬，立以为正夫人，号曰华阳夫人。华阳夫人无子。安国君中男名子楚，子楚母曰夏姬，毋爱。子楚为秦质子于赵。秦数攻赵，赵不甚礼子楚。

子楚，秦诸庶孽孙，质于诸侯，车乘进用不饶，居处困，不得意。吕不韦贾邯郸，见而怜之，曰“此奇货可居”。乃往见子楚，说曰：“吾能大子之门。”子楚笑曰：“且自大君之门，而乃大吾门！”吕不韦曰：“子不知也，吾门待子门而大。”子楚心知所谓，乃引与坐，深语。吕不韦曰：“秦王老矣，安国君得为太子。窃闻安国君爱幸华阳夫人，华阳夫人无子，能立適嗣者独华阳夫人耳。今子兄弟二十余人，子又居中，不甚见幸，久质诸侯。即大王薨，安国君立为王，则子毋几得与长子及诸子旦暮在前者争为太子矣。”子楚曰：“然。为之奈何？”吕不韦曰：“子贫，客于此，非有以奉献于亲及结宾客也。不韦虽贫，请以千金为子西游，事安国君及华阳夫人，立子为适嗣。”子楚乃顿首曰：“必如君策，请得分秦国与君共之。”

※ 译文

吕不韦是阳翟的大商人，他往来各地，以低价买进，高价卖出，因此积累起千金的家产。

秦昭王四十年，太子去世了。到了昭王四十二年，昭王的第二个儿子安国君被立为太子。而安国君有二十多个儿子。另外安国君有个非常宠爱的妃子，将其立为正夫人，称之为华阳夫人。华阳夫人无子。安国君有个排行居中的儿子名叫子楚，子楚的母亲叫夏姬，不被安国君宠爱。子楚作为秦国的人质被派到赵国。秦国多次攻伐赵国，赵国对子楚也不重视。

子楚是秦昭王庶出的孙子，在赵国做人质，他乘的车马和日常的财用都不富足，生活窘迫，很不得意。吕不韦到邯郸去做生意，见到子楚后非常高兴，他说：“子楚就像一件奇货，可以囤积居奇，以等待高价售出。”于是他就前去拜访子楚，并对他游说道：“我能光大你的门庭。”子楚笑着说：“你还是先光大自己的门庭，然后再来光大我的门庭吧！”吕不韦说：“你不明白啊，我的门庭只有等你的门庭光大了才能光大。”子楚心知吕不韦所言之意，就拉他坐在一起深谈。吕不韦说：“秦王已老，安国君被立为太子。我私下听说安国君非常宠爱华阳夫人，可是华阳夫人却没有儿子，而能够选立太子的只有华阳夫人一个。如今你有二十多个兄弟，你又排行中间，且不受秦王宠幸，长期被留在诸侯国做人质，就算是秦王去世，安国君继承王位，你也不要指望同你长兄和早晚都在秦王身边的其他兄弟们争太子之位。”子楚说：“是这样的，但是该怎么办呢？”吕不韦说：“你很贫窘，又客居在此，也没有什么可以拿出来献给亲长，结交宾客。我虽不富有，但仍然情愿拿出千金来为你西去秦国游说，侍奉安国君和华阳夫人，让他们立你为太子。”子楚于是叩头拜谢道：“若果真实现了您的计划，我愿意与您共享秦国的土地。”

※ 原文

吕不韦乃以五百金与子楚，为进用，结宾客；而复以五百金买奇物玩好，自奉而西游秦，求见华阳夫人姊，而皆以其物献华阳夫人。因言子楚贤智，结诸侯宾客遍天下，常曰“楚也以夫人为天，日夜泣思太子及夫人”。

夫人大喜。不韦因使其姊说夫人曰：“吾闻之，以色事人者，色衰而爱弛。今夫人事太子，甚爱而无子，不以此时蚤自结于诸子中贤孝者，举立以为適而子之，夫在则重尊，夫百岁之后，所子者为王，终不失势，此所谓一言而万世之利也。不以繁华时树本，即色衰爱弛后，虽欲开一语，尚可得乎？今子楚贤，而自知中男也，次不得为適，其母又不得幸，自附夫人，夫人诚以此时拔以为適，夫人则竟世有宠于秦矣。”华阳夫人以为然，承太子间，从容言子楚质于赵者绝贤，来往者皆称誉之。乃因涕泣曰：“妾幸得充后宫，不幸无子，原得子楚立以为適嗣，以托妾身。”安国君许之，乃与夫人刻玉符，约以为適嗣。安国君及夫人因厚馈遗子楚，而请吕不韦傅之，子楚以此名誉益盛于诸侯。

吕不韦取邯郸诸姬绝好善舞者与居，知有身。子楚从不韦饮，见而说之，因起为寿，请之。吕不韦怒，念业已破家为子楚，欲以钓奇，乃遂献其姬。姬自匿有身，至大期时，生子政。子楚遂立姬为夫人。

秦昭王五十年，使王齮围邯郸，急，赵欲杀子楚。子楚与吕不韦谋，行金六百斤予守者吏，得脱，亡赴秦军，遂以得归。赵欲杀子楚妻子，子楚夫人赵豪家女也，得匿，以故母子竟得活。秦昭王五十六年，薨，太子安国君立为王，华阳夫人为王后，子楚为太子。赵亦奉子楚夫人及子政归秦。

秦王立一年，薨，谥为孝文王。太子子楚代立，是为庄襄王。庄襄王所母华阳后为华阳太后，真母夏姬尊以为夏太后。庄襄王元年，以吕不韦为丞相，封为文信侯，食河南洛阳十万户。

※ 译文

吕不韦于是拿出五百金送给子楚，作为日常生活和结交宾客的费用；又拿出五百金购买珍奇玩物，自己带着东西去秦国游说，他先去拜见华阳夫人的姐姐，把带来的东西全部献给华阳夫人。顺便谈及子楚聪明贤能，所结交的诸侯宾客，遍及天下，还常说“我子楚把夫人看成天一般，日夜哭泣思念太子和夫人”。

夫人很高兴。吕不韦乘机又让华阳夫人的姐姐劝说华阳夫人道：“我听说靠美色来侍奉别人的，一旦色衰，宠爱也就随之消失。如今夫人侍奉太子，甚被宠爱，可是却没有儿子，不如趁这时早一点在太子的儿子中结交一个有才能并且又孝顺的人，立他为继承人并且像亲生儿子一样对待他，则丈夫在世时受到尊重，丈夫去世后，自己立的儿子继位为王，最终也不会失势，这就是人们所说的一句话能得到万世的好处啊。如果在容貌美丽之时不树立根本，等到容貌衰竭，宠爱失去后，即使想同太子说上一句话恐怕都没有可能了啊！现在子楚贤能，而自己也知道排行居中，按次序是不能被立为继承人的，并且他的生母又不受宠爱，自己就会主动依附于夫人，夫人若真能在此时提拔他为继承人，则夫人一生在秦国都会受到尊宠啦。”华阳夫人听了认为是这样，就趁太子方便的时候，委婉地谈到在赵国做人质的子楚很有才能，来往之人纷纷称赞他。接着就哭着说：“我有幸能入后宫，但遗憾的是没有儿子，我希望可以把子楚立为继承人，以便我日后有个依靠。”安国君答应了，就和夫人刻下玉符，决定立子楚为继承人，安国君和华阳夫人都送了好多礼物给子楚，且请吕不韦做他的老师，因此子楚的名声在诸侯中越来越大。

吕不韦选取了一位姿色非常漂亮而又善于跳舞的邯郸女子一起同居，知道她怀了身孕。子楚有一次同吕不韦在一起饮酒，见到此女后很是喜欢，于是就站起身来向吕不韦祝酒，并且请求把此女赐给他。吕不韦非常生气，可转念一想，自己都已经为子楚破费了大量家产，为的就是借以钓取奇货，于是就献出了这个女子。夏姬隐瞒了自己有孕在身的实情，足月后，生下儿子名政。子楚就立夏姬为夫人。

秦昭王五十年，派王围攻邯郸，情况紧急，赵国想杀了子楚。子楚就与吕不韦密谋，将六百斤金子送给守城官吏，方得以脱身，逃到秦军大营，这才顺利回国。赵国又想把子楚的妻子和儿子杀了，但是由于子楚的夫人是赵国富豪人家的女儿，因此才得以隐藏起来，于是母子二人竟得活命。秦昭王五十六年，昭王去世，太子安国君继位为王，华阳夫人为王后，子楚为太子。赵国护送子楚的夫人和儿子嬴政回到秦国。

秦王继位一年后去世，谥号为孝文王。太子子楚继位，他就是庄襄王。庄襄王尊奉华阳王后为华阳太后，生母夏姬被尊称为夏太后。庄襄王元年，吕不韦被任为丞相，且被封为文信侯，食邑河南洛阳十万户。

※ 原文

庄襄王即位三年，薨，太子政立为王，尊吕不韦为相国，号称“仲父”。秦王年少，太后时时窃私通吕不韦。不韦家僮万人。

当是时，魏有信陵君，楚有春申君，赵有平原君，齐有孟尝君，皆下士喜宾客以相倾。吕不韦以秦之强，羞不如，亦招致士，厚遇之，至食客三千人。是时诸侯多辩士，如荀卿之徒，著书布天下。吕不韦乃使其客人人著所闻，集论以为八览、六论、十二纪，二十余万言。以为备天地万物古今之事，号曰《吕氏春秋》。布咸阳市门，悬千金其上，延诸侯游士宾客有能增损一字者予千金。

始皇帝益壮，太后淫不止。吕不韦恐觉祸及己，乃私求大阴人嫪毐以为舍人，时纵倡乐，使毐以其阴关桐轮而行，令太后闻之，以啖太后。太后闻，果欲私得之。吕不韦乃进嫪毐，诈令人以腐罪告之。不韦又阴谓太后曰："可事诈腐，则得给事中。"太后乃阴厚赐主腐者吏，诈论之，拔其须眉为宦者，遂得侍太后。太后私与通，绝爱之。有身，太后恐人知之，诈卜当避时，徙宫居雍。嫪毐常从，赏赐甚厚，事皆决于嫪毐。嫪毐家僮数千人，诸客求宦为嫪毐舍人千余人。

※ 译文

庄襄王即位三年后去世，太子嬴政继立为王，尊奉吕不韦为相国，称其为"仲父"。秦王年纪还小，太后常和吕不韦私通。吕不韦家有成千上万的奴仆。

在那时，魏国有信陵君，楚国有春申君，赵国有平原君，齐国有孟尝君，他们都礼贤下士，结交天下宾客，并且要在这方面争个高低上下。吕不韦认为秦国如此强大，却不如他们，因此认为这是一件令人羞愧的事，于是他也招来了文人学士，给他们优厚的待遇，门下食客多达三千人。那时各诸侯国有许多才辩之士，像荀卿那些人，著书立说，流行天下。吕不韦就命他的食客将各自的见闻记下，综合在一起成为八览、六论、十二纪，共二十多万言。自认为其中囊括了天地万物古往今来的事理，因此命名为《吕氏春秋》。并将此书刊布在咸阳的城门上，上面悬挂着一千金的赏金，遍请诸侯各国的游士宾客，如果有人能增删一字，就给予一千金的奖励。

秦始皇日益年长，但太后仍然淫乱不止。吕不韦担心事情败露，灾祸降临在自己头上，于是就暗中寻求了一个阴茎特别大的人嫪毐作为门客，不时让演员歌舞取乐，让嫪毐用他的阴茎穿在桐木车轮上，使之转动而行，并想法让太后知道了此事，以此引诱她。太后听说后，真的想暗中占有他。于是吕不韦就进献嫪毐，假意让人告发他犯下了该受宫刑的罪。吕不韦又暗中对太后说："你可以让嫪毐假装已经受了宫刑，就可以供职于宫中。"太后就偷偷地送给主持宫刑的官吏许多东西，装作处罚嫪毐，将其胡须拔掉假充宦官，这就得以侍奉太后。太后暗中与他通奸，非常喜爱他。后来太后怀孕在身，担心别人知道，就谎称算卦不吉，需要换一个环境来躲避一下，于是就迁移到雍地的宫殿中居住。嫪毐总是随从左右，所受的赏赐也非常优厚，事事都由嫪毐决定。嫪毐家中有奴仆几千人，那些为求得官职来当嫪毐家门客的多达一千余人。

※ 原文

始皇七年，庄襄王母夏太后薨。孝文王后曰华阳太后，与孝文王会葬寿陵。夏太后子庄襄王葬芷阳，故夏太后独别葬杜东，曰"东望吾子，西望吾夫。后百年，旁当有万家邑"。

始皇九年，有告嫪毐实非宦者，常与太后私乱，生子二人，皆匿之。与太后谋曰：

“王即薨，以子为后。”于是秦王下吏治，具得情实，事连相国吕不韦。九月，夷嫪毐三族，杀太后所生两子，而遂迁太后于雍。诸嫪毐舍人皆没其家而迁之蜀。王欲诛相国，为其奉先王功大，及宾客辩士为游说者众，王不忍致法。

秦王十年十月，免相国吕不韦。及齐人茅焦说秦王，秦王乃迎太后于雍，归复咸阳，而出文信侯就国河南。

岁余，诸侯宾客使者相望于道，请文信侯。秦王恐其为变，乃赐文信侯书曰：“君何功于秦？秦封君河南，食十万户。君何亲于秦？号称仲父。其与家属徙处蜀！”吕不韦自度稍侵，恐诛，乃饮鸩而死。秦王所加怒吕不韦、嫪毐皆已死，乃皆复归嫪毐舍人迁蜀者。

始皇十九年，太后薨，谥为帝太后，与庄襄王会葬茝阳。

太史公曰：不韦及嫪毐贵，封号文信侯。人之告嫪毐，毐闻之。秦王验左右，未发。上之雍郊，毐恐祸起，乃与党谋，矫太后玺发卒以反蕲年宫。发吏攻毐，毐败亡走，追斩之好畤，遂灭其宗。而吕不韦由此绌矣。孔子之所谓“闻”者，其吕子乎？

※ 译文

秦始皇七年，庄襄王的生母夏太后去世。孝文王后是华阳太后，她与孝文王合葬在寿陵。夏太后的儿子庄襄王葬在芷阳，于是夏太后另外单独埋葬在杜原之东，称“东可看到我的儿子，西可看到我的丈夫。在百年之后，旁边定会有个万户的城邑”。

秦始皇九年，有人告发嫪毐的假宦官身份，说他常与太后淫乱私通，而且还生下了两个儿子，把他们隐藏起来，还同太后谋议说：“如果是秦王死了，就立嫪毐的儿子继位。”于是秦始皇命法官严查此事，弄清了事情的全部真相，事情牵连到相国吕不韦。这年九月，嫪毐家三族人众全部被杀死，太后与嫪毐所生的两个儿子也被杀死，并把太后迁到雍地居住。嫪毐家的食客们都被没收家产后迁往蜀地。秦王想杀了相国吕不韦，但念其侍奉先王功劳极大，且又有许多宾客辩士为他求情说好话，秦王不忍心将他绳之以法。

秦始皇十年十月，将吕不韦的相国职务免除。等到齐人茅焦劝说秦王，秦王这才到雍地把太后迎回，使她又回归咸阳，但是却把吕不韦遣出京城，前往河南的封地。

一年多后，各诸侯国的宾客使者络绎不绝，前来问候吕不韦。秦王担心他发动叛乱，就写信给吕不韦说：“你对秦国有什么功劳？秦国封你在河南，食邑十万户。你跟秦王有什么血缘关系，却号称仲父。你带着家属迁到蜀地去居住吧！”吕不韦一想到自己已逐渐被逼迫，担心日后被杀，就喝下毒酒自杀而亡。秦王所痛恨的吕不韦、嫪毐均已死去，就让迁徙到蜀地的嫪毐门客又都回到了京城。

秦始皇十九年，太后去世，谥号为帝太后。同庄襄王合葬在芷阳。

太史公说：吕不韦带及嫪毐显贵，吕不韦封号文信侯。有人告发嫪毐，嫪毐听说此事。秦始皇查讯左右，事情尚未败露。秦王去雍地祭天，嫪毐担心大祸临头，就与亲信同党密谋，盗用太后的大印调集兵士在蕲年宫发动叛乱。秦王调动官兵攻伐嫪毐，嫪毐败走，被秦王追到，在好畤被斩首，然后将其满门抄斩。而吕不韦也因此被贬斥。孔子所说的“闻”者，指的大概就是吕不韦这样的人吧！

※ 评析

吕不韦从一个投机的商人，一步步地涉足政治领域，直到执掌秦国的政权。其实原本吕不韦已经富可敌国了，但是他并没有满足于现状，凭着自己更甚于其他商人的投机心理，他认为当时在赵国做人质的子楚实在是“奇货可居”，于是为了改变自己的人生轨迹，他不惜以金钱、美人做诱饵，来钓秦国江山这条大鱼。当他一步步走向权力的巅峰时，却因嫪毐之乱而被牵连赐死，于是作为一个特殊商人的一生结束了。太史公的文章极具讥讽之意，因此文中丝毫未提吕不韦对秦国有何建树，这实在偏颇。事实上吕不韦在政治、文化方面的建树为秦的发展壮大、统一六国奠定了坚实的基础。暂且不说结果，单就吕不韦从一个商人摇身一变为秦国的宰相而言，就足以显示出其超乎常人的才华和胆识，以及过人的智慧和谋略。

刺客列传第二十六

※ 原文

曹沫者，鲁人也，以勇力事鲁庄公。庄公好力。曹沫为鲁将，与齐战，三败北。鲁庄公惧，乃献遂邑之地以和。犹复以为将。

齐桓公许与鲁会于柯而盟。桓公与庄公既盟于坛上，曹沫执匕首劫齐桓公，桓公左右莫敢动，而问曰：“子将何欲？”曹沫曰：“齐强鲁弱，而大国侵鲁亦甚矣。今鲁城坏，即压齐境，君其图之。”桓公乃许尽归鲁之侵地。既已言，曹沫投其匕首，下坛，北面就群臣之位，颜色不变，辞令如故。桓公怒，欲倍其约。管仲曰：“不可。夫贪小利以自快，弃信于诸侯，失天下之援，不如与之。”于是桓公乃遂割鲁侵地，曹沫三战所亡地尽复予鲁。

其后百六十有七年而吴有专诸之事。

专诸者，吴堂邑人也。伍子胥之亡楚而如吴也，知专诸之能。伍子胥既见吴王僚，说以伐楚之利。吴公子光曰："彼伍员父兄皆死于楚而员言伐楚，欲自为报私仇也，非能为吴。"吴王乃止。伍子胥知公子光之欲杀吴王僚，乃曰："彼光将有内志，未可说以外事。"乃进专诸于公子光。

光之父曰吴王诸樊。诸樊弟三人：次曰余祭，次曰夷眛，次曰季子札。诸樊知季子札贤而不立太子，以次传三弟，欲卒致国于季子札。诸樊既死，传余祭。余祭死，传夷眛。夷眛死，当传季子札；季子札逃不肯立，吴人乃立夷眛之子僚为王。公子光曰："使以兄弟次邪，季子当立；必以子乎，则光真适嗣，当立。"故尝阴养谋臣以求立。

※ 译文

曹沫是鲁国人，凭勇敢和力气侍奉鲁庄公。庄公喜欢有力气的人。曹沫任鲁国将军，同齐国作战时曾多次战败逃跑。鲁庄公害怕了，就献出遂邑地区求和。但还继续让曹沫任将军。

齐桓公答应和鲁庄公在柯地会见，订立盟约。桓公和庄公在盟坛上订立盟约后，曹沫手拿匕首胁迫齐桓公，桓公的侍卫人员无人敢轻举妄动，桓公问："您打算做什么？"曹沫说："齐强而鲁弱，而大国侵略鲁国也太过分了。现在鲁国都城一倒塌就会压到齐国的边境了，您要考虑考虑这个问题。"于是齐桓公答应将鲁国被齐国侵占的土地全部归还。说完以后，曹沫便扔下匕首走下盟坛，回到面向北的臣子的位置上，面不改色，谈吐从容如常。桓公很生气，想背弃盟约。管仲说："不可。贪图小的利益以求得一时之快意，就会在诸侯面前丧失信用，失去天下人对您的支持，不如把他们的失地归还。"于是，齐桓公就把占领的鲁国土地归还，曹沫多次打仗所丢失的土地全部回归鲁国。

此后一百六十七年，吴国有专诸的事迹。

专诸是吴国堂邑人。伍子胥逃离楚国前往吴国时，知道专诸有本领。伍子胥进见吴王僚后，用进攻楚国的好处劝说他。吴国公子光说："那个伍员，父亲、哥哥都被楚国杀死了，因此他攻打楚国，是为了报自己的私仇，并非是替吴国打算。"吴王就不再议伐楚之事了。伍子胥知道公子光想把吴王僚杀掉，就说："那个公子光有在国内夺取王位的企图，现在还无法劝说他向国外出兵。"于是就把专诸推荐给公子光。

公子光的父亲是吴王诸樊。诸樊有三个弟弟：按兄弟次序排，大弟弟为余祭，二弟弟为夷眛，最小的弟弟为季子札。诸樊知道季子札贤明，就不立太子，想按照兄弟的次序把王位传递下去，最后好把国君的位子传给季子札。诸樊死后王位传给了余祭。余祭死后，传给夷眛。夷眛死后本该传给季子札，可是季子札却逃避不肯立为国君，吴国人就拥立夷眛的儿子僚为国君。公子光说："若按兄弟次序当立季子；若一定要传给儿子的话，则我才是真正的嫡子，应当立我为君。”因此他常秘密地供养一些有智谋的人，以便凭借他们的帮助取得王位。

※ 原文

光既得专诸，善客待之。九年而楚平王死。春，吴王僚欲因楚丧，使其二弟公子盖余、属庸将兵围楚之灊；使延陵季子于晋，以观诸侯之变。楚发兵绝吴将盖余、属庸路，吴兵不得还。于是公子光谓专诸曰：“此时不可失，不求何获！且光真王嗣，当立，季子虽来，不吾废也。”专诸曰：“王僚可杀也。母老子弱，而两弟将兵伐楚，楚绝其后。方今吴外困于楚，而内空无骨鲠之臣，是无如我何。”公子光顿首曰：“光之身，子之身也。”

四月丙子，光伏甲士于窟室中，而具酒请王僚。王僚使兵陈自宫至光之家，门户阶陛左右，皆王僚之亲戚也。夹立侍，皆持长铍。酒既酣，公子光详为足疾，入窟室中，使专诸置匕首鱼炙之腹中而进之。既至王前，专诸擘鱼，因以匕首刺王僚，王僚立死。左右亦杀专诸，王人扰乱。公子光出其伏甲以攻王僚之徒，尽灭之，遂自立为王，是为阖闾。阖闾乃封专诸之子以为上卿。

其后七十余年而晋有豫让之事。

豫让者，晋人也，故尝事范氏及中行氏，而无所知名。去而事智伯，智伯甚尊宠之。及智伯伐赵襄子，赵襄子与韩、魏合谋灭智伯，灭智伯之后而三分其地。赵襄子最怨智伯，漆其头以为饮器。豫让遁逃山中，曰：“嗟乎！士为知己者死，女为说己者容。今智伯知我，我必为报仇而死，以报智伯，则吾魂魄不愧矣。”乃变名姓为刑人，入宫涂厕，中挟匕首，欲以刺襄子。襄子如厕，心动，执问涂厕之刑人，则豫让，内持刀兵，曰：“欲为智伯报仇！”左右欲诛之。襄子曰：“彼义人也，吾谨避之耳。且智伯亡无后，而其臣欲为报仇，此天下之贤人也。”卒释去之。

※ 译文

公子光得到专诸后，像对待宾客一样款待他。吴王僚九年，楚平王去世。这年春天，吴王僚想趁楚国办丧事的时候，派他的两个弟弟公子盖余、属庸率军把楚国的灊城包围；派延陵季子到晋国，以观察各诸侯国的动静。楚国出兵断绝了吴将盖余、属庸的后路，吴国军队无法归还。这时公子光对专诸说：“不能错过此机会，不去争取，哪会获得！况且我才是真正的继承人，应当立为国君，就算季子回来，也不会把我废掉呀。”专诸说：“吴王僚是可以杀掉的。母老子弱，两个弟弟带兵攻打楚国，其后路已被楚军断绝。当前吴军在外被楚国围困，而国内又无正直敢言的忠臣。这样吴王僚还能对我们怎样呢。”公子光以头叩地说：“我公子光的身体，也就是您的身体，您身后的事都由我负责了。”

这年四月丙子日，公子光在地下室埋伏下身穿铠甲的武士，备办酒席宴请吴王僚，吴王僚派出卫队，从王宫一直排列到公子光的家里，门户和台阶两旁也都是吴王僚的亲信。夹道站立的都是举着长矛的侍卫。喝酒喝到畅快时，公子光装作脚有毛病，进入地下室，让专诸把匕首放到烤鱼的肚子里，然后把鱼进献上去。到吴王僚跟前，专诸掰开鱼，趁势用匕首刺杀吴王僚，吴王僚当场毙命。侍卫人员也将专诸杀死，吴王僚手下的人一时混乱不堪。公子光放出埋伏的武士攻击王僚的部下，将其全部消灭，于是自立为国君，这就是吴王阖闾。阖闾于是把专诸的儿子封为上卿。

此后七十多年，晋国有豫让的事迹。

豫让是晋国人，曾侍奉范氏和中行氏两家大臣，没什么名声。他离开那里去奉事智伯，深得智伯的尊重和宠幸。等到智伯攻打赵襄子时，赵襄子和韩、魏合谋灭了智伯；消灭智伯后，三家把他的国土分割了。赵襄子最恨智伯，就把他的头盖骨漆成饮具。豫让潜逃到山中，说：“哎呀！好男儿当为了解自己的人去死，好女子该为爱慕自己的人梳妆打扮。如今智伯是我的知己，我定要为他报仇而献出生命，以报答智伯，我就是死了，魂魄也没有什么可惭愧的了。”于是更名改姓，伪装成受过刑的人，到赵襄子宫中修整厕所，身上藏着匕首，想用它来刺杀赵襄子。赵襄子去厕所，心一悸动，鞠问修整厕所的刑人，才知是豫让，衣服里还别着利刃，豫让说：“我要给智伯报仇！”侍卫要杀掉他。襄子说：“他是义士，我小心谨慎地回避就是了。况且智伯死后没有继承人，而其家臣想替他报仇，这是天下的贤人啊。”最后还是放他走了。

※ 原文

居顷之，豫让又漆身为厉，吞炭为哑，使形状不可知，行乞于市。其妻不识也。行见其友，其友识之，曰：“汝非豫让邪？”曰：“我是也。”其友为泣曰：“以子之才，委质而臣事襄子，襄子必近幸子。近幸子，乃为所欲，顾不易邪？何乃残身苦形，欲以求报襄子，不亦难乎！”豫让曰：“既已委质臣事人，而求杀之，是怀二心以事其君也。且吾所为者极难耳！然所以为此者，将以愧天下后世之为人臣怀二心以事其君者也。”

既去，顷之，襄子当出，豫让伏于所当过之桥下。襄子至桥，马惊，襄子曰：“此必是豫让也。”使人问之，果豫让也。于是襄子乃数豫让曰：“子不尝事范、中行氏乎？智伯尽灭之，而子不为报仇，而反委质臣于智伯。智伯亦已死矣，而子独何以为之报仇之深也？”豫让曰：“臣事范、中行氏，范、中行氏皆众人遇我，我故众人报之。至于智伯，国士遇我，我故国士报之。”襄子喟然叹息而泣曰：“嗟乎，豫子！子之为智伯，名既成矣，而寡人赦子亦已足矣。子其自为计，寡人不复释子！”使兵围之。

豫让曰："臣闻明主不掩人之美，而忠臣有死名之义。前君已宽赦臣，天下莫不称君之贤。今日之事，臣固伏诛，然愿请君之衣而击之，焉以致报仇之意，则虽死不恨。非所敢望也，敢布腹心！"于是襄子大义之，乃使使持衣与豫让。豫让拔剑三跃而击之，曰："吾可以下报智伯矣！"遂伏剑自杀。死之日，赵国志士闻之，皆为涕泣。

※ 译文

不久，豫让又把漆涂在身上，使肌肤肿烂得像是得了癞疮，吞炭使声音变得嘶哑，使自己的形体相貌不可辨认，沿街讨饭，甚至妻子都不认识他了。路上遇见他的朋友，辨认出来，说："你不是豫让吗？"回答说："是我。"朋友为他流着眼泪说："凭您的才能，委身侍奉赵襄子，襄子定会亲近宠爱您。被亲近宠爱后，您再做您想做的事，难道不是很容易的吗？为什么还要摧残自己的身体，丑化形貌，以此来实现向赵襄子报仇的目的，这不是更困难吗？"豫让说："托身侍奉人家后再杀掉人家，这是怀着异心侍奉他的君主啊。我知道选择这种做法是很困难，可我之所以选择这种做法，就是为了要天下后世的那些怀着异心侍奉国君的臣子感到惭愧！"

豫让说完就走了。不久，赵襄子正赶上外出，豫让潜藏在他必经的桥下。赵襄子来到桥上，马受惊了，赵襄子说："这一定是豫让。"派人去查问，果然是他。于是赵襄子就列举罪过指责他道："您不是曾经侍奉过犯氏、中行氏吗？智伯把他们都消灭了，而您不去为他们报仇，反而托身为智伯的家臣。现在智伯已经死了，您为何单单如此急切地为他报仇呢？"豫让说："我侍奉范氏、中行氏，他们都把我当作一般人看待，因此我像一般人那样报答他们。至于智伯，他把我当作国士看待，因此我就像国士那样报答他。"赵襄子喟然长叹，流着泪说："唉，豫让先生！您为智伯报仇，已算成名了；而我宽恕您，也足够了。您应当自己作个打算，我不能再放过您了！"于是命士兵将其团团围住。豫让说："我听说贤明的君主不埋没别人的美名，而忠臣有为美名去死的道理。以前您宽恕了我，普天之下无人不称道您的贤明。今天的事，我本当受死罪，可我还是希望能得到您的衣服刺它几下，这样也就达到我报仇的目的了，就算死了也不会有遗恨了。我不敢指望您答应我的要求，但我还是冒昧地把我的心意说出来！"襄子非常赞赏他的侠义，于是就派人拿着自己的衣裳给豫让。豫让拔出宝剑多次跳起来击刺它，说："我可用此以报答智伯于九泉之下了！"于是用剑自杀。自杀那天，赵国的有志之士听到这个消息后，都为他哭泣。

※ 原文

其后四十余年，而轵有聂政之事。

聂政者，轵深井里人也。杀人避仇，与母、姊如齐，以屠为事。

久之，濮阳严仲子事韩哀侯，与韩相侠累有隙。严仲子恐诛，亡去，游求人可以报侠累者。至齐，齐人或言聂政勇敢士也，避仇隐于屠者之间。严仲子至门请，数反，然后具酒自觞聂政母前。酒酣，严仲子奉黄金百镒，前为聂政母寿。聂政惊怪其厚，固谢严仲子。严仲子固进，而聂政谢曰："臣幸有老母，家贫，客游以为狗屠，可以旦夕得甘毳以养亲。亲供养备，不敢当仲子之赐。"严仲子辟人，因为聂政言曰："臣有仇，而行游诸侯众矣；然至齐，窃闻足下义甚高，故进百金者，将用为大人粗粝之费，得以交足下之欢，岂敢以有求望邪！"聂政曰："臣所以降志辱身居市井屠者，徒幸以养老母；老母在，政身未敢以许人也。"严仲子固让，聂政竟不肯受也。然严仲子卒备宾主之礼而去。

久之，聂政母死。既已葬，除服，聂政曰："嗟乎！政乃市井之人，鼓刀以屠；而严仲子乃诸侯之卿相也，不远千里，枉车骑而交臣。臣之所以待之，至浅鲜矣，未有大功可以称者，而严仲子奉百金为亲寿，我虽不受，然是者徒深知政也。夫贤者以感忿睚眦之意而亲信穷僻之人，而政独安得嘿然而已乎！且前日要政，政徒以老母；老母今以天年终，政将为知己者用。"乃遂西至濮阳，见严仲子曰："前日所以不许仲子者，徒以亲在；今不幸而母以天年终。仲子所欲报仇者为谁？请得从事焉！"严仲子具告曰："臣之仇，韩相侠累，侠累又韩君之季父也，宗族盛多，居处兵卫甚设，臣欲使人刺之，终莫能就。今足下幸而不弃，请益其车骑壮士可为足下辅翼者。"聂政曰："韩之与卫，相去中间不甚远，今杀人之相，相又国君之亲，此其势不可以多人，多人不能无生得失，生得失则语泄，语泄是韩举国而与仲子为仇，岂不殆哉！"遂谢车骑人徒，聂政乃辞独行。

※ 译文

此后四十多年，轵邑有聂政的事迹。

聂政是轵邑深井里人。他杀了人，为了躲避仇家，和母亲、姐姐逃往齐国，以屠宰牲畜为职业。

很久以后，濮阳严仲子奉事韩哀侯，与韩国国相侠累结下仇怨。严仲子因怕遭杀害而逃走了。他四处游历，寻访能替他向侠累报仇的人。到了齐国，齐国有人说聂政是个勇敢之士，因回避仇人而躲藏在屠夫中间。严仲子登门拜访，多次往返，然后备办了宴席，亲自捧杯为聂政的母亲敬酒。喝到畅快兴浓时，严仲子献上一百镒黄金，到聂政老母跟前祝寿。聂政面对厚礼感到奇怪，坚决谢绝严仲子。严仲子却执意要送，聂政辞谢说："我幸有老母健在，家里虽然贫穷，但客居在此，以杀猪宰狗为业，早晚之间买些甘甜松脆的东西来奉养老母，老母的供养还算得上是齐备，可不敢接受仲子的赏赐。"严仲子避开别人，趁机对聂政说："我有仇人，我周游好多诸侯国，都没能找到一个为我报仇的人；但来到齐国，私下听说您很重义气，因此献上百金，作为您母亲大人一点粗粮的费用，同时也希望能够跟您交个朋友，哪里敢有别的索求和指望啊！”聂政说：“我之所以使心志卑下，委屈身份，在这市场上做个屠夫，就只是希望借此来奉养老母；老母在世，我不敢将性命托付给别人。”严仲子执意赠送，聂政却始终不肯接受。但是严仲子尽到了宾主相见的礼节后，告辞离去。

过了很久，聂政的母亲去世，安葬后，直到丧服期满，聂政说：“唉！我不过是平民百姓，拿着刀杀猪宰狗，可严仲子身为诸侯的卿相，却不远千里，委屈身份同我结交。我待人家的情谊是太浅薄、太微不足道了，我没什么大的功劳可以和他对我的恩情相抵，而严仲子献上百金为老母祝寿，我虽未接受，可是这件事就说明了他特别了解我啊。贤德的人因感愤于一点小的仇恨，视我这个处于偏僻的穷困屠夫为亲信，我怎可以一味地默不作声，就此完事了呢！况且以前来邀请我时，我只是由于老母在世才没有答应。现在老母享尽天年，我也该为了解我的人出力了。”于是就向西到濮阳，见到严仲子说：“以前我之所以没答应仲子的邀请，仅仅是因为我有老母在世；不幸，现在老母已享尽天年。仲子要报复的仇人是谁？请让我办这件事吧！”严仲子原原本本地告诉他说：“我的仇人是韩国宰相侠累，他又是韩国国君的叔父，其宗族旺盛，人丁众多，居住的地方士兵防卫严密，我准备派人刺杀他，始终都没能得手。如今承蒙您不嫌弃我，应允下来，请增加车骑壮士作为您的助手。”聂政说：“韩国与卫国中间的距离不太远，如今刺杀人家的宰相，宰相又是国君的亲属，在这种情况下是不能去很多人的，人一多就难免会发生意外，发生意外就会走漏风声，走漏风声，那就等于整个韩国的人与您为仇，这难道不是非常危险了吗！”于是就谢绝了车骑人众，辞别严仲子，只身前往。

※ 原文

杖剑至韩，韩相侠累方坐府上，持兵戟而卫侍者甚卫。聂政直入，上阶刺杀侠累，左右大乱。聂政大呼，所击杀者数十人，因自皮面决眼，自屠出肠，遂以死。

韩取聂政尸暴于市，购问，莫知谁子。于是韩县购之，有能言杀相侠累者予千金。久之莫知也。

政姊荣闻人有刺杀韩相者，贼不得，国不知其名姓，暴其尸而县之千金，乃于邑曰：“其是吾弟与？嗟乎，严仲子知吾弟！”立起，如韩，之市，而死者果政也，伏尸哭极哀，曰：“是轵深井里所谓聂政者也。”市行者诸众人皆曰：“此人暴虐吾国相，王县购其名姓千金，夫人不闻与？何敢来识之也？”荣应之曰：“闻之。然政所以蒙污辱自弃于市贩之间者，为老母幸无恙，妾未嫁也。亲既以天年下世，妾已嫁夫，严仲子乃察举吾弟困污之中而交之，泽厚矣，可奈何！士固为知己者死，今乃以妾尚在之故，重自刑以绝从，妾其奈何畏殁身之诛，终灭贤弟之名！”大惊韩市人。乃大呼天者三，卒于邑悲哀而死政之旁。

晋、楚、齐、卫闻之，皆曰：“非独政能也，乃其姊亦烈女也。乡使政诚知其姊无濡忍之志，不重暴骸之难，必绝险千里以列其名，姊弟俱僇于韩市者，亦未必敢以身许严仲子也。严仲子亦可谓知人能得士矣！”

※ 译文

他带着宝剑到韩国都城，韩国宰相侠累正好坐在堂上，还有很多持刀戟的护卫。聂政径直而入，走上台阶刺杀侠累，侍从人员大乱。聂政高声大叫，有几十个人都被他击杀了，然后又趁势毁坏自己的面容，挖出眼睛，剖开肚皮，流出肠子，就这样死了。

韩国把聂政的尸体陈列在街市上，出赏金查问凶手是谁家的人，无人知道。于是韩国悬赏征求，谁能说出杀死宰相侠累的人就赏给千金。过了很久仍然没人知道。

聂政的姐姐聂荣听说有人刺杀了韩国的宰相，却不知道凶手到底是谁，全韩国的人也都不知道他的姓名，陈列着他的尸体，悬赏千金，让人们辨认。聂荣就抽泣着说：“大概是我弟弟吧？唉，严仲子了解我弟弟！”于是就马上动身，前往韩国的都城，来到街市，死者果然是聂政，就趴在尸体上痛哭，极为哀伤，说：“这就是轵邑深井里的聂政啊。”街上的行人们纷纷说：“这个人残酷地杀害我国宰相，君王正在悬赏千金询查他的姓名，难道夫人没听说吗？怎么敢来认尸啊？”聂荣回答他们说：“我听说了。可聂政之所以承受羞辱不惜混在屠猪贩肉的人中间，完全是因为老母健在，我还没有出嫁。如今老母享尽天年去世后，我也已嫁人，严仲子从穷困低贱的处境中把我弟弟挑选出来结交他，恩情深厚，我弟弟还能怎么办呢！勇士本来就应该替了解自己的人牺牲性命，现在又是因为我还活在世上的缘故，所以他重重地自行毁坏面容躯体，使人无法辨认，以免牵连别人，我又怎么能害怕杀身之祸，而使我弟弟的名声永远被埋没呢！”整个街市上的人都大为震惊。聂荣于是高喊三声“天啊”，最终由于过度哀伤而死在了聂政身旁。

晋、楚、齐、卫等国的人听到这个消息后，都说：“不仅仅是聂政有能力，就连他的姐姐也是个烈性女子。倘若聂政果真知道他姐姐没有容忍的性格，不顾惜露尸于外的苦难，一定要越过千里的艰难险阻来公开他的姓名，以致姐弟二人一同死在韩国的街市，那他也未必敢对严仲子以身相许。严仲子也算得上是识人，才能够赢得贤士啊！”

※ 原文

其后二百二十余年，秦有荆轲之事。

荆轲者，卫人也。其先乃齐人，徙于卫，卫人谓之庆卿。而之燕，燕人谓之荆卿。

荆卿好读书击剑，以术说卫元君，卫元君不用。其后秦伐魏，置东郡，徙卫元君之支属于野王。

荆轲尝游过榆次，与盖聂论剑，盖聂怒而目之。荆轲出，人或言复召荆卿。盖聂曰："曩者吾与论剑，有不称者，吾目之；试往，是宜去，不敢留。"使使往之主人，荆卿则已驾而去榆次矣。使者还报，盖聂曰："固去也，吾曩者目摄之！"

荆轲游于邯郸，鲁勾践与荆轲博，争道，鲁勾践怒而叱之，荆轲嘿而逃去，遂不复会。

荆轲既至燕，爱燕之狗屠及善击筑者高渐离。荆轲嗜酒，日与狗屠及高渐离饮于燕市，酒酣以往，高渐离击筑，荆轲和而歌于市中，相乐也，已而相泣，旁若无人者。荆轲虽游于酒人乎，然其为人沉深好书；其所游诸侯，尽与其贤豪长者相结。其之燕，燕之处士田光先生亦善待之，知其非庸人也。

居顷之，会燕太子丹质秦亡归燕。燕太子丹者，故尝质于赵，而秦王政生于赵，其少时与丹欢。及政立为秦王，而丹质于秦。秦王之遇燕太子丹不善，故丹怨而亡归。归而求为报秦王者，国小，力不能。其后秦日出兵山东以伐齐、楚、三晋，稍蚕食诸侯，且至于燕，燕君臣皆恐祸之至。太子丹患之，问其傅鞠武。武对曰："秦地遍天下，威胁韩、魏、赵氏，北有甘泉、谷口之固，南有泾、渭之沃，擅巴、汉之饶，右陇、蜀之山，左关、殽之险，民众而士厉，兵革有余。意有所出，则长城之南，易水以北，未有所定也。奈何以见陵之怨，欲批其逆鳞哉！"丹曰："然则何由？"对曰："请入图之。"

※ 译文

此后，二百二十多年，秦国有荆轲的事迹。

荆轲是卫国人，祖先是齐国人，后来迁移到卫国，卫国人称呼他为庆卿。到燕国后，燕国人称呼他荆卿。

荆卿喜好读书、击剑，凭借着剑术游说卫元君，卫元君没有任用他。此后秦国攻打魏国，设置了东郡，把卫元君的旁支亲属迁移到野王。

荆轲游历曾路经榆次，与盖聂谈论剑术，盖聂对他怒目而视。荆轲出去后，有人劝盖聂再把荆轲叫回来。盖聂说："刚才我与他谈论剑术，他谈的有不甚得当的地方，我就用眼瞪了他；去找找看吧，我用眼瞪他，他应该已经走了，不敢再留在这里了。"于是派人到荆轲住处询问房东，得知荆轲已乘车离开榆次了。派去的人回来报告，盖聂说："本来就该走了，刚才我用眼睛瞪他，他害怕了。"

荆轲游历邯郸，鲁勾践跟荆轲博戏，争执博局的路数，鲁勾践发怒呵斥他，荆轲就默无声息地逃走了，于是不再见面。

荆轲到燕国后，结交了一个以宰狗为业的人和一个擅长击筑的高渐离。荆轲非常爱饮酒，天天与那个宰狗的屠夫以及高渐离在燕市上喝酒，喝到似醉非醉后，高渐离击筑，荆轲就和着拍节在街市上唱歌，相互娱乐，不一会儿又相互哭泣，好像身旁没有人的样子。荆轲虽说混在酒徒中，可他的为人却深沉稳重，喜欢读书；他游历过诸侯各国，都与当地贤士、豪杰、德高望重的人相结交。到了燕国后，燕国隐士田光先生也对他非常友好，知道他不是平庸之人。

不久，正好赶上在秦国做人质的燕太子丹逃回燕国。燕太子丹过去曾在赵国做人质，而秦王嬴政又出生在赵国，他少年时曾与太子丹要好。等嬴政被立为秦王，太子丹又到秦国做人质。秦王对燕太子不够友好，因此太子丹因怨恨而逃回。归来就寻求报复秦王的办法，但是燕国弱小，力不能及。此后秦国出兵山东，攻打齐、楚和三晋，像蚕吃桑叶一样，逐渐地侵吞各国。战火即将波及燕国，燕国君臣唯恐大祸临头。太子丹为此深感忧虑，请教他的老师鞠武。鞠武回答说："秦国土地遍天下，威胁到韩国、魏国、赵国。它北有甘泉、谷口这样坚固险要的地势，南有泾河、渭水这样流域肥沃的土地，据有富饶的巴郡、汉中地区，右有陇、蜀崇山峻岭为屏障，左有殽山、函谷关做要塞，人口众多且士兵训练有素，武器装备绰绰有余。一旦它有意图向外扩张，则长城以南、易水以北就没有安稳的地方了。为何您还因为被欺侮的怨恨，而要去触动秦王的逆鳞呢！"太子丹说："既然这样，我们该怎么办才好呢？"鞠武回答说："让我进一步考虑考虑。"

※ 原文

居有间，秦将樊於期得罪于秦王，亡之燕，太子受而舍之。鞠武谏曰："不可。夫以秦王之暴而积怒于燕，足为寒心，又况闻樊将军之所在乎？是谓'委肉当饿虎之蹊'也，祸必不振矣！虽有管、晏，不能为之谋也。愿太子疾遣樊将军人匈奴以灭口。请西约三晋，南连齐、楚，北购于单于，其后乃可图也。"太子曰："太傅之计，旷日弥久，心惛然，恐不能须臾。且非独于此也，夫樊将军穷困于天下，归身于丹，丹终不以迫于强秦而弃所哀怜之交，置之匈奴，是固丹命卒之时也。愿太傅更虑之。"鞠武曰："夫行危欲求安，造祸而求福，计浅而怨深，连结一人之后交，不顾国家之大害，此所谓'资怨而助祸'矣。夫以鸿毛燎于炉炭之上，必无事矣。且以雕鸷之秦，行怨暴之怒，岂足道哉！燕有田光先生，其为人智深而勇沉，可与谋。"太子曰："愿因太傅而得交于田先生，可乎？"鞠武曰："敬诺。"

出见田先生，道"太子愿图国事于先生也。"田光曰："敬奉教。"乃造焉。太子逢迎，却行为导，跪而蔽席。田光坐定，左右无人，太子避席而请曰："燕秦不两立，原先生留意也。”田光曰：“臣闻骐骥盛壮之时，一日而驰千里；至其衰老，驽马先之。今太子闻光盛壮之时，不知臣精已消亡矣。虽然，光不敢以图国事，所善荆卿可使也。”太子曰：“原因先生得结交于荆卿，可乎？”田光曰：“敬诺。”即起，趋出。太子送至门，戒曰：“丹所报，先生所言者，国之大事也，愿先生勿泄也！”田光俯而笑曰：“诺。”

※ 译文

过了一段时间，秦将樊於期因得罪了秦王而逃到燕国，太子接纳了他，并收留他住下来。鞠武规劝说：“不行。秦王本来就很凶暴残忍，再积怒到燕国，这就足以让人担惊受怕了，又何况他听说樊将军住在这里呢？这就是‘把肉放置在饿虎经过的小路上’啊，祸患一定难以挽救！就算有管仲、晏婴，也无法为您出谋划策了。希望您赶快把樊将军送到匈奴去，以消除秦国攻打我们的借口。请您向西与三晋结盟，向南连络齐、楚，向北与单于和好，然后就可以想对付秦国的办法了。”太子丹说：“老师的计划需要的时间太长了，我心里忧闷烦乱，恐怕片刻都等待不及了。况且并非仅仅由于这个缘故，樊将军在天下已是穷途末路，他投奔于我，我总不能由于迫于强暴的秦国而抛弃我所同情的朋友，把他送到匈奴去应当是我生命完结的时刻。希望老师再考虑其他的办法吧。”鞠武说：“选择危险的行动又想求得安全，制造祸患而又祈请幸福，计谋浅薄而又怨恨深重，为了结交一个新朋友，却连国家的大祸患都不顾，这就是所说的‘积蓄仇怨而助祸患’。把大雁的羽毛放在炉炭上，一下子就会给烧光了。何况是雕鸷一样凶猛的秦国，对燕国发泄仇恨残暴的怒气，难道用得着说吗！燕国有位田光先生，此人智谋深邃而勇敢沉着，可以与他商量。”太子说：“希望通过老师来结交田先生，可以吗？”鞠武说：“遵命。”

鞠武便出去拜会田先生，说：“太子想跟田先生一起谋划国事。”田光说：“谨领教。”就前去拜访太子。太子上前迎接，他倒退着走为田光引路，然后跪下来拂拭座位给田光让坐。田光坐稳后，左右没有其他人，太子便离开自己的座位向田光请教说：“燕国与秦国誓不两立，希望先生留意。”田光说：“我听说骐骥盛壮的时候，一天可奔驰千里之远，等到它衰老了，即使是劣等马也能跑到它的前边。如今太子光听说我盛壮之年的情景，却不知道我的精力已经衰竭了。尽管如此，我虽无法冒昧地同您一起谋划国事，但是我的好朋友荆卿是可以承担这个使命的。”太子说：“希望可以通过先生来同荆卿结交，可以吗？”田光说：“遵命。”于是即刻起身，急忙出去了。太子送到门口，告诫道：“我所讲的，先生所说的，都是国家的大事，希望先生不要泄露！”田光俯下身，笑着说：“好。”

※ 原文

偻行见荆卿，曰：“光与子相善，燕国莫不知。今太子闻光壮盛之时，不知吾形已不逮也，幸而教之曰‘燕秦不两立，原先生留意也’。光窃不自外，言足下于太子也，愿足下过太子于宫。”荆轲曰：“谨奉教。”田光曰：“吾闻之，长者为行，不使人疑之。今太子告光曰：‘所言者，国之大事也，愿先生勿泄’，是太子疑光也。夫为行而使人疑之，非节侠也。”欲自杀以激荆卿，曰：“愿足下急过太子，言光已死，明不言也。”因遂自刎而死。

荆轲遂见太子，言田光已死，致光之言。太子再拜而跪，膝行流涕，有顷而后言曰：“丹所以诫田先生毋言者，欲以成大事之谋也。今田先生以死明不言，岂丹之心哉！”荆轲坐定，太子避席顿首曰：“田先生不知丹之不肖，使得至前，敢有所道，此天之所以哀燕而不弃其孤也。今秦有贪利之心，而欲不可足也。非尽天下之地，臣海内之王者，其意不厌。今秦已虏韩王，尽纳其地。又举兵南伐楚，北临赵；王翦将数十万之众距漳、邺，而李信出太原、云中。赵不能支秦，必入臣，入臣则祸至燕。燕小弱，数困于兵，今计举国不足以当秦。诸侯服秦，莫敢合从。丹之私计，愚以为诚得天下之勇士使于秦，窥以重利；秦王贪，其势必得所愿矣。诚得劫秦王，使悉反诸侯侵地，若曹沫之与齐桓公，则大善矣；则不可，因而刺杀之。彼秦大将擅兵于外而内有乱，则君臣相疑，以其间诸侯得合从，其破秦必矣。此丹之上愿，而不知所委命，唯荆卿留意焉。”

※ 译文

田光弯腰驼背地走着去见荆卿，说：“我与您彼此要好，燕国人人知道，现在太子听说了我盛壮之年时的情景，却不知道我现在的身体已经是力不从心了，我荣幸地听他教诲说：‘燕国和秦国誓不两立，希望先生留意。’我私下与您不见外，已经把您推荐给了太子，希望您去宫中拜访太子。”荆轲说：“谨领教。”田光说：“我听说年长老成的人行事，不应该让别人怀疑。如今太子告诫我说：‘我们所说的都是国家大事，希望先生不要泄露’，这说明太子在怀疑我。一个人行事却受到别人的怀疑，他就不算是有节操、讲义气的人。”他要用自杀来激励荆卿，说：“希望您立即去见太子，就说我已经死了，以表明我不会把机密泄露出去。”因此就刎颈自杀了。

荆轲于是便去会见太子，告诉他田光已经自杀，并转达了田光的话。太子拜了两拜跪下去，跪着前进，痛哭流涕，过了一会儿说：“我之所以告诫田先生不要讲，是为了想使大事的谋划得以成功。现在田先生却以死来表明他不会说出去，难道这是我的初衷吗！”荆轲坐稳，太子离开座位以头叩地说：“田先生不知道我不上进，使我能够到您跟前，不揣冒昧地有所陈述，这是上天哀怜燕国，不抛弃我啊。现在秦王有贪利的野心，而且他的欲望是不会满足的。不将天下的土地占尽，使各国的君王臣服于他，他的野心就永远不会满足。如今秦国已俘虏了韩王，并占领了他的全部领土。他又出兵向南攻打楚国，向北逼近赵国；王翦率领几十万大军抵达漳水、邺县一带，而李信出兵太原、云中。赵国实在抵挡不住秦军，必定会向秦国臣服；一旦赵国臣服，那么灾祸就会降临到燕国。燕国弱小，多次被战争所困扰，现在估计调动全国的力量也抵挡不住秦军。诸侯畏服秦国，无人敢提倡合纵政策，我私下有个不成熟的计策，认为如果真可以得到天下的勇士，把他们派往秦国，用重利诱惑秦王，秦王贪婪，其情势一定可以达到我们的愿望。果真能够将秦王劫持，让他把侵占各国的土地全部归还，就像曹沫劫持齐桓公，就实在是太好了；倘若不行，就趁势杀死他。他们秦国的大将在国外独揽兵权，一旦国内出了乱子，则君臣定会彼此猜疑，趁此机会，东方各国得以联合起来，就一定能够把秦国打败。这是我最大的愿望，却不知道把这个使命委托给谁，希望荆卿仔细地考虑这件事。"

※ 原文

久之，荆轲曰："此国之大事也，臣驽下，恐不足任使。"太子前顿首，固请毋让，然后许诺。于是尊荆卿为上卿，舍上舍。太子日造门下，供太牢具，异物间进，车骑美女恣荆轲所欲，以顺适其意。

久之，荆轲未有行意。秦将王翦破赵，虏赵王，尽收入其地，进兵北略地，至燕南界。太子丹恐惧，乃请荆轲曰："秦兵旦暮渡易水，则虽欲长侍足下，岂可得哉！"荆轲曰："微太子言，臣愿谒之。今行而毋信，则秦未可亲也。夫樊将军，秦王购之金千斤，邑万家。诚得樊将军首与燕督亢之地图，奉献秦王，秦王必说见臣，臣乃得有以报。"太子曰："樊将军穷困来归丹，丹不忍以己之私而伤长者之意，愿足下更虑之！"

荆轲知太子不忍，乃遂私见樊於期曰："秦之遇将军可谓深矣，父母宗族皆为戮没。今闻购将军首金千斤，邑万家，将奈何？"于期仰天太息流涕曰："于期每念之，常痛于骨髓，顾计不知所出耳！"荆轲曰："今有一言可以解燕国之患，报将军之仇者，何如？"于期乃前曰："为之奈何？"荆轲曰："愿得将军之首以献秦王，秦王必喜而见臣，臣左手把其袖，右手揕其匈，然则将军之仇报而燕见陵之愧除矣。将军岂有意乎？"樊於期偏袒扼捥而进曰："此臣之日夜切齿腐心也，乃今得闻教！"遂自刭。太子闻之，驰往，伏尸而哭，极哀。既已不可奈何，乃遂盛樊於期首函封之。

※ 译文

过了好一会儿，荆轲说："这是国家的大事，我的才能低劣，恐怕无法胜任。"

太子上前以头叩地，坚决请求不要推托，然后荆轲就答应了。太子当时就尊奉荆卿为上卿，住进上等的宾馆。太子每天到荆轲的住所拜望，供给贵重的饮食，还时常献上奇珍异物、车马美女任荆轲随心所欲，以便满足他的心意。

过了很久，荆轲还是没有行动。这时，秦将王翦已经攻破赵国的都城，俘虏了赵王，赵国的领土也全部纳入了秦国的版图。秦国大军挺进，向北夺取土地，一直到燕国的南部边界。太子丹害怕了，于是请求荆轲说："秦国军队早晚之间就要横渡易水了，那时就算我想要长久地侍奉您，怎么能办得到呢！"荆轲说："就算太子不说，我也要请求行动了。现在到秦国去，没有让秦王相信我的东西，秦王就不会接近我。那樊将军，秦王悬赏黄金千斤、封邑万户来购买他的脑袋。如果真能得到樊将军的脑袋和燕国督亢的地图，把这些献给秦王，秦王一定会很高兴接见我，这样我才可以寻找机会报效您。"太子说："樊将军到了穷途末路才来投奔我，我不忍心为自己的私利而伤害这位长者的心，希望您再另外考虑别的办法吧！"

荆轲明白太子不忍心，于是就私下会见樊於期说："秦国对待将军可以说是残酷至极，您的父母、家族都被杀尽。如今听说他们用黄金千斤、封邑万户，购买将军的首级，您打算怎么办呢？"于期仰望苍天，叹息流泪说："每当我想到这些，就痛入骨髓，却又总想不出办法来！"荆轲说："现在有一个办法可以解除燕国的祸患，也能洗雪将军的仇恨，如何？"樊於期凑向前说："怎么办？"荆轲说："希望得到将军的首级献给秦王，秦王一定会非常高兴地召见我，我左手抓住他的衣袖，右手用匕首直刺他的胸膛，则将军的仇恨可以洗雪，同时燕国被欺凌的耻辱也可以涤除了，将军是否有这个心意呢？"樊於期脱掉一边衣袖，露出臂膀，一只手紧紧握住另一只手腕，走近荆轲说："这是我日夜切齿碎心的仇恨，今天才听到您的教诲！"于是就自刎了。太子听说后亲自驾车奔驰前往，趴在尸体上痛哭，极其悲哀。但已经没法挽回，于是就把樊於期的首级装到匣子里密封起来。

※ 原文

于是太子豫求天下之利匕首，得赵人徐夫人匕首，取之百金，使工以药焠之，以试人，血濡缕，人无不立死者。乃装为遣荆卿。燕国有勇士秦舞阳，年十三，杀人，人不敢忤视。乃令秦舞阳为副。荆轲有所待，欲与俱；其人居远，未来，而为治行。顷之，未发，太子迟之，疑其改悔，乃复请曰："日已尽矣，荆卿岂有意哉？丹请得先遣秦舞阳。"荆轲怒，叱太子曰："何太子之遣？往而不返者，竖子也！且提一匕首入不测之强秦，仆所以留者，待吾客与俱。今太子迟之，请辞决矣！"遂发。

太子及宾客知其事者，皆白衣冠以送之。至易水之上，既祖，取道，高渐离击筑，荆轲和而歌，为变徵之声，士皆垂泪涕泣。又前而为歌曰："风萧萧兮易水寒，壮士一去兮不复还！”复为羽声慷慨，士皆瞋目，发尽上指冠。于是荆轲就车而去，终已不顾。

遂至秦，持千金之资币物，厚遗秦王宠臣中庶子蒙嘉。嘉为先言于秦王曰：“燕王诚振怖大王之威，不敢举兵以逆军吏，愿举国为内臣，比诸侯之列，给贡职如郡县，而得奉守先王之宗庙。恐惧不敢自陈，谨斩樊於期之头，及献燕督亢之地图，函封，燕王拜送于庭，使使以闻大王，唯大王命之。”秦王闻之，大喜，乃朝服，设九宾，见燕使者咸阳宫。荆轲奉樊於期头函，而秦舞阳奉地图柙，以次进。至陛，秦舞阳色变振恐，群臣怪之。

※ 译文

当时太子已提前命人寻找天下最锋利的匕首，找到赵国人徐夫人的匕首，用百金将其买下，让工匠用毒水淬它，用人试验，只要见一丝儿血，就立刻死去。于是就准备行装，送荆轲出发。燕国有位勇士叫秦舞阳，十三岁就杀了人，没有人敢正面对着看他。于是就派秦舞阳作助手。荆轲等待一个人，打算一起出发；那个人住得很远，还没赶到，而荆轲已替那个人准备好了行装。又过了些日子，荆轲还没有出发，太子以为他在拖延时间，怀疑他反悔了，就再次催请他说：“日子不多了，荆卿打算动身了吗？请允许我派遣秦舞阳先行。”荆轲发怒，斥责太子说：“太子这样派遣是什么意思呢？只顾去而不顾完成使命回来，那是个没有出息的小子！况且是拿一把匕首进入难以测度的强暴的秦国。我之所以暂留，就是为了等待另一位朋友同去。眼下太子认为我拖延了时间，那我就告辞决别吧！”于是就出发了。

太子及宾客中知道这件事的，都穿着白衣戴着白帽为荆轲送行。到易水岸边，饯行后上路，高渐离击筑，荆轲和着拍节唱歌，发出的声调极其苍凉凄惋，送行的人无不流泪哭泣，边向前走边唱道：“风萧萧兮易水寒，壮士一去兮不复还！”然后又发出慷慨激昂的声调，送行的人们怒目圆睁，头发直竖，把帽子都顶了起来。于是荆轲就上车走了，始终连头都没有回。

一到秦国，荆轲便带着价值千金的礼物，厚赠秦王宠幸的臣子中庶子蒙嘉。蒙嘉替荆轲先在秦王面前说：“燕王确实被大王的威严震慑得心惊胆颤，也不敢出动军队抗拒大王的将士，情愿全国上下都做秦国的臣子，比照其他诸侯国排列其中，纳税尽如同直属郡县职分，使得以奉守先王的宗庙。但是由于慌恐畏惧不敢亲自前来陈述，因此砍下樊於期的首级并献上燕国督亢地区的地图，装匣密封。燕王还在朝廷上举行了拜送仪式，并派出使臣把这些情况禀明大王，敬请大王指示。”秦王听说后非常高兴，就穿上了礼服，并安排了极为隆重的九宾仪式，在咸阳宫召见燕国的使者。荆轲捧着樊於期的首级，秦舞阳捧着地图匣子，按照正、副使的次序前进，走到殿前台阶下时，秦舞阳脸色突变，害怕得浑身发抖，大臣们都感到奇怪。

※ 原文

荆轲顾笑舞阳，前谢曰："北蕃蛮夷之鄙人，未尝见天子，故振慴。愿大王少假借之，使得毕使于前。"秦王谓轲曰："取舞阳所持地图。"轲既取图奏之，秦王发图，图穷而匕首见。因左手把秦王之袖，而右手持匕首揕之。未至身，秦王惊，自引而起，袖绝。拔剑，剑长，操其室。时惶急，剑坚，故不可立拔。荆轲逐秦王，秦王环柱而走。群臣皆愕，卒起不意，尽失其度。而秦法，群臣侍殿上者不得持尺寸之兵；诸郎中执兵，皆陈殿下，非有诏召，不得上。方急时，不及召下兵，以故荆轲乃逐秦王。而卒惶急，无以击轲，而以手共搏之。是时侍医夏无且以其所奉药囊提荆轲也。秦王方环柱走，卒惶急，不知所为，左右乃曰："王负剑！"负剑，遂拔以击荆轲，断其左股。荆轲废，乃引其匕首以擿秦王，不中，中桐柱。秦王复击轲，轲被八创。轲自知事不就，倚柱而笑，箕踞以骂曰："事所以不成者，以欲生劫之，必得约契以报太子也。"于是左右既前杀轲，秦王不怡者良久。已而论功，赏群臣及当坐者各有差，而赐夏无且黄金二百镒，曰："无且爱我，乃以药囊提荆轲也。"

于是秦王大怒，益发兵诣赵，诏王翦军以伐燕。十月而拔蓟城。燕王喜、太子丹等尽率其精兵东保于辽东。秦将李信追击燕王急，代王嘉乃遗燕王喜书曰："秦所以尤追燕急者，以太子丹故也。今王诚杀丹献之秦王，秦王必解，而社稷幸得血食。"其后李信追丹，丹匿衍水中，燕王乃使使斩太子丹，欲献之秦。秦复进兵攻之。后五年，秦卒灭燕，虏燕王喜。

※ 译文

荆轲回头朝秦舞阳笑笑，上前谢罪说："北方藩属蛮夷之地的粗野人，没见过天子，因此胆战心惊。请大王稍微宽容他，让他能够在大王面前完成使命。"秦王对荆轲说："把舞阳拿的地图递上来。"荆轲取过地图献上，秦王展开地图，图卷展到尽头，就露出了匕首。荆轲趁机左手抓住秦王的衣袖，右手拿匕首直刺。荆轲未近身，秦王就大吃一惊，自己抽身跳起，衣袖挣断。荆轲慌忙抽剑，但是由于剑长，只是抓住了剑鞘。一时惊慌急迫，剑又套得很紧，所以无法立刻拔出。荆轲追赶秦王，秦王绕着柱子奔跑躲避。大臣们都吓得目瞪口呆，突然发生意外事变，众人都失去常态。而秦国的法律规定，殿上侍从大臣不许携带任何兵器；各位侍卫武官也只能拿着武器依序守卫在殿外，没有诏令，任何人不准进殿。就在这危急时刻，来不及传唤下边的侍卫官兵，所以荆轲能够追赶秦王。仓促之间，惊慌急迫，没有用来攻击荆轲的武器，只有赤手空拳同荆轲搏击。这时，侍从医官夏无且用他所捧的药袋投击荆轲。

正当秦王围着柱子奔跑闪躲，仓猝慌急，不知所措的时候，侍从们喊道："大王，把剑推到背后！"于是秦王把剑推到背后，才拔出宝剑攻击荆轲，将其左腿砍断。荆轲残废，就举起他的匕首直接投刺秦王，没有击中，却击中了铜柱。秦王接连攻击荆轲，荆轲八处被刺伤。荆轲自知大事无法办成功了，就倚在柱子上大笑，张开两腿像簸箕一样坐在地上骂道："大事之所以没能办成，就是因为我想活捉你，迫使你订立归还诸侯们土地的契约来回报太子。"这时侍卫们冲上前来把荆轲杀死，而秦王也不高兴了好长一段时间。过后评论功过，赏赐群臣及处置当办罪的官员都各有差别。秦王赐给夏无且二百镒黄金，说："无且爱我，才用药袋投击荆轲啊。"

于是秦王大发雷霆，增派军队前往赵国，命王翦的军队去进攻燕国，十月就攻克了蓟城。燕王喜和太子丹等率全部精锐部队向东退守辽东。秦将李信紧追燕王不舍，代王嘉就写信给燕王喜说："秦军之所以这么急迫地追击燕军，是由于太子丹的缘故。现在您若把太子丹杀掉，把他的人头献给秦王，就必然会得到秦王的宽恕，而社稷或许也侥幸可以得到祭祀。"此后李信率军追赶太子丹，太子丹隐藏在衍水河中，燕王就派使者把太子丹杀了，准备把他的人头献给秦王。秦王又进军攻打燕国。此后五年，秦国终于将燕国灭掉了，燕王喜被俘虏。

※ 原文

其明年，秦并天下，立号为皇帝。于是秦逐太子丹、荆轲之客，皆亡。高渐离变名姓，为人庸保，匿作于宋子。久之，作苦，闻其家堂上客击筑，傍徨不能去。每出言曰："彼有善有不善。"从者以告其主，曰："彼庸乃知音，窃言是非。"家丈人召使前击筑，一坐称善，赐酒。而高渐离念久隐畏约无穷时，乃退，出其装匣中筑与其善衣，更容貌而前。举坐客皆惊，下与抗礼，以为上客。使击筑而歌，客无不流涕而去者。

宋子传客之，闻于秦始皇。秦始皇召见，人有识者，乃曰："高渐离也。"秦皇帝惜其善击筑，重赦之，乃矐其目。使击筑，未尝不称善。稍益近之，高渐离乃以铅置筑中，复进得近，举筑朴秦皇帝，不中。于是遂诛高渐离，终身不复近诸侯之人。

鲁勾践已闻荆轲之刺秦王，私曰："嗟乎，惜哉！其不讲于刺剑之术也！甚矣，吾不知人也！曩者吾叱之，彼乃以我为非人也！"

太史公曰：世言荆轲，其称太子丹之命，"天雨粟，马生角"也，太过。又言荆轲伤秦王，皆非也。始公孙季功、董生与夏无且游，具知其事，为余道之如是。自曹沫至荆轲五人，此其义或成或不成，然其立意较然，不欺其志，名垂后世，岂妄也哉！

※ 译文

第二年，秦王吞并了天下，立号为皇帝。于是就通缉太子丹和荆轲的门客，门客们都潜逃了。高渐离也隐名埋姓给人家做酒保，隐藏在宋子这个地方做工。时间一长，觉得很劳累，听说主人家堂上有客人击筑，便走来走去怎么都舍不得离开。他常常张口就说："那筑的声调有好的地方，也有不好的地方。"侍从把高渐离的话告诉主人，说："那个庸工懂得音乐，私下说是道非。"这家主人便叫高渐离到堂前击筑，满座宾客都称赞他击得好，于是就赏他酒喝。高渐离考虑到他长久以来隐姓埋名，担惊受怕地躲藏下去没有尽头，便退下堂来，从行装匣子里拿出来自己的筑和衣裳，改装整容来到堂前，满座宾客无不大吃一惊，离开座位用平等的礼节接待他，尊为上宾。请他击筑唱歌，宾客们听了，没有不被感动得流着泪而离去的。

宋子城里的人轮流请他去作客，这消息传到秦始皇耳朵里。秦始皇召令让他进见，有认识他的人说："这是高渐离。"秦始皇怜惜他擅长击筑，特别将其死罪赦免。于是熏瞎了他的眼睛，让他击筑，没有一次不说好。渐渐地更加接近秦始皇，高渐离便把铅放进筑中，再进宫击筑靠近时，就举筑撞击秦始皇，但是没有击中。于是秦始皇就把高渐离杀了，终身不敢再接近从前东方六国的人了。

鲁勾践听到荆轲行刺秦王的事，私下说："唉！真是太可惜啦，他不讲究刺剑的技术啊，我太不了解这个人了！过去我呵斥他，他就认为我不是同路人了。"

太史公说：社会上谈论荆轲，每说到太子丹的命运时，就说什么"天上像下雨一样落下粮食来，马头长出角来！"这实在是太过分了。又说荆轲把秦王刺伤了，这都不是事实。当初公孙季功、董生和夏无且交游，都知道此事，他们告诉我的就像我记载的一样。从曹沫到荆轲这五个人，他们的侠义之举有的成功，有的失败，但他们的志向意图都很清楚明朗，谁都未违背自己的良心，名声流传到后代，这难道是虚妄的吗！

※ 评析

"风萧萧兮易水寒，壮士一去兮不复返。"易水畔的这首悲壮的歌至今传唱不衰，荆轲也作为一个勇士而被世人颂扬。荆轲是一个刺客，而且是最名重于后世的刺客。但随着秦的统一，荆轲的事迹成了仗剑而行者最后的挽歌，弥漫着浓厚的悲伤情调。尽管如此，我们认为他的事迹还是有重大意义的，他远远超出了专诸、豫让、聂政等人的那种完全出于个人恩怨的"借友报仇"，而是具有一种见义勇为、急人之难之意。在一个国家面临灭亡之时，一群勇士不甘为奴，他们起来进行最后的抗争，尽管他们挽救不了危局，但是他们那种"明知山有虎，偏向虎山行"的侠肝义胆还是可歌可泣的。荆轲在易水畔慷慨悲歌之时也早就知道了自己的归宿，即"一去不复返"，可是他还是义无反顾。古人也好，今人也罢，能够勇于肩担道义，就总是会被世人敬仰的。

淮阴侯列传第三十二

※ 原文

淮阴侯韩信者，淮阴人也。始为布衣时，贫无行，不得推择为吏，又不能治生商贾，常从人寄食饮，人多厌之者，常数从其下乡南昌亭长寄食，数月，亭长妻患之，乃晨炊蓐食。食时信往，不为具食。信亦知其意，怒，竟绝去。

信钓于城下，诸母漂，有一母见信饥，饭信，竟漂数十日。信喜，谓漂母曰："吾必有以重报母。"母怒曰："大丈夫不能自食，吾哀王孙而进食，岂望报乎！"

淮阴屠中少年有侮信者，曰："若虽长大，好带刀剑，中情怯耳。"众辱之曰："信能死，刺我；不能死，出我袴下。"于是信孰视之，俛出袴下，蒲伏。一市人皆笑信，以为怯。

及项梁渡淮，信杖剑从之，居戏下，无所知名。项梁败，又属项羽，羽以为郎中。数以策干项羽，羽不用。汉王之入蜀，信亡楚归汉，未得知名，为连敖。坐法当斩，其辈十三人皆已斩，次至信，信乃仰视，适见滕公，曰："上不欲就天下乎？何为斩壮士！"滕公奇其言，壮其貌，释而不斩。与语，大说之。言于上，上拜以为治粟都尉，上未之奇也。

※ 译文

淮阴侯韩信是淮阴人。当初做平民百姓时，非常贫穷，且品行不好，不能够被推选去做官，又无法做买卖维持生活，经常寄居在别人家吃闲饭，人们大多不喜欢他。他曾多次去下乡南昌亭亭长处吃闲饭，连续数月，亭长的妻子嫌恶他，于是就先做好早饭，端到内室床上去吃。开饭的时候，韩信去了，却不给他准备饭食。韩信也知道人家的意思。一怒之下，居然离去不再回来。

韩信在城下钓鱼，有几位老大娘在漂洗涤丝棉，其中一位大娘看见韩信饿了，就把饭送给他吃。几十天都这样，直到漂洗完毕。韩信非常高兴，就对那位大娘说："我一定会重重地报答您老人家。"大娘生气地说："大丈夫却无法养活自己，我是可怜你这位公子才给你饭吃的，难道是想得到你的报答吗？"

淮阴屠户中有个年轻人侮辱韩信说："你虽然长得高大，也喜欢带刀佩剑，可事实上只不过是个胆小鬼罢了。"又当众侮辱他说："你若不怕死，就用剑刺我；若怕死，就从我胯下爬过去。"韩信仔细打量了他一番，就低下身去，趴在地上，然后从他的胯下爬了过去。满街的人都笑话韩信，认为他实在胆小。

等项梁率军渡过了淮河，韩信持剑追随他，在项梁部下，却没有名声。项梁战败，又隶属项羽，项羽就让他做了郎中。他屡次向项羽献计，以求重用，但是却没有被项羽采纳。汉王刘邦入蜀，韩信脱离楚军归顺了汉王。由于没有什么名声，就只做了接待宾客的小官。后来因犯法而被判处了斩刑，同伙十三人都被杀了，轮到韩信时，他抬头仰视，正好看见滕公，就说：“难道汉王不想成就统一天下的功业吗？为什么还要斩壮士啊！”滕公觉得他的话不同凡响，见他相貌堂堂，就放了他，与韩信交谈，非常欣赏，然后将此事报告给汉王，汉王任命韩信为治粟都尉。汉王并未察觉他有什么出奇超众的才能。

※ 原文

信数与萧何语，何奇之。至南郑，诸将行道亡者数十人，信度何等已数言上，上不我用，即亡。何闻信亡，不及以闻，自追之。人有言上曰：“丞相何亡。”上大怒，如失左右手。居一二日，何来谒上，上且怒且喜，骂何曰：“若亡，何也？”何曰：“臣不敢亡也，臣追亡者。”上曰：“若所追者谁何？”曰：“韩信也。”上复骂曰：“诸将亡者以十数，公无所追；追信，诈也。”何曰：“诸将易得耳。至如信者，国士无双。王必欲长王汉中，无所事信；必欲争天下，非信无所与计事者。顾王策安所决耳。”王曰：“吾亦欲东耳，安能郁郁久居此乎？”何曰：“王计必欲东，能用信，信即留；不能用，信终亡耳。”王曰：“吾为公以为将。”何曰：“虽为将，信必不留。”王曰：“以为大将。”何曰：“幸甚。”于是王欲召信拜之。何曰：“王素慢无礼，今拜大将如呼小儿耳，此乃信所以去也。王必欲拜之，择良日，斋戒，设坛场，具礼，乃可耳。”王许之。诸将皆喜，人人各自以为得大将。至拜大将，乃韩信也，一军皆惊。

※ 译文

韩信多次跟萧何谈话，萧何认为他是位奇才。到达南郑，各路将领在半路上逃跑的就有几十人。韩信揣测萧何等人已多次向汉王推荐自己，但并未被汉王任用，也就逃走了。萧何听说韩信逃了，顾不上报告汉王，就亲自去追赶。有人报告汉王说：“丞相萧何逃跑了。”汉王大怒，好像失去了左右手。过了一两天，萧何来拜见汉王，汉王又是恼怒又是高兴，骂萧何道：“你为什么要逃跑啊？”萧何说：“我是不敢逃跑的，我是去追赶逃跑的人。”汉王说：“你追赶的人是谁啊？”回答说：“是韩信。”汉王又骂道：“各路将领逃跑了有几十人，你一个也没去追；可是却去追韩信，你是骗人。”萧何说：“那些将领都很容易得到。可是像韩信这样杰出的人物，普天之下再找不出第二个了。大王若真想长期在汉中称王，自然用不着韩信，但是如果一定要争夺天下，除了韩信可就再也没有同您计议大事的人了。就看大王怎么决策了。”汉王说："我是要向东发展啊，怎么可以内心苦闷地长期待在这里呢？"萧何说："大王决意向东发展，若能够重用韩信，他就会留下来，否则，他终究还是要逃跑的。"汉王说："我看在您的面子上，就让他做个将军。"萧何说："就算是让他做将军，也一定留不下他。"汉王说："那就任命他为大将军。"萧何说："太好了。"于是汉王就要把韩信召来任命他。萧何说："大王一向对人轻慢，不讲礼节，现在任命大将军就跟呼喊小孩儿似的。这就是韩信之所以要离去的原因啊。大王决心要任命他，就要选择良辰吉日，亲自斋戒，设置高坛和广场，礼仪一定要完备才可以呀。"汉王答应了萧何的要求。众将听到要拜大将军都非常高兴，都以为自己要做大将军了。等到任命时，被任命的竟然是韩信，全军都感到非常惊讶。

※ 原文

信拜礼毕，上坐。王曰："丞相数言将军，将军何以教寡人计策？"信谢，因问王曰："今东乡争权天下，岂非项王邪？"汉王曰："然。"曰："大王自料勇悍仁强孰与项王？"汉王默然良久，曰："不如也。"信再拜贺曰："惟信亦为大王不如也。然臣尝事之，请言项王之为人也。项王喑噁叱咤，千人皆废，然不能任属贤将，此特匹夫之勇耳。项王见人恭敬慈爱，言语呕呕，人有疾病，涕泣分食饮，至使人有功当封爵者，印刓敝，忍不能予，此所谓妇人之仁也。项王虽霸天下而臣诸侯，不居关中而都彭城。有背义帝之约，而以亲爱王，诸侯不平。诸侯之见项王迁逐义帝置江南，亦皆归逐其主而自王善地。项王所过无不残灭者，天下多怨，百姓不亲附，特劫于威强耳。名虽为霸，实失天下心。故曰其强易弱。今大王诚能反其道：任天下武勇，何所不诛！以天下城邑封功臣，何所不服！以义兵从思东归之士，何所不散！且三秦王为秦将，将秦子弟数岁矣，所杀亡不可胜计，又欺其众降诸侯，至新安，项王诈坑秦降卒二十余万，唯独邯、欣、翳得脱，秦父兄怨此三人，痛入骨髓。今楚强以威王此三人，秦民莫爱也。大王之入武关，秋豪无所害，除秦苛法，与秦民约，法三章耳，秦民无不欲得大王王秦者。于诸侯之约，大王当王关中，关中民咸知之。大王失职入汉中，秦民无不恨者。今大王举而东，三秦可传檄而定也。"于是汉王大喜，自以为得信晚。遂听信计，部署诸将所击。

※ 译文

任命韩信的仪式结束后，汉王就座。汉王说："丞相多次称道将军，将军用什么计策来指教我呢？"韩信谦让了一番，便趁势问汉王说："现在向东争夺天下，难道敌人不是项王吗？"汉王说："是。"韩信说："大王自己估计在勇敢、强悍、仁厚、兵力方面同项王相比，谁强？"汉王沉默了很久，说："我不如项王。"韩信拜了两拜，赞成地说："我也认为大王比不上他呀。不过，我曾侍奉过他，请让我把项王的为人说给大王听吧。项王震怒咆哮时，吓得千百人不敢稍动，但却不能放手任用有才能的将领，这只不过是匹夫之勇罢了。项王待人恭敬慈爱，言语温和，有生病的人都会心疼地流泪，把自己的饮食分给他，等有人立下战功，该加封进爵时，就把刻好的大印放在手里玩磨得失去了棱角，还舍不得给人，这就是所说的妇人之仁啊。项王即使已称霸天下，使诸侯臣服，但是他放弃了关中的有利地形，而建都彭城，且还违背了与义帝的约定，分封自己的亲信为王，诸侯们愤愤不平。诸侯们看到项王把义帝驱逐到江南僻远的地方，也纷纷回去驱逐自己的国君，占据好的地方自立为王。凡是项王军队所经过的地方，无不横遭摧残毁灭，天下之人大都怨恨，百姓不愿归附，但却迫于威势，勉强服从了。他虽然名义上是霸主，可实际上却已经失去了天下的民心。因此说他的优势很容易转化为劣势。现在大王若真能同他反其道而行：任用天下英勇善战的人才，有什么不能被诛灭的呢？把天下的城邑分封给有功之臣，谁会不心服口服呢？以正义之师，顺从将士东归的心愿，什么样的敌人不会被击溃呢？况且项羽分封的三个王，原本都是秦朝的将领，率秦地子弟打了好几年仗，被杀死和逃跑的不计其数，又欺骗他们的部下向诸侯投降。到达新安时，项王狡诈将已投降的二十多万秦军兵士活埋，唯独章邯、司马欣和董翳得以留存，秦地父老兄弟对这三人恨之入骨。如今项羽凭恃着威势，强行将此三人封立为王，秦地百姓没有人爱戴他。而大王进入武关，秋毫无犯，将秦朝的苛酷法令废除了，还与秦地百姓约法三章，秦地百姓人人唯恐大王不在秦地做王。根据诸侯的成约，大王理应做关中王，关中百姓也都知道这件事，可是大王却失掉了应得的爵位进入汉中，秦地百姓没有不怨恨的。现在大王发动军队向东挺进，只要一道文书就可将三秦封地平定了。"于是汉王非常高兴，自认为得到韩信太晚了。于是就听从韩信的谋划，部署各路将领攻击的目标。

※ 原文

八月，汉王举兵东出陈仓，定三秦。汉二年，出关，收魏、河南，韩、殷王皆降。合齐、赵共击楚。四月，至彭城，汉兵败散而还。信复收兵与汉王会荥阳，复击破楚京、索之间，以故楚兵卒不能西。

汉之败却彭城，塞王欣、翟王翳亡汉降楚，齐、赵亦反汉与楚和。六月，魏王豹谒归视亲疾，至国，即绝河关反汉，与楚约和。汉王使郦生说豹，不下。其八月，以信为左丞相，击魏。魏王盛兵蒲坂，塞临晋，信乃益为疑兵，陈船欲度临晋，而伏兵从夏阳以木罂缶渡军，袭安邑。魏王豹惊，引兵迎信，信遂虏豹，定魏为河东郡。汉王遣张耳与信俱，引兵东，北击赵、代。后九月，破代兵，禽夏说阏与。信之下魏破代，汉辄使人收其精兵，诣荥阳以距楚。

※ 译文

八月，汉王出兵路经陈仓向东挺进，平定了三秦。汉二年，出兵函谷关，魏王、河南王、韩王、殷王也相继投降。汉王又联合齐王和赵王共同进攻楚军。四月，到达彭城，汉军兵败，溃散而回。韩信又将溃散的人马收集起来与汉王在荥阳会合，在京县、索亭之间又把楚军摧垮。于是楚军始终无法西进。

汉军在彭城败退后，塞王司马欣和翟王董翳叛汉降楚，齐国和赵国也背叛汉王同楚国和解。六月，魏王豹以探望老母疾病为由请假回乡，一到封国，便立即将黄河渡口临晋关的交通要道切断，反叛汉王，并与楚军订约讲和。汉王派郦生游说魏豹，但未能成功。这年八月，汉王任命韩信为左丞相，攻打魏王豹。魏王将主力部队驻扎在蒲坂，黄河渡口临晋关被堵塞。韩信就增设疑兵，故意排列开战船，装作要在临晋渡河，而隐蔽的部队却从夏阳用木制的盆瓮浮水渡河，对安邑进行偷袭。魏王豹惊慌失措，率兵迎击韩信，韩信就将魏王豹俘虏，魏地被平定后，改制为河东郡。汉王派张耳和韩信一起率兵东进，然后又向北攻击赵国和代国。这年闰九月打垮了代国军队。在阏与生擒了夏说。韩信攻克魏国，摧毁代国后，汉王就立刻派人将韩信的精锐部队调走，开往荥阳去抵御楚军。

※ 原文

信与张耳以兵数万，欲东下井陉击赵。赵王、成安君陈余闻汉且袭之也，聚兵井陉口，号称二十万。广武君李左车说成安君曰："闻汉将韩信涉西河，虏魏王，禽夏说，新喋血阏与，今乃辅以张耳，议欲下赵，此乘胜而去国远斗，其锋不可当。臣闻千里馈粮，士有饥色，樵苏后爨，师不宿饱。今井陉之道，车不得方轨，骑不得成列，行数百里，其势粮食必在其后。愿足下假臣奇兵三万人，从间道绝其辎重；足下深沟高垒，坚营勿与战。彼前不得斗，退不得还，吾奇兵绝其后，使野无所掠，不至十日，而两将之头可致于戏下。愿君留意臣之计。否，必为二子所禽矣。"成安君，儒者也，常称义兵不用诈谋奇计，曰："吾闻兵法十则围之，倍则战。今韩信兵号数万，其实不过数千。能千里而袭我，亦已罢极。今如此避而不击，后有大者，何以加之！则诸侯谓吾怯，而轻来伐我。"不听广武君策，广武君策不用。

※ 译文

韩信和张耳率领几十万人马，想突破井陉口，进攻赵国。赵王、成安君陈余听说汉军即将袭击赵国，就在井陉口聚集兵力，号称二十万大军。广武君李左车向成安君献计道："听说汉将韩信渡过西河，魏王豹被俘虏，夏说被生擒，新近血洗阏与，如今又以张耳辅助，计议夺取赵国。这是乘胜利的锐气离开本国远征，其锋芒是不可阻挡的。可是，我听说千里运送粮饷，士兵就会面带饥色，临时砍柴割草烧火做饭，兵士就无法经常吃饱。眼下井陉这条道路，两辆战车无法并行，骑兵无法排成行列，行进的军队逶迤数百里，运粮食的队伍必定会远远地落到后边，希望您临时拨给我三万奇兵，从隐蔽的小路拦截他们的粮草，您就深挖战壕，高筑营垒，坚守军营，不同他们交战。他们向前不能战斗，向后也无法退，我出奇兵把他们的后路截断，使他们在荒野抢掠不到任何东西，不出十天，两将的人头就可送到将军帐下。希望您认真考虑我的计策。否则，定会被他二人俘虏。”成安君是信奉儒家学说的刻板书生，常宣称正义的军队不用欺骗诡计，说：“我听兵书上讲，兵力十倍于敌人，就可以将其包围，超过敌人一倍就可与之交战。如今韩信的军队号称数万，实际上却不过数千。他竟然跋涉千里来袭击我们，已经非常疲惫了。如今像这样回避不出击，等强大的后续部队到来后，又怎对付得了呢？诸侯们会认为我胆小，就会轻易地来攻打我们。”因此不采纳广武君的计谋。

※ 原文

韩信使人间视，知其不用，还报，则大喜，乃敢引兵遂下。未至井陉口三十里，止舍。夜半传发，选轻骑二千人，人持一赤帜，从间道萆山而望赵军，诫曰：“赵见我走，必空壁逐我，若疾入赵壁，拔赵帜，立汉赤帜。”令其裨将传飧，曰：“今日破赵会食！”诸将皆莫信，详应曰：“诺。”谓军吏曰：“赵已先据便地为壁，且彼未见吾大将旗鼓，未肯击前行，恐吾至阻险而还。”信乃使万人先行，出，背水陈。赵军望见而大笑。平旦，信建大将之旗鼓，鼓行出井陉口，赵开壁击之，大战良久。于是信、张耳详弃鼓旗，走水上军。水上军开入之，复疾战。赵果空壁争汉鼓旗，逐韩信、张耳。韩信、张耳已入水上军，军皆殊死战，不可败。信所出奇兵二千骑，共候赵空壁逐利，则驰入赵壁，皆拔赵旗，立汉赤帜二千。赵军已不胜，不能得信等，欲还归壁，壁皆汉赤帜，而大惊，以为汉皆已得赵王将矣，兵遂乱，遁走，赵将虽斩之，不能禁也。于是汉兵夹击，大破虏赵军，斩成安君泜水上，禽赵王歇。

※ 译文

韩信派人暗中打探，得知成安君没有采纳广武君的计谋，回来报告，韩信大喜，才敢率兵进入井陉狭道。在离井陉口还有三十里的地方停下来宿营。半夜传令出发，精选了两千名轻装骑兵，每人各拿一面红旗，由隐蔽小道上山，在山上隐蔽着观察赵国的军队。韩信告诫说：“交战时，赵军看到我军败逃，必定会倾巢出动追赶我军，然后你们就火速冲进赵军的营垒，把他们的旗帜拔掉，竖起汉军的红旗。”又让副将传达开饭的命令，说：“今天打垮了赵军后正式会餐。”将领们都不信，假意回答道：

“好。”韩信于是对手下军官说：“赵军已提前占据了有利地形筑造了营垒，他们看不到我们大将的旗帜、仪仗，就不肯攻击我军的先头部队，怕我们到了险要的地方退回去。”韩信就派出万人为先头部队，出了井陉口，背靠河水将战列摆开。赵军远远望见，大笑不止。天蒙蒙亮，韩信就设置起大将的旗帜和仪仗，大吹大擂地开出井陉口。赵军打开营垒进攻汉军，激战了很久。这时，韩信、张耳装作抛旗弃鼓，向河边的阵地逃回。河边阵地的部队把营门打开放他们进去。然后再同赵军激战。赵军果真全部出动，来争夺汉军的旗鼓，追逐韩信、张耳。韩信和张耳已入河边阵地。全军拼死奋战，赵军都无法打败他们。韩信先派出去的两千轻骑兵，等到赵军全部出动去追逐战利品时，就火速冲入赵军空虚的营垒，拔掉了赵军的全部旗帜，竖立起两千面汉军的红旗。这时，赵军已无法取胜，又不能俘获韩信等人，就想退回营垒，可是却发现营垒插满了汉军的红旗，因此大为震惊，以为汉军已将赵王的将领全部俘获了，于是军队大乱，纷纷落荒而逃，赵将即使诛杀逃兵，也禁止不了。于是汉兵前后夹击，把赵军彻底摧垮了，俘虏了大批人马，并在泜水岸边活捉了赵王歇。

※ 原文

信乃令军中毋杀广武君，有能生得者购千金。于是有缚广武君而致戏下者，信乃解其缚，东乡对，西乡对，师事之。

诸将效首虏，毕贺，因问信曰：“兵法右倍山陵，前左水泽，今者将军令臣等反背水陈，曰破赵会食，臣等不服。然竟以胜，此何术也？”信曰：“此在兵法，顾诸君不察耳。兵法不曰‘陷之死地而后生，置之亡地而后存’？且信非得素拊循士大夫也，此所谓‘驱市人而战之’，其势非置之死地，使人人自为战；今予之生地，皆走，宁尚可得而用之乎！”诸将皆服曰：“善。非臣所及也。”

于是信问广武君曰：“仆欲北攻燕，东伐齐，何若而有功？”广武君辞谢曰：“臣闻败军之将，不可以言勇，亡国之大夫，不可以图存。今臣败亡之虏，何足以权大事乎！”信曰：“仆闻之，百里奚居虞而虞亡，在秦而秦霸，非愚于虞而智于秦也，用与不用，听与不听也。诚令成安君听足下计，若信者亦已为禽矣。以不用足下，故信得侍耳。”因固问曰：“仆委心归计，愿足下勿辞。”

※ 译文

韩信传令全军，不得杀害广武君，能把他活捉的就给予千金赏赐。于是有人捆着广武君送到军营，韩信亲自为他松绑，并请他面向东坐，自己则面向西对坐着，像对待老师那样对待他。

众将献上首级和俘虏，祝贺韩信，并趁机对韩信说：“兵法上说‘行军布阵应右边和背后靠山，前边和左边临水’。这次将军反而让我们背水列阵，还说‘打垮了赵军正式会餐’，我们并不信服，可是竟真的取胜了，这是什么战术啊？”韩信说：“这也在兵法上，只是诸位没留心罢了。兵法上不是说‘陷之死地而后生，置之亡地而后存’吗？再说了，我平素又没有机会训练诸位将士，这就是所说的‘把街市上的百姓赶去打仗’，这种形势下把将士们置之于死地，使人人为保全自己而战；若给他们留有后路，就会全部逃跑了，怎么还能用他们取胜呢？”将领们都佩服地说：“好。将军的谋略实在不是我们所能赶得上的呀。”

于是韩信就问广武君说：“我要向北攻伐燕国，向东讨伐齐国，怎么才可以成功呢？”广武君推辞说：“我听说‘打了败仗的将领没有谈论勇敢的资格，亡了国的大夫没有资格谋划国家的生存’。现在我是兵败国亡的俘虏，有什么资格来计议大事呢？”韩信说：“我听说，百里奚在虞国而虞国灭亡了，可是他在秦国而秦国却能称霸，这并非是因为他在虞国愚蠢，到了秦国就聪明，而在于他能否得到国君的任用，其意见是否被采纳。如果当初成安君真的采纳了您的计谋，那么我也早被生擒了。因为他没采纳您的计谋，所以我才能够侍奉您啊。”韩信坚决请教说：“我倾心听从您的计谋，请您不要再推辞了。”

※ 原文

广武君曰：“臣闻智者千虑，必有一失；愚者千虑，必有一得。故曰‘狂夫之言，圣人择焉’。顾恐臣计未必足用，愿效愚忠。夫成安君有百战百胜之计，一旦而失之，军败鄗下，身死泜上。今将军涉西河，虏魏王，禽夏说阏与，一举而下井陉，不终朝破赵二十万众，诛成安君。名闻海内，威震天下，农夫莫不辍耕释耒，褕衣甘食，倾耳以待命者。若此，将军之所长也。然而众劳卒罢，其实难用。今将军欲举倦弊之兵，顿之燕坚城之下，欲战恐久力不能拔，情见势屈，旷日粮竭，而弱燕不服，齐必距境以自强也。燕齐相持而不下，则刘项之权未有所分也。若此者，将军所短也。臣愚，窃以为亦过矣。故善用兵者不以短击长，而以长击短。”韩信曰：“然则何由？”广武君对曰：“方今为将军计，莫如案甲休兵，镇赵抚其孤，百里之内，牛酒日至，以飨士大夫醳兵，北首燕路，而后遣辩士奉咫尺之书，暴其所长于燕，燕必不敢不听从。燕已从，使喧言者东告齐，齐必从风而服，虽有智者，亦不知为齐计矣。如是，则天下事皆可图也。兵固有先声而后实者，此之谓也。”韩信曰：“善。”从其策，发使使燕，燕从风而靡。乃遣使报汉，因请立张耳为赵王，以镇抚其国。汉王许之，乃立张耳为赵王。

※ 译文

广武君说："我听说，'智者千虑，必有一失；愚者千虑，必有一得'。所以俗话说'狂人的话，圣人也可以选择'。虽我的计谋不足以被采用，但我还是愿意献出愚诚，忠心效力。成安君本有百战百胜的计谋，可是一旦失掉它，军队在鄗城之下战败，自己在泜水之上亡身。今天将军横渡西河，俘虏了魏王，生擒夏说和阏与，一举攻克了井陉，还不到一早晨的时间就打垮了二十万赵军，成安君被诛杀。名声传扬四海，声威震动天下，农民们预感到兵灾临头，都放下农具，停止耕作，穿好的，吃好的，以打发日子，一心倾听战争的消息，等着死亡的降临。这些都是将军在策略上的长处。可是眼下百姓劳苦，士卒疲惫，很难用来作战。倘若将军发动疲惫的军队，停留在燕国坚固的城池下，要战恐怕时间过长，力量不足无法攻克。实情暴露，威势就会减弱，旷日持久，粮食耗尽，而弱小的燕国不肯降服，则齐国定会拒守边境，以图自强。一旦燕、齐两国坚持不肯降服，则刘项双方的胜负就断定不下。这些又是将军战略上的短处。我的见识浅薄，可我自认为攻燕伐齐是失策啊。所以，善于带兵打仗之人不以自己的短处去攻击敌人的长处，而是用自己的长处去攻击敌人的短处。"韩信说："既然如此，那么该怎么办呢？"广武君说："现在为将军打算，不如按兵不动，安定赵国的社会秩序，抚恤阵亡将士的遗孤。方圆百里之内，每日进献牛肉美酒，来犒劳将士。摆出向北攻打燕国的姿态，然后派出说客，拿着书信，在燕国显示自己在战略上的长处，燕国肯定不敢不听。燕国顺从后，再派说客向东劝降齐国。齐国也会闻风而降。就算有聪明睿智之人，也不知该如何替齐国谋划了。如果这样，则夺取天下的大事都可以谋求了。用兵本来就有先虚张声势，然后采取实际行动的，我所说的就是这样的情况。"韩信说："好。"于是听从了他的计策，派使者出使燕国，燕国得知消息后，果然立刻降服。于是就派人报告汉王，并请求立张耳为赵王，以镇抚赵国。汉王答应了他的请求，就把张耳封为赵王。

※ 原文

楚数使奇兵渡河击赵，赵王耳、韩信往来救赵，因行定赵城邑，发兵诣汉。楚方急围汉王于荥阳，汉王南出，之宛、叶间，得黥布，走入成皋，楚又复急围之。六月，汉王出成皋，东渡河，独与滕公俱，从张耳军脩武。至，宿传舍。晨自称汉使，驰入赵壁。张耳、韩信未起，即其卧内上夺其印符，以麾召诸将，易置之。信、耳起，乃知汉王来，大惊。汉王夺两人军，即令张耳备守赵地。拜韩信为相国，收赵兵未发者击齐。

信引兵东，未渡平原，闻汉王使郦食其已说下齐，韩信欲止。范阳辩士蒯通说信曰："将军受诏击齐，而汉独发间使下齐，宁有诏止将军乎？何以得毋行也！且郦生一士，伏轼掉三寸之舌，下齐七十余城，将军将数万众，岁余乃下赵五十余，为将数岁，反不如一竖儒之功乎？”于是信然之，从其计，遂渡河。齐已听郦生，即留纵酒，罢备汉守御。信因袭齐历下军，遂至临菑。齐王田广以郦生卖己，乃亨之，而走高密，使使之楚请救。韩信已定临菑，遂东追广至高密西。楚亦使龙且将，号称二十万，救齐。

※ 译文

楚国多次派奇兵渡过黄河攻打赵国。赵王张耳和韩信往来救援，在行军中安定赵国城邑，调兵以支援汉王。楚军正将汉王紧紧地围困在荥阳，汉王从南面突围，到宛县、叶县一带，接纳了黥布，奔入成皋，楚军又急忙把成皋包围了。六月间，汉王逃出成皋，向东渡过黄河，只有滕公跟随，去张耳军队在修武的驻地。到后就住进客馆里。第二天早晨，他自称汉王使臣，骑马奔入赵军营垒。韩信和张耳尚未起床，汉王就在他们的卧室里将他们的印信和兵符夺取，用军旗召集众将，并更换了他们的职务。韩信和张耳起床后，才知道汉王来了，十分震惊。汉王将他们二人统率的军队夺取，并命令张耳防守赵地，还任命韩信为国相，并让他收集赵国尚未发往荥阳的部队，去攻打齐国。

韩信领兵向东进发，还没渡过平原津，就听说汉王派郦食其已说服齐王归顺了。韩信准备停止进军。范阳的说客蒯通规劝韩信道：“将军是奉诏攻伐齐国，汉王只不过暗中派遣一个密使游说齐国投降，难道有诏令让将军停止进攻吗？为什么不进军呢？再说了，郦生不过是个读书人，他坐着车子，用三寸之舌，就把齐国七十多座城邑收服了。将军率领数万大军，一年多的时间才将赵国五十多座城邑攻克。为将多年，难道还比不过一个读书小子的功劳吗？”于是韩信认为他说得有道理，就按照他的计策，率军渡过黄河。齐王听从郦生的规劝后，挽留郦生开怀畅饮，并将防备汉军的设施撤除了。韩信乘机突袭齐国属下的军队，很快就攻到国都临菑。齐王田广认为被郦生出卖了，就把他煮死，然后逃往高密，并派出使者前往楚国寻求救援。韩信平定临菑后，就向东追赶田广，一直追到高密城西。楚国也派龙且率领兵马，号称二十万，前来救援齐国。

※ 原文

齐王广、龙且并军与信战，未合。人或说龙且曰：“汉兵远斗穷战，其锋不可当。齐、楚自居其地战，兵易败散。不如深壁，令齐王使其信臣招所亡城，亡城闻其王在，楚来救，必反汉。汉兵二千里客居，齐城皆反之，其势无所得食，可无战而降也。”龙且曰：“吾平生知韩信为人，易与耳。且夫救齐不战而降之，吾何功？今战而胜之，齐之半可得，何为止！”遂战，与信夹潍水陈。韩信乃夜令人为万余囊，满盛沙，壅水上流，引军半渡，击龙且，详不胜，还走。龙且果喜曰：“固知信怯也。”遂追信渡水。信使人决壅囊，水大至。龙且军大半不得渡，即急击，杀龙且。龙且水东军散走，齐王广亡去。信遂追北至城阳，皆虏楚卒。

汉四年，遂皆降平齐。使人言汉王曰：“齐伪诈多变，反覆之国也，南边楚，不为假王以镇之，其势不定。愿为假王便。”当是时，楚方急围汉王于荥阳，韩信使者至，发书，汉王大怒，骂曰：“吾困于此，旦暮望若来佐我，乃欲自立为王！”张良、陈平蹑汉王足，因附耳语曰：“汉方不利，宁能禁信之王乎？不如因而立，善遇之，使自为守。不然，变生。”汉王亦悟，因复骂曰：“大丈夫定诸侯，即为真王耳，何以假为！”乃遣张良往立信为齐王，徵其兵击楚。

※ 译文

齐王田广和司马龙且两支部队联合同韩信作战，还没交锋，有人规劝龙且说：“汉军远离国土，拼死作战，其锋芒锐不可挡。齐楚两军在本乡本土作战，士兵反而容易逃散。不如深沟高垒，坚守不出。让齐王派亲信大臣，去安抚那些已经沦陷的城邑，这些城邑的官吏和百姓得知他们的国王还在，且楚军又来援救，就必然会反叛汉军。汉军客居两千里之外，齐国城邑民众纷纷起来反叛他们，肯定无法得到粮食，这就可以迫使他们不战而降。”龙且说：“我向来了解韩信的为人，容易对付他。况且援救齐国，不战而使韩信投降，那还有我什么功劳啊？如今战胜他，齐国一半土地就可以分封给我，为什么不打呢？”于是就决定开战，同韩信隔着潍水摆开阵势。韩信下令连夜赶做一万多口袋，装满沙土，堵住潍水上游，率一半军队渡过河去，进攻龙且，然后假装战败往回跑。龙且果然高兴地说：“我就知道韩信胆小害怕。”于是就渡过潍水追赶韩信。韩信于是下令挖开堵塞潍水的沙袋，河水汹涌而来，龙且的军队还没渡过河去，韩信立即回师猛烈反击，把龙且杀死了。在潍水东岸的那些还没有渡河的龙且部队，见势四散逃跑，齐王田广也逃跑了。韩信追赶败兵直到城阳，楚军士兵被全部俘虏。

汉四年，韩信降服并将整个齐国平定了。派人向汉王上书，说：“齐国狡诈多变，反复无常，南面边境与楚国交界，不设立一个暂时代理的王来镇抚，局势一定稳定不下来。为有利于当前的局势，请允许我暂时代理齐王。”正当这时，楚军在荥阳将汉王紧紧围困，韩信的使者到了，汉王打开书信一看，勃然大怒，骂道：“我在这儿被围困，日夜盼你来帮我，可你却想自立为王！”张良、陈平暗中踩汉王的脚，凑近汉王的耳朵说：“目前汉军处境不利，怎么可以禁止韩信称王呢？不如趁机册立他为王，好好待他，让他自己镇守齐国，否则可能发生变乱。”汉王醒悟，又故意骂道：“大丈夫将诸侯平定了，就做真王吧，何必做个暂时代理的王呢？”于是就派遣张良前往，册立韩信为齐王，征调他的军队攻打楚军。

※ 原文

楚已亡龙且，项王恐，使盱眙人武涉往说齐王信曰：“天下共苦秦久矣，相与戮力击秦。秦已破，计功割地，分土而王之，以休士卒。今汉王复兴兵而东，侵人之分，夺人之地，已破三秦，引兵出关，收诸侯之兵以东击楚，其意非尽吞天下者不休，其不知厌足如是甚也。且汉王不可必，身居项王掌握中数矣，项王怜而活之，然得脱，辄倍约，复击项王，其不可亲信如此。今足下虽自以与汉王为厚交，为之尽力用兵，终为之所禽矣。足下所以得须臾至今者，以项王尚存也。当今二王之事，权在足下。足下右投则汉王胜，左投则项王胜。项王今日亡，则次取足下。足下与项王有故，何不反汉与楚连和，三分天下王之？今释此时，而自必于汉以击楚，且为智者固若此乎！”韩信谢曰：“臣事项王，官不过郎中，位不过执戟，言不听，画不用，故倍楚而归汉。汉王授我上将军印，予我数万众，解衣衣我，推食食我，言听计用，故吾得以至于此。夫人深亲信我，我倍之不祥，虽死不易。幸为信谢项王！”

武涉已去，齐人蒯通知天下权在韩信，欲为奇策而感动之，以相人说韩信曰：“仆尝受相人之术。”韩信曰：“先生相人何如？”对曰：“贵贱在于骨法，忧喜在于容色，成败在于决断，以此参之，万不失一。”韩信曰：“善。先生相寡人何如？”对曰：“愿少间。”信曰：“左右去矣。”通曰：“相君之面，不过封侯，又危不安。相君之背，贵乃不可言。”韩信曰：“何谓也？”

※ 译文

楚军失去龙且后，项王害怕了，他派盱眙人武涉前往规劝齐王韩信说：“天下人痛恨秦朝的统治已久，大家才合力攻伐它。秦朝破灭后，按功劳裂土分封，各自为王，以便休兵罢战。现在汉王又兴师东进，侵犯他人的境界，掠夺他人的封地，已攻破三秦，率军开出函谷关，收集各路诸侯的军队向东攻打楚国，其意图是不吞并整个天下不罢休，他贪心到如此田地，实在是太过分了。况且汉王不可信任，自身落到项王的掌握之中多次了，是项王怜悯他才使他活下来，然而他一经脱身，就立即背弃盟约，再次进攻项王。他是如此不可亲近，不可信任。如今就算您自认为同汉王交情深厚，为他竭尽全力作战，最终还得被他所擒。您之所以还能延续到今天，完全是因为项王还存在啊。当前刘、项争夺天下的胜败，起举足轻重作用的是您。您向右边站，则汉王胜，您向左边站，则项王胜。如果项王今天被消灭，则下一个被消灭的就是您了。您和项王有旧交情，为什么不反汉与楚联和，三分天下自立为王呢？如今，放过这个时机，非要站到汉王一边攻打项王，一个聪明睿智的人，难道应该这样做吗？”韩信辞谢说：“我侍奉项王，官不过郎中，职位也不过是个持戟的卫士，项王对我言不听、计不用，因此我才背楚归汉。汉王把上将军的印信授予我，还给我几万人马，并脱下他身上的衣服给我穿，把好食物给我吃，对我言听计用，因此我才能够到今天这般田地。人家对我亲近、信赖，我背叛他不吉祥，即使到死都不会变心。希望您替我辞谢项王的盛情！”

武涉走后，齐国人蒯通知道天下胜负的关键在于韩信，于是就想出奇计打动他，以看相的身份规劝韩信道：“我曾学过看相的技艺。”韩信说：“先生给人看相用什么方法？”蒯通回答说：“人的贵贱在于骨骼，忧喜在于面色，成败在于决断。用此三项验证人相万无一失。”韩信说：“好，先生看看我的相如何？”蒯通说：“请随从人员暂时回避一下。”韩信说：“周围的人都退下吧。”于是蒯通说：“看您的面相，只不过封侯，且还有危险不安全。看您的背相，却显贵不可言。”韩信说：“这话怎么讲呢？”

※ 原文

蒯通曰：“天下初发难也，俊雄豪桀建号一呼，天下之士云合雾集，鱼鳞杂沓，熛至风起。当此之时，忧在亡秦而已。今楚汉分争，使天下无罪之人肝胆涂地，父子暴骸骨于中野，不可胜数。楚人起彭城，转斗逐北，至于荥阳，乘利席卷，威震天下。然兵困于京、索之间，迫西山而不能进者，三年于此矣。汉王将数十万之众，距巩、洛，阻山河之险，一日数战，无尺寸之功，折北不救，败荥阳，伤成皋，遂走宛、叶之间，此所谓智勇俱困者也。夫锐气挫于险塞，而粮食竭于内府，百姓罢极怨望，容容无所倚。以臣料之，其势非天下之贤圣固不能息天下之祸。当今两主之命县于足下。足下为汉则汉胜，与楚则楚胜。臣愿披腹心，输肝胆，效愚计，恐足下不能用也。诚能听臣之计，莫若两利而俱存之，三分天下，鼎足而居，其势莫敢先动。夫以足下之贤圣，有甲兵之众，据强齐，从燕、赵，出空虚之地而制其后，因民之欲，西乡为百姓请命，则天下风走而响应矣，孰敢不听！割大弱强，以立诸侯，诸侯已立，天下服听而归德于齐。案齐之故，有胶、泗之地，怀诸侯以德，深拱揖让，则天下之君王相率而朝于齐矣。盖闻天与弗取，反受其咎；时至不行，反受其殃。愿足下孰虑之。”

※ 译文

蒯通说：“当初，天下举兵起事时，英雄豪杰纷纷建立名号，一声呼喊，天下有志之士就像云雾那样聚集，像鱼鳞那样密集地排列着，好比火焰迸飞，狂风骤起。这时，关心的只是灭亡秦朝罢了。可是现在，楚汉分争，天下无辜的百姓因此肝胆涂地，父子的尸骨暴露在荒郊野外，不计其数。楚国人从彭城起事，转战四方，追逐败兵，直到荥阳，乘胜席卷而进，声势震动天下。然后军队被困在京、索之间，被阻于成皋以西的山岳地带而无法再向前，已有三年之久。汉王统领几十万人马在巩县、洛阳一带阻拒楚军，凭着险要的山河，虽然一日数战，却并无尺寸之功，以至遭受挫折失败，几乎无法自救。在荥阳战败，在成皋受伤，于是逃到宛、叶两县之间，这就是所谓的智尽勇乏了。将士的锐气因长期困顿于险要关塞而被挫伤，仓库的粮食也因此消耗殆尽，百姓疲劳困苦，怨声载道，人心动荡，无依无靠。在我看来，这样的局面非天下圣贤就无法将这场天下的祸乱平息。现在刘、项二王的命运都掌握在您的手里。您协助汉王，则汉王胜利；协助楚王，则楚王胜利。我愿意披肝沥胆，敬献愚计，只恐怕您不采纳啊。若真能听从我的计策，不如让楚、汉双方都不受损害，同时存在下去，你与他们三分天下，鼎足而立，形成那种局面，就无人再敢轻举妄动了。凭您的贤能圣德，拥有众多的人马装备，占据强大的齐国，迫使燕、赵屈从，出兵刘、项两军的空虚地带，对他们的后方进行牵制，顺应百姓的心愿，向西去制止刘、项分争，为军民百姓请求保全生命，则天下就会迅速地群起而响应，谁敢不听从呢！而后，把大国的疆土割取，将强国的威势削弱，用以分封诸侯。诸侯恢复后，天下就会感恩戴德，归服听命于齐。稳守齐国故有的疆土，据有胶河、泗水流域，以恩德感召诸侯，恭谨谦让，则天下君王就会纷纷前来朝拜齐国。听说'苍天赐予的好处不接受，反而会受到惩罚；时机到了不采取行动，反而会遭到祸殃'。希望您慎重地考虑此事。"

※ 原文

韩信曰："汉王遇我甚厚，载我以其车，衣我以其衣，食我以其食。吾闻之，乘人之车者载人之患，衣人之衣者怀人之忧，食人之食者死人之事，吾岂可以乡利倍义乎！"蒯生曰："足下自以为善汉王，欲建万世之业，臣窃以为误矣。始常山王、成安君为布衣时，相与为刎颈之交，后争张黡、陈泽之事，二人相怨。常山王背项王，奉项婴头而窜，逃归于汉王。汉王借兵而东下，杀成安君泜水之南，头足异处，卒为天下笑。此二人相与，天下至欢也。然而卒相禽者，何也？患生于多欲而人心难测也。今足下欲行忠信以交于汉王，必不能固于二君之相与也，而事多大于张黡、陈泽。故臣以为足下必汉王之不危己，亦误矣。大夫种、范蠡存亡越，霸勾践，立功成名而身死亡。野兽已尽而猎狗亨。夫以交友言之，则不如张耳之与成安君者也；以忠信言之，则不过大夫种、范蠡之于勾践也。此二人者，足以观矣。愿足下深虑之。且臣闻勇略震主者身危，而功盖天下者不赏。臣请言大王功略：足下涉西河，虏魏王，禽夏说，引兵下井陉，诛成安君，徇赵，胁燕，定齐，南摧楚人之兵二十万，东杀龙且，西乡以报，此所谓功无二于天下，而略不世出者也。今足下戴震主之威，挟不赏之功，归楚，楚人不信；归汉，汉人震恐：足下欲持是安归乎？夫势在人臣之位而有震主之威，名高天下，窃为足下危之。”韩信谢曰：“先生且休矣，吾将念之。”

※ 译文

韩信说：“汉王给我优厚的待遇，他的车子给我坐，他的衣裳给我穿，他的食物给我吃。我听说，坐人家车子的人，要为人家分担祸患，穿人家衣裳的人，心里要想着人家的忧患，吃人家食物的人，要为人家的事业效死，我怎能图谋私利而背信弃义呢！”蒯通说：“你自认为与汉王友好，想建立流传万世的功业，我个人认为这种想法是错的。当初常山王、成安君还是平民百姓的时候，结成割掉脑袋也不反悔的交情，可是后来因张黡和陈泽的事而发生争执，使得二人彼此仇恨。常山王背叛项王，捧着项婴的人头归降汉王。汉王借给他军队向东进击，在泜水以南将成安君杀死，身首异处，被天下人耻笑。此二人之交情，可以说是天下最要好的。可是到头来，都想置对方于死地，这是为什么呢？祸患产生于贪得无厌，而人心又难以猜测。今天您打算用忠诚、信义与汉王结交，肯定不比张耳、陈余的交情更巩固，而你们之间的关联的事情又比张黡、陈泽的事件重要得多，因此我认为您断定汉王不会危害自己，也错了。大夫文种、范蠡使濒临灭亡的越国保存下来，辅佐勾践称霸诸侯，功成名就后，文种被迫自杀，范蠡被迫逃亡。野兽都已经打完了，猎犬就会被烹杀。以交情友谊而论，您与汉王就不比张耳和成安君了，以忠诚、信义而论也就赶不上大夫文种、范蠡与越王勾践了。从这两个事例来看，足够您断定是非了。希望您进行深思熟虑。况且我听说，勇敢、谋略使君主感到威胁的人会有危险；而功勋卓著冠盖天下的人得不到赏赐。请让我说一下大王的功绩和谋略吧：您横渡西河，俘虏赵王，生擒夏说，率军夺取井陉，杀死成安君，攻占了赵国，以声威镇服燕国，平定安抚齐国，向南摧毁楚国二十万军队，向东杀死楚将龙且，西面向汉王捷报，这可以说是功劳天下无双。而您计谋出众，世上少有。现在您据有威胁君主的威势，持有无法封赏的功绩，归附楚国，楚国人不信任；归附汉国，汉国人震惊恐惧：您带着这样大的功绩和声威，哪里可以容身呢？身处臣子而有着使国君感到威胁的震动，名望高于天下所有的人，我私下为您感到危险。”韩信说：“先生暂且说到这儿吧！让我考虑一下。”

※ 原文

后数日，蒯通复说曰：“夫听者事之候也，计者事之机也，听过计失而能久安者，鲜矣。听不失一二者，不可乱以言；计不失本末者，不可纷以辞。夫随厮养之役者，失万乘之权；守儋石之禄者，阙卿相之位。故知者决之断也，疑者事之害也，审毫厘之小计，遗天下之大数，智诚知之，决弗敢行者，百事之祸也。故曰‘猛虎之犹豫，不若蜂虿之致螫；骐骥之跼躅，不如驽马之安步；孟贲之狐疑，不如庸夫之必至也；虽有舜禹之智，吟而不言，不如瘖聋之指麾也’。此言贵能行之。夫功者难成而易败，时者难得而易失也。时乎时，不再来。愿足下详察之。”韩信犹豫不忍倍汉，又自以为功多，汉终不夺我齐，遂谢蒯通。蒯通说不听，已详狂为巫。

汉王之困固陵，用张良计，召齐王信，遂将兵会垓下。项羽已破，高祖袭夺齐王军。汉五年正月，徙齐王信为楚王，都下邳。

信至国，召所从食漂母，赐千金。及下乡南昌亭长，赐百钱，曰："公，小人也，为德不卒。"召辱己之少年令出胯下者以为楚中尉。告诸将相曰："此壮士也。方辱我时，我宁不能杀之邪？杀之无名，故忍而就于此。"

※ 译文

此后过了数日，蒯通又对韩信说："能听取别人的劝告，就可以预见事情发展变化的征兆，能反复思考，就可以把握成功的关键。听取意见不能做出正确的判断，决策失误而能够长治久安的人，实在少之又少。听取意见而很少判断失误之人，就无法用花言巧语去惑乱他；计谋筹划周到不本末倒置之人，就无法用花言巧语去扰乱他。甘愿做劈柴喂马差事之人，就会失去争取万乘之国权柄的机会；安心微薄俸禄之人，就得不到公卿宰相的高位。因此办事坚决是聪明人果断的表现，犹豫不决是办事情的祸害。专门把心思用在细小的事情上，就会把天下的大事丢掉，有判断是非的智慧，决定后又不敢贸然行动，这是所有事情的祸根。因此俗话说："猛虎犹豫无法决断，还不如黄蜂、蝎子用毒刺去螫；骏马徘徊不前，还不如劣马安然慢步；勇士孟贲狐疑不定，还不如凡夫俗子决心实干，以求达到目的；就算有虞舜、夏禹的智慧，若闭上嘴巴不讲话，还不如聋哑人借助打手势起作用。’这些俗语都说明付诸行动是最可宝贵的。所有的事业都是成功很难而失败却很容易，抓住时机困难而失掉机会容易。时机啊时机，错过了就不会再来。希望您仔细地考虑斟酌。"韩信犹豫不决，不忍心背叛汉王，又自认为功勋卓著，汉王终究不会把自己的齐国夺取，于是谢绝了蒯通。蒯通见规劝没有被采纳，就假装疯癫做了巫师。

汉王被围困在固陵时，采用了张良的计策，征召齐王韩信，于是韩信率军与汉王会师于垓下。项羽被打败后，高祖用突然袭击的办法把齐王的军权夺取。汉五年正月，改封齐王韩信为楚王，建都下邳。

韩信到了下邳，召见曾分给他饭吃的那位漂母，并赐给她千斤黄金。轮到下乡南昌亭亭长，赐给百钱，说："您是小人物，做好事有始无终。"召见曾侮辱过自己、让自己从他胯下爬过去的年轻人，任用他为中尉，并告诉将相们说："这是位壮士。当初他侮辱我时，难道我不能杀死他吗？然而杀掉他又有什么意义呢？因此我忍受了一时的侮辱而成就了今天的功业。”

※ 原文

项王亡将钟离眛家在伊庐，素与信善。项王死后，亡归信。汉王怨眛，闻其在楚，诏楚捕眛。信初之国，行县邑，陈兵出入。汉六年，人有上书告楚王信反。高帝以陈平计，天子巡狩会诸侯，南方有云梦，发使告诸侯会陈：“吾将游云梦。”实欲袭信，信弗知。高祖且至楚，信欲发兵反，自度无罪，欲谒上，恐见禽。人或说信曰：“斩眛谒上，上必喜，无患。”信见眛计事。眛曰：“汉所以不击取楚，以眛在公所。若欲捕我以自媚于汉，吾今日死，公亦随手亡矣。”乃骂信曰：“公非长者！”卒自刭。信持其首，谒高祖于陈。上令武士缚信，载后车。信曰：“果若人言，‘狡兔死，良狗烹；高鸟尽，良弓藏；敌国破，谋臣亡。’天下已定，我固当烹！”上曰：“人告公反。”遂械系信。至洛阳，赦信罪，以为淮阴侯。

信知汉王畏恶其能，常称病不朝从。信由此日夜怨望，居常鞅鞅，羞与绛、灌等列。信尝过樊将军哙，哙跪拜送迎，言称臣，曰：“大王乃肯临臣！”信出门，笑曰：“生乃与哙等为伍！”上常从容与信言诸将能不，各有差。上问曰：“如我能将几何？”信曰：“陛下不过能将十万。”上曰：“于君何如？”曰：“臣多多而益善耳。”上笑曰：“多多益善，何为为我禽？”信曰：“陛下不能将兵，而善将将，此乃言之所以为陛下禽也。且陛下所谓天授，非人力也。”

※ 译文

项王部下逃亡的将领钟离眛家住伊庐，向来与韩信友好。项王死后，他逃出来归附韩信。汉王怨恨钟离眛，听说他在楚国，便诏令楚国逮捕钟离眛。韩信初到楚国，巡行所属县邑，进出都带着武装卫队。汉六年，有人上书告发韩信谋反。汉高祖根据陈平的计谋，假托天子外出巡视会见诸侯，南方有个云梦泽，派使臣通告各诸侯到陈县聚会，说：“我要巡视云梦泽。”其实是打算袭击韩信，韩信却不知道。汉高祖即将到达楚国时，韩信曾想发兵反叛，可是又认为自己无罪，想朝见汉高祖，又担心被擒。有人对韩信说：“杀了钟离眛去朝见皇上，皇上一定高兴，就可免除祸患了。”韩信去见钟离眛商量。钟离眛说：“汉王之所以不攻打楚国，就是因为我在您这里，如果你想逮捕我取悦汉王，则如果我今天死去，你也会紧跟着死的。”于是骂韩信说：“你不是个忠厚的人！”终于刎颈身死。韩信于是就拿着他的人头，到陈县朝拜汉高祖。皇上命武士捆绑了韩信，押在随行的车上。韩信说：“果真如人们所说‘狡兔死了，出色的猎狗就遭到烹杀；高翔的飞禽没了，优良的弓箭就被收藏；敌国破灭了，谋臣就会死亡。’现在天下已安定，我本当遭烹杀！”皇上说：“有人告发你谋反。”

然后就给韩信带上了刑具。到了洛阳，就赦免了韩信的罪过，改封为淮阴侯。

韩信知道汉王畏忌自己的才能，常推病不参加朝见和侍行。从此，韩信日夜怨恨，在家闷闷不乐，因为和绛侯、灌婴处于同等地位感到羞耻。韩信曾拜访樊哙将军，樊哙跪拜送迎，自称臣子，说："大王怎么竟肯光临。"韩信出门笑着说："我这辈子居然同樊哙这般人为伍了。"皇上经常从容地和韩信议论将军们的高下，认为各有长短。皇上问韩信："像我的才能可以统率多少兵马？"韩信说："陛下不过能统率十万。"皇上说："你呢？"回答说："我当然是越多越好。"皇上笑着说："你越多越好，怎么还被我俘虏了？"韩信说："陛下不能带兵，却善于驾驭将领，这就是我被陛下俘虏的原因。况且陛下是上天赐予的，不是人力能做到的。"

※ 原文

陈豨拜为钜鹿守，辞于淮阴侯。淮阴侯挈其手，辟左右，与之步于庭，仰天叹曰："子可与言乎？欲与子有言也。"豨曰："唯将军令之。"淮阴侯曰："公之所居，天下精兵处也；而公，陛下之信幸臣也。人言公之畔，陛下必不信；再至，陛下乃疑矣；三至，必怒而自将。吾为公从中起，天下可图也。"陈豨素知其能也，信之，曰："谨奉教！"汉十年，陈豨果反。上自将而往，信病不从。阴使人至豨所，曰："弟举兵，吾从此助公。"信乃谋与家臣夜诈诏赦诸官徒奴，欲发以袭吕后、太子。部署已定，待豨报。其舍人得罪于信，信囚，欲杀之。舍人弟上变，告信欲反状于吕后。吕后欲召，恐其党不就，乃与萧相国谋，诈令人从上所来，言豨已得死，列侯群臣皆贺。相国绐信曰："虽疾，强入贺。"信入，吕后使武士缚信，斩之长乐钟室。信方斩，曰："吾悔不用蒯通之计，乃为儿女子所诈，岂非天哉！"遂夷信三族。

※ 译文

陈豨被任命为钜鹿郡守，辞别淮阴侯。淮阴侯拉着他的手避开左右侍从在庭院里漫步，仰望苍天叹息说："您能听一下我的知心话吗？我有些心里话想跟您谈谈。"陈豨说："一切听任将军吩咐！"淮阴侯说："您管辖的地区，是天下精兵聚集之处；而您又是陛下信任宠幸的臣子。若有人告发说您反叛，陛下必定不会相信；再次告发，陛下就会怀疑了；三次告发，陛下必然会大怒而亲自率兵前来围剿。我为您在京城做内应，天下就可得了。"陈豨向来清楚韩信的雄才大略，深信不疑，说："我一定听从您的指教！"汉十年，陈豨果然反叛。皇上亲自率领兵马前往，韩信推病没有随从，而是暗中派人到陈豨处说："只管起兵，我在这里协助您。"韩信就与家臣商量，夜里假传诏书赦免各官府服役的罪犯和奴隶，打算发动他们去袭击吕后和太子。部署完毕，以等待陈豨的消息。他的一位家臣得罪了韩信，韩信就将其囚禁起来，准备杀掉他。他的弟弟上书告变，向吕后告发了韩信准备反叛的事情。吕后想把韩信召来，但又担心他不肯就范，就和萧相国谋划，令人假说从皇上那儿来，说陈豨已被俘获处死，列侯群臣都来祝贺。萧相国欺骗韩信说："就算有病，也应该打起精神进宫祝贺吧。"韩信进宫，吕后命武士把韩信捆起来，在长乐宫的钟室将其杀掉了。韩信临斩时说："我后悔没有采纳蒯通的计谋，以至被妇女小子所欺骗，这难道不是天意吗？"于是韩信三族被诛灭。

※ 原文

高祖已从豨军来，至，见信死，且喜且怜之，问："信死亦何言？"吕后曰："信言恨不用蒯通计。"高祖曰："是齐辩士也。"乃诏齐捕蒯通。蒯通至，上曰："若教淮阴侯反乎？"对曰："然，臣固教之。竖子不用臣之策，故令自夷于此。如彼竖子用臣之计，陛下安得而夷之乎！"上怒曰："亨之。"通曰："嗟乎，冤哉亨也！"上曰："若教韩信反，何冤？"对曰："秦之纲绝而维弛，山东大扰，异姓并起，英俊乌集。秦失其鹿，天下共逐之，于是高材疾足者先得焉。跖之狗吠尧，尧非不仁，狗因吠非其主。当是时，臣唯独知韩信，非知陛下也。且天下锐精持锋欲为陛下所为者甚众，顾力不能耳。又可尽亨之邪？"高帝曰："置之。"乃释通之罪。

太史公曰：吾如淮阴，淮阴人为余言，韩信虽为布衣时，其志与众异。其母死，贫无以葬，然乃行营高敞地，令其旁可置万家。余视其母冢，良然。假令韩信学道谦让，不伐己功，不矜其能，则庶几哉，于汉家勋可以比周、召、太公之徒，后世血食矣。不务出此，而天下已集，乃谋畔逆，夷灭宗族，不亦宜乎！

※ 译文

高祖从平叛陈豨的军中回到京城，见韩信已死，既高兴又怜悯他，问："韩信临死时说过什么话吗？"吕后说："韩信说后悔没有采纳蒯通的计谋。"高祖说："此是齐国的说客。"就诏令齐国捕捉蒯通。蒯通被带到，皇上说："你唆使淮阴侯谋反吗？"回答说："是的。我的确教过他，可是那小子不采纳我的计策，因此落得自取灭亡的下场。如果他采纳我的计策，陛下怎能够杀掉他呢？"皇上生气地说："煮了他。"蒯通说："哎呀，煮死我，冤枉啊！"皇上说："你唆使韩信造反，还说有什么冤枉可言？"蒯通说："秦朝法度败坏，政权瓦解之时，山东六国大乱，各路诸侯纷纷起事，一时天下英雄豪杰像乌鸦一样聚集。秦朝失去了统治地位，天下英杰纷纷抢夺，于是才智高超，行动敏捷的人率先得到它。跖的狗对着尧狂叫，尧并非不仁德，只因为他不是狗的主人罢了。正当这时，我只知道有个韩信，并不知道有陛下。况且天下磨快武器、手执利刃想做陛下所做的事业的人实在是太多了，不过是力不从心而已。您怎么能够把他们都煮死呢？”高祖说：“放了他。”于是就赦免了蒯通的罪过。

太史公说：我到淮阴，淮阴人对我说，韩信做平民百姓时，其心志就与众不同。他母亲去世了，家中贫困无法埋葬，可他还是到处寻找又高又宽敞的坟地，让坟墓旁可安置万户人家。我看了他母亲的坟墓，的确如此。倘若韩信能够谦恭退让，不夸耀自己的功劳，不自恃自己的才能，那就差不多了。他在汉朝的功勋可以说比得上周朝的周公、召公、太公等人，后世子孙就可以享祭不绝。然而他没能致力于这样做，在天下已经安定之时，反而图谋叛乱，因此被诛灭宗族，落得如此下场难道不也是应该的吗？

※ 评析

“狡兔死，良狗烹；高鸟尽，良弓藏；敌国破，谋臣亡。”韩信死到临头才明白这个道理，可惜为时晚矣。若他早明白这些，收敛自己的行为，大概也不至于这样。说到底都是贪欲太强烈，想想那些清心寡欲之人，总不至于得到如此凄惨的下场。同是刘邦的开国功臣，张良可以说是得到了善终，原因就是贪欲之心不强烈，懂得功成身退的道理。其实应该说他也有贪欲，那就是贪图自己的性命。世上万事万物都遵循一个客观守恒的定律，有失就必有得，丢弃那些功名利禄，便得到清静闲适的生活。而韩信恰恰相反，无穷尽的私欲最后葬送了自己最为宝贵的性命。掂量其轻重，毫无疑问生命是最重要的，可是尽管如此，古今中外，为名利而葬送自己的前程和生命的事例还是层出不穷。

卫将军骠骑列传第五十一

※ 原文

大将军卫青者，平阳人也。其父郑季，为吏，给事平阳侯家，与侯妾卫媪通，生青。青同母兄卫长子，而姊卫子夫自平阳公主家得幸天子，故冒姓为卫氏。字仲卿。长子更字长君。长君母号为卫媪。媪长女卫孺，次女少儿，次女即子夫。后子夫男弟步、广皆冒卫氏。

青为侯家人，少时归其父，其父使牧羊。先母之子皆奴畜之，不以为兄弟数。青尝从入至甘泉居室，有一钳徒相青曰：“贵人也，官至封侯。”青笑曰：“人奴之生，得毋笞骂即足矣，安得封侯事乎！”

青壮，为侯家骑，从平阳主。建元二年春，青姊子夫得入宫幸上。皇后，堂邑大长公主女也，无子，妒。大长公主闻卫子夫幸，有身，妒之，乃使人捕青。青时给事建章，未知名。大长公主执囚青，欲杀之。其友骑郎公孙敖与壮士往篡取之，以故得不死。上闻，乃召青为建章监，侍中，及同母昆弟贵，赏赐数日间累千金。孺为太仆公孙贺妻。少儿故与陈掌通，上召贵掌。公孙敖由此益贵。子夫为夫人。青为大中大夫。

元光五年，青为车骑将军，击匈奴，出上谷；太仆公孙贺为轻车将军，出云中；大中大夫公孙敖为骑将军，出代郡；卫尉李广为骁骑将军，出雁门：军各万骑。青至茏城，斩首虏数百。骑将军敖亡七千骑；卫尉李广为虏所得，得脱归：皆当斩，赎为庶人。贺亦无功。

※ 译文

大将军卫青是平阳县人。其父郑季是县中小吏，在平阳侯曹寿家供事，曾与平阳侯的小妾卫媪通奸，生下卫青。卫青的同母哥哥卫长子，同母姐姐卫子夫在平阳公主家得到汉武帝的宠爱，因此也冒充卫姓。卫青，字仲卿。卫长子改表字为长君。长君的母亲是卫媪。卫媪的大女儿名卫孺，二女儿名卫少儿，三女儿就是卫子夫。后来卫子夫的弟弟步和广也都冒充卫姓。

卫青是平阳侯家的仆人，小时候回到父亲郑季家里，父亲让他牧羊。郑季前妻生的儿子们都像对待奴仆一样对他，且不把他当作兄弟。卫青曾跟人来到甘泉宫的居室，有个脖子上戴着铁枷的犯人给卫青相面说：“你是个贵人，以后能当大官，可以封侯！”卫青笑道：“我是被人奴役的人所生的孩子，能不挨他人打骂就知足了，怎敢想封侯的事呢！”

长大后，卫青当了平阳侯家的骑兵，常跟着平阳公主。汉武帝建元二年的春天，卫青的姐姐卫子夫进入皇宫，受到武帝的宠幸。皇后陈阿娇是堂邑大长公主刘嫖之女，皇后无子，却嫉妒别人，大长公主听说卫子夫受到武帝宠幸，且有了身孕，就非常嫉妒，于是派人把卫青逮捕。当时卫青在建章宫供职，还没有什么名声。大长公主逮捕囚禁卫青，想将其杀掉。卫青的朋友骑郎公孙敖就与一些壮士一起把他救了出来，因此卫青免于一死。武帝听说此事，就把卫青招来，任命他为建章监，加侍中官衔。连同他的同母兄弟们都得到显贵，皇上给他们的赏赐，数日之间竟累积千金之多。卫孺做了太仆公孙贺的妻子。卫少儿曾与陈掌私通，武帝便召来陈掌，使他显贵。公孙敖也因此日益显贵。卫子夫做了武帝的夫人。卫青被升为大中大夫。

元光五年，卫青当了车骑将军，讨伐匈奴，从上谷出兵；太仆公孙贺做轻车将军，从云中出兵；大中大夫公孙敖做骑将军，从代郡出兵；卫尉李广为骁骑将军，从雁门出兵；每军各有一万骑兵。卫青领兵到达茏城，斩杀数百敌人。骑将军公孙敖损失骑兵七千名，卫尉李广被敌人俘获，逃脱而回。公孙敖和李广都被判死刑，但他们又都交了赎金，免了死刑，成为平民。公孙贺也没有功劳。

※ 原文

元朔元年春，卫夫人有男，立为皇后。其秋，青为车骑将军，出雁门，三万骑击匈奴，斩首虏数千人。明年，匈奴入杀辽西太守，虏略渔阳二千余人，败韩将军军。汉令将军李息击之，出代；令车骑将军青出云中以西至高阙。遂略河南地，至于陇西，捕首虏数千，畜数十万，走白羊、楼烦王。遂以河南地为朔方郡。以三千八百户封青为长平侯。青校尉苏建有功，以千一百户封建为平陵侯。使建筑朔方城。青校尉张次公有功，封为岸头侯。天子曰："匈奴逆天理，乱人伦，暴长虐老，以盗窃为务，行诈诸蛮夷，造谋藉兵，数为边害，故兴师遣将，以征厥罪。《诗》不云乎，'薄伐猃狁，至于太原'，'出车彭彭，城彼朔方'。今车骑将军青度西河至高阙，获首虏二千三百级，车辎畜产毕收为卤，已封为列侯，遂西定河南地，按榆谿旧塞，绝梓领，梁北河，讨蒲泥，破符离，斩轻锐之卒，捕伏听者三千七十一级，执讯获丑，驱马牛羊百有余万，全甲兵而还，益封青三千户。"其明年，匈奴入杀代郡太守友，入略雁门千余人。其明年，匈奴大入代、定襄、上郡，杀略汉数千人。

※ 译文

元朔元年春天，卫子夫生下一个男孩，被立为皇后。这年秋天，卫青做车骑将军，从雁门出境，率骑兵三万进攻匈奴，斩杀敌人几千人。第二年，匈奴侵入边境，辽西郡太守被杀死，渔阳郡二千多人被虏，韩安国将军的军队被打败。汉朝命令李息将军进攻匈奴，从代郡出兵；又命令车骑将军卫青从云中出发，西去攻伐匈奴，直到高阙。于是卫青攻破了河南地区，直到陇西，捕获几千名敌人，缴获十万头牲畜，白羊王和楼烦王被打跑。汉朝就改河南地区为朔方郡，并划定三千八百户，封卫青为长平侯。卫青的校尉苏建有军功，朝廷也划定一千一百户将其封为平陵侯，并派苏建修筑朔方城。卫青的校尉张次公有军功，也被封为岸头侯。天子说："匈奴逆天理，悖人伦，侵凌长辈，虐待老人，专门从事盗窃，欺诈各个蛮夷之国，策划阴谋，凭借其武力，一再侵害汉朝边境，因此朝廷才调兵遣将，去讨伐它的罪恶。《诗经》上说：'征讨猃狁，直到太原。''出征的战车，万马奔腾，修筑那座朔方城。'现在车骑将军卫青越过西河地区，直到高阙，斩杀二千三百名敌人，并将其战车、辎重和牲畜全部缴获，已被封为列侯，于是往西平定了河南地区，巡行榆谿的古代要塞，越过梓领，架设北河的桥梁，讨伐蒲泥，攻克符离，斩杀敌人的轻捷精锐的士卒，捕获三千零七十一名敌人的侦察兵，捉到敌人的间谍，把死敌的左耳割下以计功劳，赶回敌人的一百多万只马、牛和羊，保全大军，胜利回师，增封卫青三千户。”第二年，匈奴又入侵边境，代郡太守共友被杀，他们侵入雁门，抢掠千余人。第二年，匈奴又大规模入侵代郡、定襄、上郡、斩杀抢掠数千名汉朝百姓。

※ 原文

其明年，元朔之五年春，汉令车骑将军青将三万骑，出高阙；卫尉苏建为游击将军，左内史李沮为强弩将军，太仆公孙贺为骑将军，代相李蔡为轻车将军，皆领属车骑将军，俱出朔方；大行李息、岸头侯张次公为将军，出右北平：咸击匈奴。匈奴右贤王当卫青等兵，以为汉兵不能至此，饮醉。汉兵夜至，围右贤王，右贤王惊，夜逃，独与其爱妾一人壮骑数百驰，溃围北去。汉轻骑校尉郭成等逐数百里，不及，得右贤裨王十余人，众男女万五千余人，畜数千百万，于是引兵而还。至塞，天子使使者持大将军印，即军中拜车骑将军青为大将军，诸将皆以兵属大将军，大将军立号而归。天子曰：“大将军青躬率戎士，师大捷，获匈奴王十有余人，益封青六千户。”而封青子伉为宜春侯，青子不疑为阴安侯，青子登为发干侯。青固谢曰：“臣幸得待罪行间，赖陛下神灵，军大捷，皆诸校尉力战之功也。陛下幸已益封臣青。臣青子在襁褓中，未有勤劳，上幸列地封为三侯，非臣待罪行间所以劝士力战之意也。伉等三人何敢受封！”天子曰：“我非忘诸校尉功也，今固且图之。”乃诏御史曰：“护军都尉公孙敖三从大将军击匈奴，常护军，傅校获王，以千五百户封敖为合骑侯。都尉韩说从大将军出窳浑，至匈奴右贤王庭，为麾下搏战获王，以千三百户封说为龙頟侯。骑将军公孙贺从大将军获王，以千三百户封贺为南窌侯。轻车将军李蔡再从大将军获王，以千六百户封蔡为乐安侯。校尉李朔，校尉赵不虞，校尉公孙戎奴，各三从大将军获王，以千三百户封朔为涉轵侯，以千三百户封不虞为随成侯，以千三百户封戎奴为从平侯。将军李沮、李息及校尉豆如意有功，赐爵关内侯，食邑各三百户。”其秋，匈奴入代，杀都尉朱英。

※ 译文

第二年，即元朔五年春天，朝廷命车骑将军卫青率骑兵三万，从高阙出兵；命卫尉苏建做游击将军，左内史李沮为强弩将军，太仆公孙贺为骑将军，代国之相李蔡为轻车将军，他们都隶属车骑将军卫青，一同从朔方出兵；朝廷又命大行李息、岸头侯张次公为将军，由右北平出兵。他们全都去攻伐匈奴。匈奴右贤王正对着卫青等人的大兵，以为汉朝军队到不了这里，便喝起酒来。晚上，汉军到达，把右贤王包围；右贤王大惊，连夜逃跑，独自同他的一个爱妾和几百名精壮骑兵，急驰突围，向北逃去。

汉朝的轻骑校尉郭成等追赶了几百里，没有赶上。汉军捕获了十多名右贤王的小王、一万五千余名男女民众、数千百万头牲畜，于是卫青便领兵凯旋。卫青的军队走到边塞，武帝派使者拿着大将军的官印，就在军中任命车骑将军卫青为大将军，其他将军均率兵隶属于大将军卫青，大将军确立名号，班师回京。武帝说："大将军卫青亲自率领战士拼杀，军队取得大捷，俘虏十多名匈奴小王，加封卫青六千户。"又把卫青的儿子卫伉封为宜春侯，卫青的儿子卫不疑为阴安侯，卫青的儿子卫登为发干侯。卫青坚决推辞说："我侥幸能在军中做官，靠陛下的神圣威灵，才使军队取得大捷，同时这也是各位校尉奋勇杀敌的功劳。陛下已降恩加封我的食邑。我的儿子们年纪还小，他们无征战的劳苦和功绩，皇上降恩，割地封他们三人为侯，这并非我在军队中做官，用来鼓励战士奋力打仗的本意啊！卫伉等三人怎敢接受封赏！"天子说："我并没有忘却各位校尉的功劳，本来就要考虑他们的奖赏。"武帝就下令御史说："护军都尉三次随大将军出击匈奴，常接应各军，率领一校人马将匈奴小王捕获，划定一千五百户，封公孙敖为合骑侯。都尉韩说随从大将军由窳浑塞出兵，打到匈奴右贤王的王庭，在大将军的指挥下搏杀奋战，把匈奴小王俘获，划定一千三百户，封韩说为龙嵒侯。骑将军公孙贺随大将军俘获匈奴小王，划一千三百户，封公孙贺为南窌侯。轻车将军李蔡两次随大将军俘获匈奴小王，划一千六百户，封李蔡为乐安侯。校尉李朔、校尉赵不虞、校尉公孙戎奴，都三次随大将军出兵，俘获匈奴小王，各划一千三百户，封李朔为涉轵侯，封赵不虞为随成侯，封公孙戎奴为从平侯。将军李沮、李息及校尉豆如意有军功，赐关内侯的爵位，各食邑三百户。"这年秋，匈奴入侵代郡，都尉朱英被杀。

※ 原文

其明年春，大将军青出定襄，合骑侯敖为中将军，太仆贺为左将军，翕侯赵信为前将军，卫尉苏建为右将军，郎中令李广为后将军，右内史李沮为强弩将军，咸属大将军，斩首数千级而还。月余，悉复出定襄击匈奴，斩首虏万余人。右将军建、前将军信并军三千余骑，独逢单于兵，与战一日余，汉兵且尽。前将军故胡人，降为翕侯，见急，匈奴诱之，遂将其余骑可八百，奔降单于。右将军苏建尽亡其军，独以身得亡去，自归大将军。大将军问其罪正闳、长史安、议郎周霸等："建当云何？"霸曰："自大将军出，未尝斩裨将。今建弃军，可斩以明将军之威。"闳、安曰："不然。兵法'小敌之坚，大敌之禽也'。今建以数千当单于数万，力战一日余，士尽，不敢有二心，自归。自归而斩之，是示后无反意也。不当斩。"大将军曰："青幸得以肺腑待罪行间，不患无威，而霸说我以明威，甚失臣意。且使臣职虽当斩将，以臣之尊宠而不敢自擅专诛于境外，而具归天子，天子自裁之，于是以见为人臣不敢专权，不亦可乎！”军吏皆曰“善。”遂囚建诣行在所。入塞罢兵。

※ 译文

第二年春天，大将军卫青由定襄出兵。合骑侯公孙敖做中将军，太仆公孙贺为左将军，翕侯赵信为前将军，卫尉苏建做右将军，郎中令李广做后将军，左内史李沮做强弩将军，他们均隶属大将军，斩杀几千敌人而回。一个多月后，他们又全都由定襄出兵攻伐匈奴，杀死一万多敌人。右将军苏建、前将军赵信的军队联合共三千多骑兵，独遇匈奴单于的军队，同他们展开了一天多时间的交战，汉军将要全军被歼。前将军赵信本为匈奴人，投降汉朝后被封为翕侯，现在看到军情危急，匈奴人又引诱他，于是他率剩余军队约八百骑兵去投降单于。右将军苏建损失了全部军队，独自一人逃回，自己来到大将军卫青那里。大将军卫青就苏建的罪过征求军正闳、长史安和议郎周霸等的意见，他说：“怎么定苏建的罪呢？”周霸说：“大将军出征至今未曾杀过副将。现在苏建弃军而归，可将其杀掉以表明大将军的威严。”闳和安都说：“不可。兵法书上说‘两军交锋，军队少的一方即使顽强拼杀，也会被军队多的一方打败’。现在苏建率几千军队去对抗单于的几万军队，拼战了一天多的时间，战士全部牺牲，即使这样，他仍然不敢有背叛汉朝的心意，自己归来。自己归来而被杀，这就是向战士表明今后若有失败，不可返回汉朝。因此不应当杀苏建。”大将军卫青说：“卫青我侥幸以皇帝亲戚的身份在军队中做官，不担心缺少威严，可是周霸劝我树立个人威严，实在是有失做人臣的旨意。况且就算我的职权允许我斩杀有罪的将军，但是凭我尊宠的地位也不敢在国境外擅自诛杀，而要向天子详细报告情况，由天子自己裁决，以示为人臣者不敢专权，不也可以吗！”军中官吏们都说“好。”于是就关押起苏建，送往皇帝的行在所。卫青率兵进入边塞，停止了对匈奴的征伐。

※ 原文

是岁也，大将军姊子霍去病年十八，幸，为天子侍中。善骑射，再从大将军，受诏与壮士，为剽姚校尉，与轻勇骑八百直弃大军数百里赴利，斩捕首虏过当。于是天子曰：“剽姚校尉去病斩首虏二千二十八级，及相国、当户，斩单于大父行籍若侯产，生捕季父罗姑比，再冠军，以千六百户封去病为冠军侯。上谷太守郝贤四从大将军，捕斩首虏二千余人，以千一百户封贤为众利侯。”是岁，失两将军军，亡翕侯，军功不多，故大将军不益封。右将军建至，天子不诛，赦其罪，赎为庶人。

大将军既还，赐千金。是时王夫人方幸于上，宁乘说大将军曰：“将军所以功未甚多，身食万户，三子皆为侯者，徒以皇后故也。今王夫人幸而宗族未富贵，愿将军奉所赐千金为王夫人亲寿。”大将军乃以五百金为寿。天子闻之，问大将军，大将军以实言，上乃拜宁乘为东海都尉。

张骞从大将军，以尝使大夏，留匈奴中久，导军，知善水草处，军得以无饥渴，因前使绝国功，封骞博望侯。

冠军侯去病既侯三岁，元狩二年春，以冠军侯去病为骠骑将军，将万骑出陇西，有功。天子曰："骠骑将军率戎士逾乌盭，讨遬濮，涉狐奴，历五王国，辎重人众慑慴者弗取，冀获单于子。转战六日，过焉支山千有余里，合短兵，杀折兰王，斩卢胡王，诛全甲，执浑邪王子及相国、都尉，首虏八千余级，收休屠祭天金人，益封去病二千户。"

※ 译文

这一年，大将军卫青姐姐的儿子霍去病十八岁，受武帝宠爱，做了皇帝侍中。霍去病善骑马射箭，两次随大将军出征，大将军奉皇上之命，拨给他一些勇士，任命他为剽姚校尉。他率八百名轻捷勇敢的骑兵，径直抛开大军几百里，寻找有利时机攻杀敌人，结果他们所斩杀的敌兵数量远远超过了他们的损失。于是皇上说："剽姚校尉霍去病杀敌二千零二十八人，其中有匈奴相国和当户，单于祖父一辈的籍若侯产被杀，单于叔父罗姑比被活捉，其功劳在全军数第一，划定一千六百户，封霍去病为冠军侯。上谷太守郝贤四次随大将军出征，斩获二千余名敌军，划定一千一百户，封郝贤为众利侯。"这一年，有两位将军的军队损失了，翕侯赵信逃亡，军功不多，因此大将军卫青没有增封。右将军苏建回来后，天子没有杀他，而是赦免了他的罪过，交了赎金，成为平民百姓。

大将军卫青回到京城，皇上赏赐千金。这时，王夫人正受到汉武帝的宠幸，宁乘就劝说卫青道："将军您之所以军功还不太多却食邑万户，三个儿子都受封为侯，是因为卫皇后的缘故。现在王夫人得幸，而其同姓亲戚尚未富贵，请将军捧着皇上赏赐的千金，去给王夫人的双亲祝寿。"于是大将军卫青就拿出五百金给王夫人的双亲祝寿。武帝听说后就问大将军卫青，大将军卫青告诉了皇上实情，皇上就任命宁乘为东海都尉。

张骞随大将军出征，因为他曾出使大夏而被扣留在匈奴很长时间，这次他做大军的向导，熟知有水草的好地方，因而使大军避免饥渴，加上他曾出使遥远国家的功劳，被封为博望侯。

冠军侯霍去病被封侯三年，元狩二年春天，皇帝命冠军侯霍去病做骠骑将军，率骑兵一万，从陇西出击匈奴，立下军功。武帝说："骠骑将军亲率战士越过乌盭山，讨伐遬濮，渡过狐奴河，经过五个匈奴的王国，不掠取畏惧顺从者的财物和民众，只求捕获单于的儿子。转战六天，越过焉支山一千多里，与敌人短兵相接，杀了折兰王，砍了卢胡王的头，诛杀全副武装的敌兵，捕获了浑邪王的儿子及匈奴相国、都尉，歼敌共八千余人，缴获了休屠王的祭天金人，加封霍去病二千户。”

※ 原文

其夏，骠骑将军与合骑侯敖俱出北地，异道；博望侯张骞、郎中令李广俱出右北平，异道，皆击匈奴。郎中令将四千骑先至，博望侯将万骑在后至。匈奴左贤王将数万骑围郎中令，郎中令与战二日，死者过半，所杀亦过当。博望侯至，匈奴兵引去。博望侯坐行留，当斩，赎为庶人。而骠骑将军出北地，已遂深入，与合骑侯失道，不相得，骠骑将军逾居延至祁连山，捕首虏甚多。天子曰：“骠骑将军逾居延，遂过小月氏，攻祁连山，得酋涂王，以众降者二千五百人，斩首虏三万二百级，获五王，五王母，单于阏氏、王子五十九人，相国、将军、当户、都尉六十三人，师大率减什三，益封去病五千户。赐校尉从至小月氏爵左庶长。鹰击司马破奴再从骠骑将军斩遬濮王，捕稽沮王，千骑将得王、王母各一人，王子以下四十一人，捕虏三千三百三十人，前行捕虏千四百人，以千五百户封破奴为从骠侯。校尉句王高不识，从骠骑将军捕呼于屠王王子以下十一人，捕虏千七百六十八人，以千一百户封不识为宜冠侯。校尉仆多有功，封为煇渠侯。”合骑侯敖坐行留不与骠骑会，当斩，赎为庶人。诸宿将所将士马兵亦不如骠骑，骠骑所将常选，然亦敢深入，常与壮骑先其大军，军亦有天幸，未尝困绝也。然而诸宿将常坐留落不遇。由此骠骑日以亲贵，比大将军。

※ 译文

这年夏天，骠骑将军和合骑侯公孙敖都由北地出兵，分道进军；博望侯张骞和郎中令李广都由右北平出兵，分道进军。他们都去攻伐匈奴。郎中令率四千骑兵首先到达，博望侯率一万骑兵随后到达。匈奴左贤王率几万骑兵围攻郎中令李广，郎中令同敌兵战斗了两天，牺牲了一多半兵士，他们杀敌的数目超过了损失人数。博望侯带兵赶到时，匈奴的军队已撤走。博望侯因犯有行军滞留而延误军机之罪而被判死刑，交了赎金后成为平民百姓。骠骑将军出了北地后，已远远地深入匈奴之中，因合骑侯公孙敖走错了路而没能相会。骠骑将军越过居延泽，到达祁连山，捕获了很多敌人。天子说：“骠骑将军越过居延泽，又经过小月氏，攻到祁连山，俘虏酋涂王，二千五百人投降，三万零二百人被杀，五个匈奴小王、五个匈奴小王的母亲、单于的妻子、五十九个匈奴王子被俘，同时被俘的还有匈奴相国、将军、当户、都尉等共六十三人，汉朝军队大概损失十分之三，增封霍去病五千户。赏赐随霍去病到达小月氏的校尉们左庶长的爵位。鹰击司马赵破奴两次随骠骑将军出征，把遬濮王斩杀，把稽且王俘虏，千骑将捉到匈奴小王和小王母各一人，王子以下四十一人，俘虏敌兵三千三百三十人，先头部队俘虏敌兵一千四百人，划定一千五百户，封赵破奴为从骠侯。校尉句王高不识，随骠骑将军霍去病俘虏呼于屠王和王子以下共十一人，俘获一千七百六十八人敌兵，划定一千一百户，封高不识为宜冠侯。校尉仆多有军功，封为渠侯。”合骑侯公孙敖因行军滞留而未能与骠骑将军会师而被判死刑，交了赎金后成为平民百姓。各位老将军所率领的兵士、马匹和武器也都比不上骠骑将军的，骠骑将军所率领的是经常挑选的士兵。但他敢深入敌军境内作战，还常常和壮健的骑兵冲锋在前，他的军队运气也很好，未曾遇到过绝境。可是各位老将却常因行军迟缓落后而错失战机。此后，骠骑将军日益被皇上亲近，更加显贵，跟大将军卫青相仿佛。

※ 原文

其秋，单于怒浑邪王居西方数为汉所破，亡数万人，以骠骑之兵也。单于怒，欲召诛浑邪王。浑邪王与休屠王等谋欲降汉，使人先要边。是时大行李息将城河上，得浑邪王使，即驰传以闻。天子闻之，于是恐其以诈降而袭边，乃令骠骑将军将兵往迎之。骠骑既渡河，与浑邪王众相望。浑邪王裨将见汉军而多欲不降者，颇遁去。骠骑乃驰入与浑邪王相见，斩其欲亡者八千人，遂独遣浑邪王乘传先诣行在所，尽将其众渡河，降者数万，号称十万。既至长安，天子所以赏赐者数十巨万。封浑邪王万户，为漯阴侯。封其裨王呼毒尼为下摩侯，鹰庇为煇渠侯，禽犁为河綦侯，大当户铜离为常乐侯。于是天子嘉骠骑之功曰：“骠骑将军去病率师攻匈奴西域王浑邪，王及厥众萌咸相奔，率以军粮接食，并将控弦万有余人，诛骁，获首虏八千余级，降异国之王三十二人，战士不离伤，十万之众咸怀集服，仍与之劳，爰及河塞，庶几无患，幸既永绥矣。以千七百户益封骠骑将军。”减陇西、北地、上郡戍卒之半，以宽天下之繇。

居顷之，乃分徙降者边五郡故塞外，而皆在河南，因其故俗，为属国。其明年，匈奴入右北平、定襄，杀略汉千余人。

※ 译文

这年秋天，匈奴单于因在西方的浑邪王总是被骠骑将军率领的汉军打败，损失几万人而大怒，想将浑邪王召来杀死。所以浑邪王和休屠王等人想投降汉朝，就先派人到边境迎汉人。这时，大行李息率兵在黄河岸边筑城，一见浑邪王的使者，便立即命传车急驰而归，报告皇帝。皇上听后，怕浑邪王用诈降的办法来发动偷袭，于是就命骠骑将军领兵前去迎接浑邪王和休屠王。骠骑将军已渡过黄河，与浑邪王的部队相互遥望。浑邪王的副将们看到汉朝军队，大多不想投降，很多人逃走了。骠骑将军霍去病就策马跑到敌营，同浑邪王相见，把想逃走的八千人杀掉，于是命浑邪王独自乘传车，先到皇帝的行在所，然后由他率领浑邪王的全部军队渡过黄河，投降者有几万人，号称十万。他们到长安后，天子用来赏赐的钱就有几十万。划定一万户，封浑邪王为漯阴侯。把他的小王呼毒尼封为下摩侯，鹰庇为渠侯，禽梨为河綦侯，大当户铜离为常乐侯。于是天子称颂骠骑侯霍去病的功劳道："骠骑将军霍去病率军攻打匈奴西域浑邪王，浑邪王及其部队与民众都争相投奔汉朝，用军粮接济汉军。骠骑将军一并率领他们的善射一万余名兵卒，将那些妄图逃亡的凶悍之人诛杀，斩杀八千多人，使敌国之王三十二人投降汉朝。汉军士卒无伤亡，十万大军全都归来，因此他们承担了战争的劳苦，所以使河塞地区的边患几乎全部消除，有幸永保安宁。划定一千七百户，增封骠骑将军。"于是就减少了陇西、北地、上郡戍守之兵的一半，以此使全国百姓的徭役负担得到宽缓。

不久，朝廷就将那些归降的匈奴人分别迁徙到边境五郡原先的边塞外，但还都在河南地区，并保持他们原有的习俗，作为汉王朝的属国。第二年，匈奴侵入右北平、定襄，杀掠汉朝一千多人。

※ 原文

其明年，天子与诸将议曰："翕侯赵信为单于画计，常以为汉兵不能度幕轻留，今大发士卒，其势必得所欲。"是岁元狩四年也。

元狩四年春，上令大将军青、骠骑将军去病将各五万骑，步兵转者踵军数十万，而敢力战深入之士皆属骠骑。骠骑始为出定襄，当单于。捕虏言单于东，乃更令骠骑出代郡，令大将军出定襄。郎中令为前将军，太仆为左将军，主爵赵食其为右将军，平阳侯襄为后将军，皆属大将军。兵即度幕，人马凡五万骑，与骠骑等咸击匈奴单于。赵信为单于谋曰："汉兵既度幕，人马罢，匈奴可坐收虏耳。"乃悉远北其辎重，皆以精兵待幕北。而适值大将军军出塞千余里，见单于兵陈而待，于是大将军令武刚车自环为营，而纵五千骑往当匈奴。匈奴亦纵可万骑。会日且入，大风起，沙砾击面，两军不相见，汉益纵左右翼绕单于。单于视汉兵多，而士马尚强，战而匈奴不利，薄莫，单于遂乘六骡，壮骑可数百，直冒汉围西北驰去。时已昏，汉匈奴相纷挐，杀伤大当。汉军左校捕虏言单于未昏而去，汉军因发轻骑夜追之，大将军军因随其后。匈奴兵亦散走。迟明，行二百余里，不得单于，颇捕斩首虏万余级，遂至窴颜山赵信城，得匈奴积粟食军。军留一日而还，悉烧其城余粟以归。

※ 译文

第二年，汉武帝同众将军商议道："翕侯赵信为匈奴单于出谋划策，总认为汉朝军队无法越过沙漠轻易留在那里，现在派大军出击，势必能使我们的愿望得以实现。"这一年是元狩四年。

元狩四年春天，武帝命大将军卫青、骠骑将军霍去病分别率五万骑兵，令几十万步兵和转运物资的人跟随，而那些敢于奋力战斗和勇于深入的士兵都隶属于骠骑将军。骠骑将军开始准备由定襄出兵，迎击单于。后来捕到的匈奴俘虏说单于东去，于是就改令骠骑将军由代郡出兵，命大将军卫青由定襄出兵。郎中令李广做前将军，太仆公孙贺任左将军，主爵都尉赵食其任右将军，平阳侯曹襄任后将军，他们都隶属大将军。随后大军越过沙漠，连人带马共计五万骑兵，同骠骑将军等一起向匈奴的单于发动进攻。赵信替单于出谋划策道："汉军已越过沙漠，人困马疲，匈奴可坐收汉军俘虏了。"于是就把他们的辎重全都运到遥远的北方，把精兵全部安排在大漠以北以待汉军。正赶上大将军卫青的军队开出塞外一千多里，大将军见单于的军队排成阵势等在那里，于是就下令让武刚车排成环形营垒，又命五千骑兵纵马奔驰，抵挡匈奴。匈奴也有约一万骑兵奔驰而来。恰巧太阳即将落下，大风刮起，沙石打在人们的脸上，两军看不见对方，汉军又命左右两翼急驰向前包抄单于。单于见汉军很多，且战士和战马还很强大，交战将不利于匈奴。因此，傍晚时单于就乘着六头骡子拉的车子，带着几百名壮健的骑兵，径直冲开汉军包围圈，向西北逃奔。这时天已黄昏，汉军和匈奴人相互扭打，杀伤人数大致相同。汉军左校尉捕到匈奴俘虏，说单于在天未黑时已离去，于是汉军就派轻骑兵连夜追击，大将军的军队也紧随其后。匈奴兵士四处奔逃。直到天快亮时，汉军已行走二百余里，依然没追到单于，但是却俘获和斩杀了一万多名敌兵，于是到达了窴颜山赵信城，获得匈奴积存的粮食以供军队食用。汉军停留一日而回，将剩余粮食全部烧掉才归来。

※ 原文

大将军之与单于会也，而前将军广、右将军食其军别从东道，或失道，后击单于。大将军引还过幕南，乃得前将军、右将军。大将军欲使使归报，令长史簿责前将军广，广自杀。右将军至，下吏，赎为庶人。大将军军入塞，凡斩捕首虏万九千级。

是时匈奴众失单于十余日，右谷蠡王闻之，自立为单于。单于后得其众，右王乃去单于之号。

骠骑将军亦将五万骑，车重与大将军军等，而无裨将。悉以李敢等为大校，当裨将，出代、右北平千余里，直左方兵，所斩捕功已多大将军。军既还，天子曰："骠骑将军去病率师，躬将所获荤粥之士，约轻赍，绝大幕，涉获章渠，以诛比车耆，转击左大将，斩获旗鼓，历涉离侯。济弓闾，获屯头王、韩王等三人，将军、相国、当户、都尉八十三人，封狼居胥山，禅于姑衍，登临翰海。执卤获丑七万有四百四十三级，师率减什三，取食于敌，逴行殊远而粮不绝，以五千八百户益封骠骑将军。"右北平太守路博德属骠骑将军，会与城，不失期，从至梼余山，斩首捕虏二千七百级，以千六百户封博德为符离侯。北地都尉邢山从骠骑将军获王，以千二百户封山为义阳侯。故归义因淳王复陆支、楼专王伊即靬皆从骠骑将军有功，以千三百户封复陆支为壮侯，以千八百户封伊即靬为众利侯。从骠侯破奴、昌武侯安稽从骠骑有功，益封各三百户。校尉敢得旗鼓，为关内侯，食邑二百户。校尉自为爵大庶长。军吏卒为官，赏赐甚多。而大将军不得益封，军吏卒皆无封侯者。

※ 译文

在大将军卫青同单于会战时，前将军李广和右将军赵食其的军队由东方的道路进军，因迷路而未能如期同卫青一起进攻单于。直到大将军卫青领兵回到大漠以南，才遇到了前将军和右将军。大将军想派使者回京报告天子，就命令长史去按文书所列罪状审问前将军李广，李广自杀。右将军回京后被交给法官，赵食其交了赎金后成为平民百姓。大将军卫青进入边塞，此次共斩获一万九千名敌兵。

这时，匈奴的部众失去单于十多天，右谷蠡王听说后就自立为单于。单于后来又与他的部众相会合，右谷蠡王就将自立的单于之名去掉。

骠骑将军也率领五万骑兵，所带军需物资也与大将军卫青的相同，却无副将。于是就任李敢等人做大校以充当副将，从代郡、右北平出兵一千余里，遇上左贤王的军队，他们斩获敌兵的功劳已远远超过了大将军卫青。出征大军全部归来时，武帝说："骠骑将军霍去病率军出征，又亲自带回所俘虏的匈奴士兵，携带少量军需物资，越过大沙漠，渡河捕获单于近臣章渠，诛杀匈奴小王比车耆，转而攻击匈奴左大将，斩杀敌将，夺取其军旗和战鼓。翻越离侯山，渡过弓闾河，捕获匈奴屯头王和韩王等三人，以及将军、相国、当户、都尉等八十三人。而后在狼居胥山祭天，在姑衍山祭地，且登上高山以望大沙漠。共计七万零四百四十三人被捕获俘虏或被杀，汉军大概损失十分之三。他们从敌人那里获取粮食，一次能行到极远的地方而没有断绝军粮。划定五千八百户，增封骠骑将军霍去病。"右北平太守路博德隶属于骠骑将军，与骠骑将军在与城会师，未错过日期，随骠骑将军到达梼余山，俘虏和斩杀二千七百匈奴人，划定一千六百户，封路博德为符离侯。北地都尉邢山随骠骑将军捕获匈奴小王，划定一千二百户，封邢山为义阳侯。以前投降汉朝的匈奴因淳王复陆支、楼专王伊即靬皆随骠骑将军攻匈奴有功，划定一千三百户，封复陆支为壮侯，划定一千八百户，封伊即靬为众利侯。从骠侯赵破奴、昌武侯赵安稽都随骠骑将军打匈奴有功，各增封三百户。校尉李敢把敌军的军旗战鼓夺了，封为关内侯，赐食邑二百户。校尉徐自为被授予大庶长的爵位。另外骠骑将军霍去病属下的小吏士卒很多都当官和受赏。而大将军卫青却未能得到加封，军中的官员和士卒也都没有被封侯。

※ 原文

两军之出塞，塞阅官及私马凡十四万匹，而复入塞者不满三万匹。乃益置大司马位，大将军、骠骑将军皆为大司马。定令，令骠骑将军秩禄与大将军等。自是之后，大将军青日退，而骠骑日益贵。举大将军故人门下多去事骠骑，辄得官爵，唯任安不肯。

骠骑将军为人少言不泄，有气敢任。天子尝欲教之孙吴兵法，对曰："顾方略何如耳，不至学古兵法。"天子为治第，令骠骑视之，对曰："匈奴未灭，无以家为也。"由此上益重爱之。然少而侍中，贵，不省士。其从军，天子为遣太官赍数十乘，既还，重车余弃粱肉，而士有饥者。其在塞外，卒乏粮，或不能自振，而骠骑尚穿域蹋鞠。事多此类。大将军为人仁善退让，以和柔自媚于上，然天下未有称也。

骠骑将军自四年军后三年，元狩六年而卒。天子悼之，发属国玄甲军，陈自长安至茂陵，为冢象祁连山。谥之，并武与广地曰景桓侯。子嬗代侯。嬗少，字子侯，上爱之，幸其壮而将之。居六岁，元封元年，嬗卒，谥哀侯。无子，绝，国除。

自骠骑将军死后，大将军长子宜春侯伉坐法失侯。后五岁，伉弟二人，阴安侯不疑及发干侯登皆坐酎金失侯。失侯后二岁，冠军侯国除。其后四年，大将军青卒，谥为烈侯。子伉代为长平侯。

自大将军围单于之后，十四年而卒。竟不复击匈奴者，以汉马少，而方南诛两越，东伐朝鲜，击羌、西南夷，以故久不伐胡。

大将军以其得尚平阳长公主故，长平侯伉代侯。六岁，坐法失侯。

※ 译文

当卫青和霍去病所率领的两支大军出塞时，曾在边塞阅兵，当时官府和私人战马共计十四万，可当他们重回塞内时，所剩战马不足三万。于是朝廷就增置大司马官位，大将军和骠骑将军都当了大司马。且定下法令，让骠骑将军的官阶和俸禄同大将军相等。此后，大将军卫青的权势日渐减退，而骠骑将军却日益显贵。大将军的老友和门客很多都离开他而去奉事骠骑将军，这些人大多因此而得到官爵，只有任安不肯这么做。

骠骑将军为人寡言少语，不泄露别人的话，有气魄，且敢做敢为。武帝曾想教他孙子和吴起的兵法，他说："战争只看方针策略如何足矣，不必学习古代兵法。"武帝为他修盖府第，让骠骑将军去看看，他说："匈奴尚未消灭，无心考虑私事。"此后，武帝更加重用和喜爱他。但是，霍去病从少年时代起，就在宫中侍候皇帝，得到显贵，却不知体恤士卒。他出兵打仗时，天子派太官赠送给他几十车食物，回来时，辎重车上丢弃了许多剩余的米和肉，可他的士卒却还有忍饥挨饿的。他在塞外打仗时，士卒缺粮，有人饿得站不住，可骠骑将军却还在画定球场，踢球游戏。他做的事很多都这样。大将军卫青却仁爱善良，有退让的精神，以宽和柔顺取悦皇上，可也不为天下之人称赞。

骠骑将军自元狩四年出击匈奴以后三年，即元狩六年就去世了。武帝对此很悲伤，调遣边境五郡的铁甲军，从长安到茂陵排列成阵，给霍去病修的坟墓外形像祁连山。为他命名谥号，把勇武与扩地两个原则加以合并，称他为景桓侯。霍去病的儿子嬗接替了冠军侯的爵位。霍嬗年纪小，表字子侯，深得皇上的喜爱，希望长大后任命他为将军。六年后，即元封元年，霍嬗死去，皇上封赐他哀侯的谥号。他无子，因而后代断绝了，封国也被废除。

骠骑将军死后，大将军的长子宜春侯卫伉因犯法而失掉侯爵。五年后，卫伉的两个弟弟阴安侯卫不疑和发干侯卫登，也都因犯了助祭金成色不足和分量不够的罪而失掉侯爵。失掉侯爵后两年，冠军侯的封国被废除。此后四年，大将军卫青死去，朝廷加封他的谥号是烈侯。卫青儿子卫伉接替爵位为长平侯。

大将军于围攻匈奴单于后十四年去世，这期间没有再攻打匈奴，是因为汉朝马匹少，且正在讨伐南方的东越和南越，讨伐东方的朝鲜，攻击羌人和西南夷，因此很长时间没有对匈奴用兵。

因大将军卫青娶了平阳公主的原因，所以长平侯卫伉才能接替侯爵。但是六年后，他又因犯法而失掉侯爵。

※ 原文

左方两大将军及诸裨将名：

最大将军青，凡七出击匈奴，斩捕首虏五万余级。一与单于战，收河南地，遂置朔方郡，再益封，凡万一千八百户。封三子为侯，侯千三百户。并之，万五千七百户。其校尉、裨将以从大将军侯者九人。其裨将及校尉已为将者十四人。为裨将者曰李广，自有传。无传者曰：

将军公孙贺。贺，义渠人，其先胡种。贺父浑邪，景帝时为平曲侯，坐法失侯。贺，武帝为太子时舍人。武帝立八岁，以太仆为轻车将军，军马邑。后四岁，以轻车将军出云中。后五岁，以骑将军从大将军有功，封为南窌侯。后一岁，以左将军再从大将军出定襄，无功。后四岁，以坐酎金失侯。后八岁，以浮沮将军出五原二千余里，无功。后八岁，以太仆为丞相，封葛绎侯。贺七为将军，出击匈奴无大功，而再侯，为丞相。坐子敬声与阳石公主奸，为巫蛊，族灭，无后。

将军李息，郁郅人。事景帝。至武帝立八岁，为材官将军，军马邑；后六岁，为将军，出代；后三岁，为将军，从大将军出朔方：皆无功。凡三为将军，其后常为大行。

※ 译文

下面是两位大将军及其诸位副将的名单：

大将军卫青出击匈奴共有七次，斩获五万多敌兵。他同单于交战一次，把河南地区收复，于是设置了朔方郡，两次增封，共受封一万一千八百户。他的三个儿子都被封侯，每人受封一千三百户。卫家受封的户数加在一起共有一万五千七百户。卫青的校尉副将因为随卫青有功而被封侯的共有九个人，他的副将及校尉已经当了将军的共十四人。当副将的叫做李广，自有传记。其他没有传的有：

将军公孙贺。他是义渠人，祖先是匈奴人。公孙贺的父亲浑邪，在汉景帝时代被封为平曲侯，因犯法而失掉侯爵。公孙贺在汉武帝当太子时做舍人。汉武帝即位八年，公孙贺以太仆身份任轻车将军，在马邑驻军。四年后，公孙贺以轻车将军的身份由云中出发攻打匈奴。又过了五年，公孙贺以骑将军的身份跟随大将军攻打匈奴有功，被封为南窌侯。过了一年，公孙贺以左将军的身份两次随大将军由定襄出兵打匈奴，无功。过了四年，因犯了助祭金成色不足和分量不足之罪而失掉侯爵。过了八年，以浮沮将军的身份由五原出兵，远征两千余里攻打匈奴，无功。又过了八年，以太仆的身份出任丞相，受封葛绎侯。公孙贺七次做将军，出击匈奴未立功，却两次被封侯，且当了丞相。后来因儿子公孙敬声与阳石公主通奸，又搞巫蛊之事而被灭族，没有留下后代。

将军李息是郁郅人。他曾服侍过汉景帝，到汉武帝即位八年时，做了材官将军，在马邑驻军。过了六年，他做了将军，从代郡出兵攻打匈奴。过了三年，李息做了将军，随大将军由朔方出兵攻打匈奴。他都没有功劳。李息共三次做将军，后来他常常任大行之职。

※ 原文

将军公孙敖，义渠人。以郎事武帝。武帝立十二岁，为骑将军，出代，亡卒七千人，当斩，赎为庶人。后五岁，以校尉从大将军有功，封为合骑侯。后一岁，以中将军从大将军，再出定襄，无功。后二岁，以将军出北地，后骠骑期，当斩，赎为庶人。后二岁，以校尉从大将军，无功。后十四岁，以因杅将军筑受降城。七岁，复以因杅将军再出击匈奴，至余吾，亡士卒多，下吏，当斩，诈死，亡居民间五六岁。后发觉，复系。坐妻为巫蛊，族。凡四为将军，出击匈奴，一侯。

将军李沮，云中人。事景帝。武帝立十七岁，以左内史为强弩将军。后一岁，复为强弩将军。

将军李蔡，成纪人也。事孝文帝、景帝、武帝。以轻车将军从大将军有功，封为乐安侯。已为丞相，坐法死。

将军张次公，河东人。以校尉从卫将军青有功，封为岸头侯。其后太后崩，为将军，军北军。后一岁，为将军，从大将军，再为将军，坐法失侯。次公父隆，轻车武射也。以善射，景帝幸近之也。

将军苏建，杜陵人。以校尉从卫将军青，有功，为平陵侯，以将军筑朔方。后四岁，为游击将军，从大将军出朔方。后一岁，以右将军再从大将军出定襄，亡翕侯，失军，当斩，赎为庶人。其后为代郡太守，卒，冢在大犹乡。

将军赵信，以匈奴相国降，为翕侯。武帝立十七岁，为前将军，与单于战，败，降匈奴。

※ 译文

将军公孙敖是义渠人。最初以郎官身份服侍汉武帝。汉武帝即位十二年，他做了骑将军，由代郡出兵攻打匈奴，因损失七千士兵而被判死刑，他交了赎金后成为平民百姓。五年后，他以校尉身份随大将军攻打匈奴有功，被封为合骑侯。过了一年，以中将军身份随大将军两次由定襄出兵攻打匈奴，无功。过了两年，他以将军身份由北地出兵，因延误同骠骑将军约定的时间而被判死刑，交了赎金后成为平民百姓。过了两年，他以校尉的身份随大将军攻打匈奴，无功。过了十四年，他以因杅将军的身份负责修筑受降城。七年后，他又以因杅将军的身份再次出兵攻打匈奴，进军到余吾，因损失士卒过多而被交付法官判处死刑，他却诈称已死，逃亡到民间五六年。后来，事发后又被逮捕。因其妻搞巫蛊之事，全家被杀。他共当过四次将军，出击匈奴，一次被封侯。

将军李沮是云中人，曾服侍汉景帝。汉武帝即位十七年时，他以左内史的身份当了强弩将军。一年后，他又当了强弩将军。

将军李蔡是成纪人，服侍过汉文帝、汉景帝和汉武帝。曾以轻车将军身份随大将军攻打匈奴有功，被封为乐安侯。后来做了丞相，因犯法而被杀。

将军张次公是河东人，曾以校尉身份随卫青将军攻打匈奴有功，封为岸头侯。后来王太后去世，他做了将军，驻守在北军的军部所在地。一年后，他以将军身份随大将军卫青攻打匈奴。他两次当将军，因犯法而失掉侯爵。张次公的父亲张隆，是驾驭轻便战车的勇敢射手。因他善射箭而被汉景帝喜欢和亲近。

将军苏建是杜陵人，以校尉身份随卫青将军攻打匈奴，因战功而被封为平陵侯，且以将军身份负责修筑朔方城。四年后，他任游击将军，随大将军卫青由朔方出兵攻打匈奴。过了一年，他以右将军的身份再次随大将军由定襄出兵攻打匈奴，结果翕侯叛逃匈奴，大军蒙受了损失，他被判死刑，交出赎金后成为平民百姓。之后，他任代郡太守。死后葬在大犹乡。

将军赵信，以匈奴相国的身份投降汉朝，被封为翕侯。汉武帝即位十七年，赵信做了前将军，同匈奴单于打仗，失败后投降了匈奴。

※ 原文

将军张骞，以使通大夏，还，为校尉。从大将军有功，封为博望侯。后三岁，为将军，出右北平，失期，当斩，赎为庶人。其后使通乌孙，为大行而卒，冢在汉中。

将军赵食其，祋祤人也。武帝立二十二岁，以主爵为右将军，从大将军出定襄，迷失道，当斩，赎为庶人。

将军曹襄，以平阳侯为后将军，从大将军出定襄。襄，曹参孙也。

将军韩说，弓高侯庶孙也。以校尉从大将军有功，为龙頟侯，坐酎金失侯。元鼎六年，以待诏为横海将军，击东越有功，为按道侯。以太初三年为游击将军，屯于五原外列城。为光禄勋，掘蛊太子宫，卫太子杀之。

将军郭昌，云中人也。以校尉从大将军。元封四年，以太中大夫为拔胡将军，屯朔方。还击昆明，毋功，夺印。

将军荀彘，太原广武人。以御见，侍中，为校尉，数从大将军。以元封三年为左将军击朝鲜，毋功。以捕楼船将军坐法死。

最骠骑将军去病，凡六出击匈奴，其四出以将军，斩捕首虏十一万余级。及浑邪王以众降数万，遂开河西酒泉之地，西方益少胡寇。四益封，凡万五千一百户。其校吏有功为侯者凡六人，而后为将军二人。

※ 译文

将军张骞，以使者的身份出访大夏，回来后任校尉。他因随大将军卫青攻打匈奴有功而被封为博望侯。三年后，他做了将军，由右北平出击匈奴，因误了约定的军期而被判死刑，交了赎罪金后成为平民百姓。以后，他作为使者出使乌孙，后来又做了大行，去世后葬在汉中。

将军赵食其是祋祤人。汉武帝即位二十二年，他以主爵都尉的身份做了右将军，随大将军卫青由定襄出兵攻打匈奴，因迷路延误军期而被判死刑，交了赎罪金后成为平民百姓。

将军曹襄，以平阳侯的身份做了后将军，随大将军卫青由定襄出兵攻打匈奴。曹襄是曹参的孙子。

将军韩说是弓高侯韩颓当的庶出孙子。他以校尉的身份随大将军卫青攻打匈奴有功，被封为龙嵒侯，后因犯了助祭金成色不足分量不够的罪行而失掉侯爵。元鼎六年，韩说以待诏的身份当上横海将军，因领兵攻打东越有功而被封为按道侯。太初三年，他当上游击将军，在五原以外的一些城堡驻军。后来，他做了光禄勋，因到太子宫挖掘巫蛊罪证而被卫太子所杀。

将军郭昌是云中人。他以校尉身份随大将军卫青攻打匈奴。元封四年，他以太中大夫的身份当上拔胡将军，在朔方驻军。回来后，领兵去攻打昆明，因无战功而被收回官印罢了官。

将军荀彘是太原郡广武人。他凭借善于驾车的本领求见皇上，被任命为侍中，又做了校尉，多次随从大将军卫青攻打匈奴。元封三年，他当了左将军，领兵攻打朝鲜，无功。他因捕楼船将军杨仆犯了罪而被处死。

骠骑将军霍去病共六次出击匈奴，其中四次出击是以将军的身份，共斩获匈奴兵士十一万多人。浑邪王率几百万人投降后，就开拓了河西和酒泉等地，使西部地区匈奴侵扰的活动逐渐减少。他被四次加封，食邑共一万五千一百户。他的校尉因有功而被封侯的共有六人，后来成为将军的有两人。

※ 原文

将军路博德，平州人。以右北平太守从骠骑将军有功，为符离侯。骠骑死后，博德以卫尉为伏波将军，伐破南越，益封。其后坐法失侯。为强弩都尉，屯居延，卒。

将军赵破奴，故九原人。尝亡入匈奴，已而归汉，为骠骑将军司马。出北地时有功，封为从骠侯。坐酎金失侯。后一岁，为匈河将军，攻胡至匈河水，无功。后二岁，击虏楼兰王，复封为浞野侯。后六岁，为浚稽将军，将二万骑击匈奴左贤王，左贤王与战，兵八万骑围破奴，破奴生为虏所得，遂没其军。居匈奴中十岁，复与其太子安国亡入汉。后坐巫蛊，族。

自卫氏兴，大将军青首封，其后枝属为五侯。凡二十四岁而五侯尽夺，卫氏无为侯者。

太史公曰：苏建语余曰："吾尝责大将军至尊重，而天下之贤大夫毋称焉，愿将军观古名将所招选择贤者，勉之哉。大将军谢曰：'自魏其、武安之厚宾客，天子常切齿。彼亲附士大夫，招贤绌不肖者，人主之柄也。人臣奉法遵职而已，何与招士！'"骠骑亦放此意，其为将如此。

※ 译文

将军路博德是平州人。他因以右北平太守的身份随骠骑将军攻打匈奴有功而被封为符离侯。骠骑将军霍去病去世后，路博德以卫尉的身份做了伏波将军，讨伐并打败南越，朝廷给予加封。此后他因犯法而失掉侯爵。后来，他又做了强弩都尉，在居延驻军，直到去世。

将军赵破奴原为九原人，曾逃到匈奴，后来又回归汉朝，做了骠骑将军霍去病的司马。他领兵由北地出击匈奴，时常立功，因而被封为从骠侯。后来他因犯了助祭金成色不足分量不够的罪行而失掉侯爵。一年后，他做了匈河将军，攻打匈奴直到匈河水，无战功。过了两年，他因攻打并将楼兰王俘虏而被封为浞野侯。六年后，他做了浚稽将军，率两万骑兵攻打匈奴左贤王，左贤王同他交战，用八万骑兵围困了赵破奴，赵破奴被敌人活捉，其军队也全部覆灭。他在匈奴住了十年后又同长子安国逃回汉朝。后来，因犯巫蛊罪而被灭族。

自从卫氏兴起，大将军卫青首先被封侯，后来其子孙有五人被封侯。共历时二十四年，而五个侯爵全被剥夺，卫氏再无人被封侯。

太史公说，苏建曾对我说："我曾责备大将军卫青那么尊贵却不被全国的贤士大夫称赞，希望将军能够效法古代那些招选贤人的名将，努力去做。大将军拒绝说：'自从魏其侯窦婴和武安侯田蚡厚待宾客，天下之人便常常切齿痛恨。亲近和安抚士大夫，招选贤才，废除不肖者的事，是国君的权柄。臣子只需遵守法度做好本职工作，何必参与招选贤士之事呢？'"骠骑将军霍去病也仿效这种做法，他们当将军的做法就是这样。

※ 评析

外戚在中国的封建社会占据着很重要的位置，这是因为，在中国封建社会的舞台上，皇帝是主角，后妃则是很重要的配角。后宫佳丽三千，当集三千宠爱于一身的时候，她的命运就从此改写了，随之改写命运的还有她的家人。所谓"一人得道，鸡犬升天"，白居易在《长恨歌》里写道"姊妹弟兄皆列土，可怜光彩生门户。遂令天下父母心，不重生男重生女"。在男尊女卑的封建社会，"不重生男重生女"实在是极度反常，然而这种反常又恰恰说明一旦成为外戚就将会有数不尽的好处接踵而至，金钱、权利、地位等，这种金钱有时候可能是整个江山，这种权力有时候可能就达到至高无上，这种地位有时候就可能是指点江山的天子。历史上这样的例子数不胜数，隋朝开国皇帝杨坚就是以外戚的身份执掌了皇权，王莽也是以外戚的身份几乎一统江山，类似的还有很多很多。当然像文中提到的卫青和霍去病，身为外戚，大功于朝廷，又备受当时及后世景仰的可谓凤毛麟角。

游侠列传第六十四

※ 原文

韩子曰："儒以文乱法，而侠以武犯禁。"二者皆讥，而学士多称于世云。至如以术取宰相卿大夫，辅翼其世主，功名俱着于春秋，固无可言者。及若季次、原宪，闾巷人也，读书怀独行君子之德，义不苟合当世，当世亦笑之。故季次、原宪终身空室蓬户，褐衣疏食不厌。死而已四百余年，而弟子志之不倦。今游侠，其行虽不轨于正义，然其言必信，其行必果，已诺必诚，不爱其躯，赴士之厄困，既已存亡死生矣，而不矜其能，羞伐其德，盖亦有足多者焉。

且缓急，人之所时有也。太史公曰：昔者虞舜窘于井廪，伊尹负于鼎俎，傅说匿于傅险，吕尚困于棘津，夷吾桎梏，百里饭牛，仲尼畏匡，菜色陈、蔡。此皆学士所谓有道仁人也，犹然遭此灾，况以中材而涉乱世之末流乎？其遇害何可胜道哉！

鄙人有言曰："何知仁义，已飨其利者为有德。"故伯夷丑周，饿死首阳山，而文武不以其故贬王；跖、蹻暴戾，其徒诵义无穷。由此观之，"窃钩者诛，窃国者侯，侯之门仁义存"，非虚言也。

※ 译文

韩非子说："儒生用儒家经典来破坏法度，而侠士用勇武的行为来违犯法令。"韩非子对这两种人都加以讥笑，但儒生却往往被世人所称颂。至于用权术取得宰相卿大夫的职位，辅助当代天子，其功名都被记载在史书中，这本来没什么可说的。至于像季次、原宪，他们是平民百姓，用功读书，怀抱着特异的君子的德操，坚守道义，不与当代同流合污，他们也被当代世俗之人所嘲笑。因此季次和原宪一生都住在空荡荡的草屋里，穿粗布衣，连粗饭都吃不饱。他们死了四百多年了，而他们世代相传的弟子们，却不知倦怠地怀念着他们。今天的游侠者，他们的行为虽然不符合道德法律准则，但他们说话一定守信用，做事一定果断，已经答应的必定实现，以示诚实，且肯于牺牲，去救助别人的危难。已经历了生死存亡的考验，却并不自我夸耀本领，也不好意思夸耀自己的功德，也许这也是很值得赞美的地方吧！

况且危急之事，人们总是能遇到。太史公说："以前虞舜在淘井和修廪时遇到了危难，伊尹也曾背负鼎俎当厨师，傅说曾藏身傅岩服苦役，吕尚曾在棘津遭遇困厄，管仲曾戴过脚镣与手铐，百里奚曾喂牛做奴隶，孔子曾在匡遭拘囚，在陈、蔡遭受饥饿。这些人都是儒生所称扬的有道德的仁人，他们尚且遭遇这样的灾难，更何况是中等才能且又遇到乱世的人呢？他们所遇的灾难怎么能说得完呢？

世俗人有这样的说法："何必要去区别仁义与否，已经受利的就算是有德。"因此伯夷以吃周粟为耻，竟饿死在首阳山；而文王和武王却并未因此而损害王者的声誉。盗跖和庄跻凶暴残忍，可是他们的党徒却歌颂他们道义无疆。由此可见，"偷盗衣带钩的要被诛杀，盗窃国家政权的却被封侯，受封为侯的人家就有仁义了"，这话并非虚假不实之言啊。

※ 原文

今拘学或抱咫尺之义，久孤于世，岂若卑论侪俗，与世沉浮而取荣名哉！而布衣之徒，设取予然诺，千里诵义，为死不顾世，此亦有所长，非苟而已也。故士穷窘而得委命，此岂非人之所谓贤豪间者邪？诚使乡曲之侠，予季次、原宪比权量力，效功于当世，不同日而论矣。要以功见言信，侠客之义又曷可少哉！

古布衣之侠，靡得而闻已。近世延陵、孟尝、春申、平原、信陵之徒，皆因王者亲属，藉于有土卿相之富厚，招天下贤者，显名诸侯，不可谓不贤者矣。比如顺风而呼，声非加疾，其势激也。至如闾巷之侠，修行砥名，声施于天下，莫不称贤，是为难耳。然儒、墨皆排摈不载。自秦以前，匹夫之侠，湮灭不见，余甚恨之。以余所闻，汉兴有朱家、田仲、王公、剧孟、郭解之徒，虽时扞当世之文罔，然其私义廉洁退让，有足称者。名不虚立，士不虚附。至如朋党宗强比周，设财役贫，豪暴侵凌孤弱，恣欲自快，游侠亦丑之。余悲世俗不察其意，而猥以朱家、郭解等令与暴豪之徒同类而共笑之也。

鲁朱家者，与高祖同时。鲁人皆以儒教，而朱家用侠闻。所藏活豪士以百数，其余庸人不可胜言。然终不伐其能，歆其德，诸所尝施，唯恐见之。振人不赡，先从贫贱始。家无余财，衣不完采，食不重味，乘不过軥牛。专趋人之急，甚己之私。既阴脱季布将军之厄，及布尊贵，终身不见也。自关以东，莫不延颈愿交焉。

※ 译文

如今拘泥于片面见闻的学者，有的死守着狭隘的道理，久久地孤立于世人之外，怎能比得上以低下的观点迁就世俗、随世俗的沉浮而博取荣耀和名声的人呢？而平民百姓之人，看重取予皆符合道义、应允能实现的美德，不惜千里之外去追随道义，为道义而死而不顾世俗的责难，这也是他们的长处所在，并非轻易就可做到的。所以读书人穷困窘迫时，愿意托身于他，这难道不就是人们所说的贤能豪侠之人吗？若真能让民间游侠者与季次、原宪比较权势和力量，比对当代的贡献，是不可同日而语的。总之，从事情的显现和言必有信的角度看，侠客的正义行为又怎可缺少呢！

古代的平民侠客，没有听说过。近代延陵季子、孟尝君、春申君、平原君、信陵君这些人，都是由于是君王的亲属，依仗封国及卿相的雄厚财富，招揽天下名士，在各诸侯国中声名显赫，不能说他们不是贤才。这就好比顺风呼喊，并非声音更加洪亮，可听者却觉得清楚，这是由于风势激荡。至于闾巷的布衣侠客，修行品行，磨砺名节，名望传布天下，无人不称颂其贤德，这是不好做到的。可儒家和墨家都排斥扬弃他们，不在他们的文献中记载。秦朝以前，平民侠客的事迹就已被埋没而见不到了，我深感遗憾。据我听说的情况来看，汉朝建国以来，有朱家、田仲、王公、剧孟、郭解等人，他们虽常违犯汉朝的法律禁令，但他们的行为符合道义，廉洁而有退让的精神，有值得称赞之处。他们的名声并不是虚假地树立起来的，读书人也并非毫无根据地附和他们。至于那些结成帮派的豪强，互相勾结，依势奴役穷人，凭豪强暴力欺凌孤独势弱之人，放纵欲望，自己满足取乐，这也是游侠之士以为耻的。我哀伤世俗之人不能明察其中的真意，反而错误地把朱家和郭解等人与暴虐豪强之流看作同类，一样地加以嘲笑。

鲁国的朱家与高祖为同时代人。鲁国人都喜欢儒家思想的教育，而朱家却以侠士闻名。他藏匿和救活了几百名豪杰，另外普通人被救的说也说不完。但他始终不夸耀自己的才能，不自我欣赏对别人施舍的恩德，对于那些他曾给予过施舍的人，唯恐再见到他们。他救济别人的困难，先从贫贱开始。他家中无剩余钱财，衣服破到没有完整的彩色，每顿饭只吃一样菜，乘坐的不过是牛拉的车子。他一心救别人于危难，胜过为自己办事。他曾暗中帮助季布将军摆脱了被杀的厄运，等季布将军地位尊贵后，他却始终不肯与季布相见。从函谷关往东，人们无不伸长脖子盼着同他交往。

※ 原文

楚田仲以侠闻，喜剑，父事朱家，自以为行弗及。田仲已死，而洛阳有剧孟。周人以商贾为资，而剧孟以任侠显诸侯。吴楚反时，条侯为太尉，乘传车将至河南，得剧孟，喜曰："吴楚举大事而不求孟，吾知其无能为已矣。"天下骚动，宰相得之若得一敌国云。剧孟行大类朱家，而好博，多少年之戏。然剧孟母死，自远方送丧盖千乘。及剧孟死，家无余十金之财。而符离人王孟亦以侠称江淮之间。

是时济南瞯氏、陈周庸亦以豪闻，景帝闻之，使使尽诛此属。其后代诸白、梁韩无辟、阳翟薛（况）［兄］、（陕）［郏］韩孺纷纷复出焉。

郭解，轵人也，字翁伯，善相人者许负外孙也。解父以任侠，孝文时诛死。解为人短小精悍，不饮酒。少时阴贼，慨不快意，身所杀甚众。以躯借交报仇，藏命作奸剽攻不休，乃铸钱掘冢，固不可胜数。适有天幸，窘急常得脱，若遇赦。及解年长，更折节为俭，以德报怨，厚施而薄望。然其自喜为侠益甚。既已振人之命，不矜其功，其阴贼着于心，卒发于睚眦如故云。而少年慕其行，亦辄为报仇，不使知也。解姊子负解之势，与人饮，使之嚼。非其任，强必灌之。人怒，拔刀刺杀解姊子，亡去。解姊怒曰："以翁伯之义，人杀吾子，贼不得。"弃其尸于道，弗葬，欲以辱解。解使人微知贼处。贼窘自归，具以实告解。解曰："公杀之固当，吾儿不直。"遂去其贼，罪其姊子，乃收而葬之。诸公闻之，皆多解之义，益附焉。

※ 译文

楚地的田仲以侠义闻名，他喜好剑术，像服侍父亲那样对待朱家，他认为自己的操行比不上朱家。田仲死后，洛阳出了个剧孟。洛阳人以经商为生，而剧孟以行侠显名于诸侯。吴、楚七国叛乱时，条侯周亚夫任太尉，乘着驿站的车子，就要到洛阳时得到剧孟，高兴地说："吴、楚七国发动叛乱而不求剧孟相助，我知道他们是不会有作为的。"天下动乱，太尉得到他就像得到了一个相等的国家。剧孟的行为大致跟朱家相似，却喜欢博棋，他所做的多半为少年人的游戏。剧孟的母亲去世时，从远方来送丧车子大概有上千辆。等到剧孟去世时，家中连十金的钱财都没有。这时符离人王孟也因行侠而闻名于长江和淮河之间。

这时济南姓的人家、陈地的周庸也因豪侠而闻名。汉景帝听说后，派使者把他们全杀了。此后，代郡姓白的、梁地的韩无辟、阳翟的薛况、陕地的韩孺等又纷纷出现。

郭解是轵县人，字翁伯。他是善给人相面的许负的外孙。郭解的父亲因行侠而在汉文帝时被杀。郭解个子矮小，精明强悍，不喝酒。他小时候残忍狠毒，心中愤慨不快时，就亲手杀很多人。他不惜牺牲生命去为朋友报仇，藏匿亡命之徒去犯法抢劫，停下来就私铸钱币，盗挖坟墓，其不法活动数都数不清。只是却能得到上天的保佑，在窘迫危急时常能脱身，或者遇到大赦。等郭解年纪大了，就改变行为，检点自己，以恩报怨，多施舍别人，并且很少怨恨别人。但他自己喜欢行侠的思想越来越强烈。救了别人的命也不自夸功劳，只是其内心仍然残忍狠毒，依然像从前为小事突然怨怒行凶。当时的少年仰慕他的行为，也常为他报仇，却不让他知道。郭解姐姐的儿子仗着郭解的势力，同别人喝酒，让人家干杯。若人家的酒量小不能再喝了，他还要强行灌酒。那人发怒，就拔刀刺死了郭解姐姐的儿子，然后逃跑了。郭解姐姐发怒道："以弟弟翁伯的义气，人家杀了我的儿子，凶手却无法捉到。"于是她就把儿子的尸体丢弃在道上，不埋葬，想以此羞辱郭解。郭解暗中派人探知凶手下落。凶手窘迫，自动回来把真实情况告诉了郭解。郭解说："你杀了他是应该的，是我的孩子无理。"于是就放了凶手，把罪责归于姐姐的儿子，并将其收尸埋葬。人们听到此事，都称赞郭解的道义行为，更加依附于他。

※ 原文

解出入，人皆避之。有一人独箕倨视之，解遣人问其名姓。客欲杀之。解曰："居邑屋至不见敬，是吾德不修也，彼何罪！"乃阴属尉史曰："是人，吾所急也，至践更时脱之。"每至践更，数过，吏弗求。怪之，问其故，乃解使脱之。箕踞者乃肉袒谢罪。少年闻之，愈益慕解之行。

洛阳人有相仇者，邑中贤豪居间者以十数，终不听。客乃见郭解。解夜见仇家，仇家曲听解。解乃谓仇家曰："吾闻洛阳诸公在此间，多不听者。今子幸而听解，解奈何乃从他县夺人邑中贤大夫权乎！"乃夜去，不使人知，曰："且无用，待我去，令洛阳豪居其间，乃听之。"

解执恭敬，不敢乘车入其县廷。之旁郡国，为人请求事，事可出，出之；不可者，各厌其意，然后乃敢尝酒食。诸公以故严重之，争为用。邑中少年及旁近县贤豪，夜半过门常十余车，请得解客舍养之。

及徙豪富茂陵也，解家贫，不中訾，吏恐，不敢不徙。卫将军为言："郭解家贫不中徙。"上曰："布衣权至使将军为言，此其家不贫。"解家遂徙。诸公送者出千余万。轵人杨季主子为县掾，举徙解。解兄子断杨掾头。由此杨氏与郭氏为仇。

※ 译文

郭解每次外出或归来，人们都躲避他，只有一个人傲慢地坐在地上看他，郭解派人去问他的姓名。门客中有人要杀那人，郭解说："在乡里之中居住，却不被人尊敬，这是我自己道德修养得还不够，他有什么罪过啊。"于是就暗中嘱托尉史道："此人是我最关心的，轮到他服役时，请加以免除。"以后每到服役时，好多次县中官吏都没找这位对郭解无礼之人。他感到奇怪，问其中原因，原来是郭解使人免除了他的差役。于是，他就袒露着身体去找郭解谢罪。少年们听说后越发仰慕郭解。

洛阳人有相互结仇的，城中有数以十计的贤人豪杰从中调解，双方始终不听劝解。门客们就来拜见郭解，说明情况。郭解晚上去会见结仇的人家，他们出于对郭解的尊重，委屈心意地听从了劝告，准备和好。郭解就对仇家说："我听说洛阳诸公为你们调解，你们都不接受。现在你们幸而听从了我的劝告，我怎可从别县跑来侵夺人家城中贤豪大夫们的调解权呢？"于是郭解又当夜离去，不让人知道，说："暂时不要听我的调解，等我离开后，让洛阳豪杰从中调解，你们就听他们的。"

郭解保持着恭敬待人的态度，从不敢乘车走进县衙门。他到旁的郡国去替人办事，能办则一定办成，办不成的也要尽量使有关方面都满意，然后才敢去吃人家的酒饭。所以深受大家的尊重，人们都争着为他效力。城中少年及附近县城的贤人豪杰，半夜上门拜访郭解的总是有十多辆车子，请求把郭解家的门客接回自家供养。

到汉武帝元朔二年，朝廷要将各郡国的豪富人家迁往茂陵居住，郭解家贫，不符合资财三百万的迁转标准，但迁移名单中仍有郭解，因而官吏害怕，不敢不让郭解迁移。当时卫青将军替郭解向皇上说：“郭解家贫，不符合迁移标准。”但是皇上却说：“一个百姓的权势竟能使将军为他说话，可见他家不穷。”郭解于是被迁徙到茂陵。人们为郭解送行共出一千余万钱。轵人杨季主的儿子当县椽，是他提名迁徙郭解的。郭解哥哥的儿子把杨县椽的头砍掉。从此杨家与郭家结仇。

※ 原文

解入关，关中贤豪知与不知，闻其声，争交欢解。解为人短小，不饮酒，出未尝有骑。已又杀杨季主。杨季主家上书，人又杀之阙下。上闻，乃下吏捕解。解亡，置其母家室夏阳，身至临晋。临晋籍少公素不知解，解冒，因求出关。籍少公已出解，解转入太原，所过辄告主人家。吏逐之，迹至籍少公。少公自杀，口绝。久之，乃得解。穷治所犯，为解所杀，皆在赦前。轵有儒生侍使者坐，客誉郭解，生曰：“郭解专以奸犯公法，何谓贤！”解客闻，杀此生，断其舌。吏以此责解，解实不知杀者。杀者亦竟绝，莫知为谁。吏奏解无罪。御史大夫公孙弘议曰：“解布衣为任侠行权，以睚眦杀人，解虽弗知，此罪甚于解杀之。当大逆无道。”遂族郭解翁伯。

自是之后，为侠者极众，敖而无足数者。然关中长安樊仲子，槐里赵王孙，长陵高公子，西河郭公仲，太原卤公孺，临淮儿长卿，东阳田君孺，虽为侠而逡逡有退让君子之风。至若北道姚氏、西道诸杜、南道仇景、东道赵他、羽公子、南阳赵调之徒，此盗跖居民间者耳，曷足道哉！此乃乡者朱家之羞也。

太史公曰：吾视郭解，状貌不及中人，言语不足采者。然天下无贤与不肖，知与不知，皆慕其声，言侠者皆引以为名。谚曰：“人貌荣名，岂有既乎！”於戏，惜哉！

※ 译文

郭解迁移到关中，关中贤人豪杰不管以前是否知道郭解，现在听到他的名声，也都争着与他交好。郭解个子矮，不喝酒，出门不乘马。后来又把杨季主杀了。杨季主的家人上书告状，有人又把告状的在宫门下给杀了。皇上听说此事，就向官吏下令捕捉郭解。郭解逃跑，把母亲安置在夏阳，自己逃到临晋。临晋籍少公向来不认识郭解，郭解冒昧去会见，顺便要求他帮助出关。籍少公送郭解出关后，郭解转移到太原，所到之处，总把自己的情况告诉留他食宿的人家。官吏追逐郭解，追踪到籍少公家里。籍少公无奈自杀，断绝了口供。很久，官府才捕到郭解，并彻底深究他的犯法罪行，发现了一些人被郭解所杀的事，都发生在赦令公布之前。一次，轵县有个儒生陪前来查办郭解案件的使者闲坐，郭解门客称赞郭解，他却说：“郭解专爱做那些奸邪犯法之事，怎能说他是贤人呢？”郭解门客听到此话，就把这个儒生杀了，并割下了他的舌头。官吏以此责问郭解，让他交出凶手，而郭解确实不知道是谁杀的人。杀人者也始终没查出来，不知道是谁。官吏向皇上报告，说郭解无罪。御史大夫公孙弘议论道：“郭解以平民身份玩弄权诈之术，因小事而杀人，他自己虽不知道，可这个罪过比他自己杀人还严重呢。应判处他大逆无道之罪。”于是就诛杀了郭解翁伯的家族。

此后，行侠的人很多，但都傲慢无礼没有值得称道的。但是关中长安的樊仲子、槐里赵王孙、长陵的高公子、西河的郭公仲、太原的卤公孺、临淮的儿长卿、东阳的田君孺虽然行侠却能有谦虚退让的君子之风。至于像北道的姚氏，西道的一些姓杜的、南道的仇景、东道的赵他、羽公子、南阳赵调之流，他们不过都是处在民间的盗跖罢了，怎值得一提呢！这些都是以朱家那样的人为耻的。

太史公说：我看郭解，状貌不及中等，语言也无可取的地方。可天下人，无论贤人还是不肖之人，无论认识他还是不认识他的，都仰慕他的声名，谈论游侠的都标榜郭解以提高自己的名声。谚语说：“人可用光荣的名声作容貌，难道会有穷尽之时吗？”唉，可惜呀！

※ 评析

韩非子曾说：“儒以文乱法，而侠以武犯禁。”他认为儒生和侠士，同为不利于社会发展进步的“五蠹”之一。然而，正如儒家思想一直是中国封建社会的主流统治思想一样，侠义精神同样是广大民众一直都极为渴慕和崇尚的思想理念。昔时，孟尝君、信陵君、平原君、春申君大肆招揽天下之士，其中就有许多不为名利、专门济人危困的侠士。朱家由于长时间济人危困，所以由本来很富裕变成后来衣食住行越来越简陋，然而这非但没有让人瞧不起，反而让他赢得了更多人的称赏和爱戴。朱家死后，以侠义闻名者，楚地有田仲、剧孟等人。景帝时，济南氏以侠义闻名，被张汤治罪诛杀。此后，在景帝朝内被砍头捕杀的侠士颇多，难以数计。然而，侠士并未因这场浩劫而远离人们的生活，就像秦始皇焚书坑儒，却无法阻止后人去读古代圣贤之书一样。在当时众多的侠士中，名声最响的，当属轵州人郭解。郭解年少时也有作奸犯科的行为，但是伴随着年龄的增长，他意识到自己狂放的行为可能给自己带来严重的后果，于是就开始收敛，尽管依然犯法，但郭解已经完全摆脱了自我私欲的控制，转为了劫富济贫。古代的老百姓对这样的人显然是欢迎的，在那种统治阶级只顾自身利益的封建社会里，能有一个肯为自己服务的侠士，百姓自然是求之不得的。郭解也就理所当然地受到了大多数人的拥戴，甚至有人肯为他去犯法。他其貌不扬，语不惊人，但是却能笼络众人的心，虽然未得善终，但其个人魅力却是让人不得不承认的。

滑稽列传第六十六

※ 原文

孔子曰："六艺于治一也。《礼》以节人，《乐》以发和，《书》以道事，《诗》以达意，《易》以神化，《春秋》以义。"太史公曰："天道恢恢，岂不大哉！谈言微中，亦可以解纷。"

淳于髡者，齐之赘婿也。长不满七尺，滑稽多辩，数使诸侯，未尝屈辱。齐威王之时喜隐，好为淫乐长夜之饮，沈湎不治，委政卿大夫。百官荒乱，诸侯并侵，国且危亡，在于旦暮，左右莫敢谏。淳于髡说之以隐曰："国中有大鸟，止王之庭，三年不蜚又不鸣，不知此鸟何也？"王曰："此鸟不飞则已，一飞冲天；不鸣则已，一鸣惊人。"于是乃朝诸县令长七十二人，赏一人，诛一人，奋兵而出。诸侯振惊，皆还齐侵地。威行三十六年。语在《田完世家》中。

威王八年，楚大发兵加齐。齐王使淳于髡之赵请救兵，赍金百斤，车马十驷。淳于髡仰天大笑，冠缨索绝。王曰："先生少之乎？"髡曰："何敢！"王曰："笑，岂有说乎？"髡曰："今者臣从东方来，见道傍有禳田者，操一豚蹄，酒一盂，祝曰：'瓯窭满篝，污邪满车，五谷蕃熟，穰穰满家。'臣见其所持者狭而所欲者奢，故笑之。"于是齐威王乃益赍黄金千镒，白璧十双，车马百驷。髡辞而行，至赵。赵王与之精兵十万，革车千乘。楚闻之，夜引兵而去。

※ 译文

孔子说："六艺对于治理国家来讲，作用都是一样的，《礼》用来规范人的言行，《乐》用来启发人的和谐，《书》用来叙述以往的事情，《诗》用来表达人的情感，《易》用来辨明天地万物的神秘变化，《春秋》用来阐释世间的道义。"太史公说："天地之间的道义宽广无疆，难道还不够伟大吗！言谈若能稍微切中事理，也可排解纠纷。"

淳于髡是齐国的一个入赘女婿。身高不足七尺，为人滑稽善辩，多次出使诸侯国，从未受过辱。齐威王在位时，爱说隐语，又喜好彻夜宴饮，逸乐无度，陶醉于饮酒之中，不理政事，把政事委托给卿大夫。文武百官荒淫放纵，各国都来侵犯，国家危在旦夕。齐王身边的近臣都不敢进谏。淳于髡用隐语来规劝讽谏齐威王，说："都城中有只大鸟，落在了大王的庭院中，三年来不飞也不叫，大王知道这只鸟是为什么吗？"齐威王说："此鸟不飞则已，一飞就直冲云霄；不鸣则已，一鸣就使人震惊。"于是诏令全国七十二个县的长官全来入朝奏事，奖赏一人，诛杀一人；然后又发兵御敌，诸侯十分惊恐，把侵占的土地又全部归还齐国。齐国的声威竟达三十六年之久。这些话全记载在《田完世家》里。

齐威王八年，楚国派大军侵犯齐境。齐王派淳于髡出使赵国请求援军，让他携带礼物百斤黄金，十辆驷马车。淳于髡却仰天大笑，连系帽子的带子都笑断了。威王说："先生是嫌礼物太少吗？"淳于髡说："怎敢嫌少！"威王说："那您笑难道有什么说辞吗？"淳于髡说："今天我从东边来时，看到路旁有个人在祈祷田神，他拿着一个猪蹄、一杯酒，祈祷道：'高地上收获的谷物盛满篝笼，低田里收获的庄稼装满车辆；五谷繁茂丰熟，米粮堆积满仓。'我见他拿的祭品很少，祈求的东西却太多，因此笑他。"于是齐威王就把礼物增加到黄金千镒、白璧十对、驷马车百辆。淳于髡于是告辞起行，来到赵国。赵王拨给他十万精兵、一千辆裹有皮革的战车。楚国听此消息，连夜退兵。

※ 原文

威王大说，置酒后宫，召髡赐之酒。问曰："先生能饮几何而醉？"对曰："臣饮一斗亦醉，一石亦醉。"威王曰："先生饮一斗而醉，恶能饮一石哉！其说可得闻乎？"髡曰："赐酒大王之前，执法在傍，御史在后，髡恐惧俯伏而饮，不过一斗径醉矣。若亲有严客，髡帣鞲鞠䀺，待酒于前，时赐余沥，奉觞上寿，数起，饮不过二斗径醉矣。若朋友交游，久不相见，卒然相睹，欢然道故，私情相语，饮可五六斗径醉矣。若乃州闾之会，男女杂坐，行酒稽留，六博投壶，相引为曹，握手无罚，目眙不禁，前有堕珥，后有遗簪，髡窃乐此，饮可八斗而醉二参。日暮酒阑，合尊促坐，男女同席，履舄交错，杯盘狼藉，堂上烛灭，主人留髡而送客，罗襦襟解，微闻芗泽，当此之时，髡心最欢，能饮一石。故曰酒极则乱，乐极则悲；万事尽然，言不可极，极之而衰。"以讽谏焉。齐王曰："善。"乃罢长夜之饮，以髡为诸侯主客。宗室置酒，髡尝在侧。

其后百余年，楚有优孟。

优孟，故楚之乐人也。长八尺，多辩，常以谈笑讽谏。楚庄王之时，有所爱马，衣以文绣，置之华屋之下，席以露床，啖以枣脯。马病肥死，使群臣丧之，欲以棺椁大夫礼葬之。左右争之，以为不可。王下令曰："有敢以马谏者，罪至死。"优孟闻之，入殿门。仰天大哭。王惊而问其故。优孟曰："马者王之所爱也，以楚国堂堂之大，何求不得，而以大夫礼葬之，薄，请以人君礼葬之。"王曰："何如？"

※ 译文

齐威王很高兴，在后宫设置酒肴，召见淳于髡，赐给他酒喝。问他说："先生能喝多少酒才醉？"淳于髡说："我喝一斗酒也能醉，喝一石酒也能醉。"威王说：

“先生喝一斗就醉了，怎么还能喝一石呢？能跟我说说其中的道理吗？”淳于髡说：“大王当面赏酒给我，执法官在旁边站着，御史在背后站着，我胆战心惊，低头伏地地喝，不到一斗就醉了。若父母有尊贵的客人来家，我卷起袖子，躬着身子，奉酒敬客，客人不时赏我残酒，屡次举杯敬酒应酬，不到两斗就醉了。若朋友间交游，好久不曾见面，突然相见了，高兴地讲述往事，倾吐衷肠，大约喝五六斗就醉了。至于乡里之间的聚会，男女杂坐，彼此敬酒，无时间限制，又做六博、投壶一类的游戏，呼朋唤友，相邀成对，握手言欢不受处罚，眉目传情不遭禁止，面前有耳环落下，背后有发簪丢掉，此时我最开心，可喝上八斗酒，也不过有两三分醉意。天黑了，酒也快完了，把剩下的酒并在一起，大家促膝而坐，男女同席，鞋子木屐混杂，杯盘杂乱不堪，堂屋里蜡烛已经熄灭，主人只留下我一人，而把别的客人都送走，绫罗短袄的衣襟已经解开，略略闻到阵阵香味，这时我心里最为高兴，就能喝下一石酒。所以说，酒喝得太多就容易出乱子，乐极生悲。大凡事情皆如此，即做事不能做到极点，做到了极点就会走向衰败。”淳于髡以此来婉转地劝说齐威王。威王说：“好。”于是，威王就不再彻夜欢饮，并任用淳于髡为接待诸侯宾客的宾礼官。齐王宗室设置酒宴，淳于髡常常作陪。

在淳于髡之后一百多年，楚国出了个优孟。

优孟本是楚国的歌舞艺人。他身高八尺，能言善辩，常用说笑的方式劝诫楚王。楚庄王有一匹爱马，给它穿华美的绣花衣服，养在富丽堂皇的屋里，睡在没有帐幔的床上，用蜜饯的枣干来喂它。马因而得肥胖病而死，庄王便派群臣给马办丧事，要用棺椁盛殓，按大夫那样的礼仪来埋葬死马。左右近臣争论此事，认为这样不妥。庄王下令道：“有谁再敢以葬马的事来进谏，就处死。”优孟听说后，走进殿门，仰天大哭。庄王吃惊地问他为何哭。优孟说：“马是大王所喜爱的，就凭楚国这样强大，有什么事办不到，却用大夫的礼仪来埋葬它，太薄待了，请用人君的礼仪来埋葬它。”庄王问：“那怎么办？”

※ 原文

对曰：“臣请以雕玉为棺，文梓为椁，楩、枫、豫章为题凑，发甲卒为穿圹，老弱负土，齐、赵陪位于前，韩、魏翼卫其后，庙食太牢，奉以万户之邑。诸侯闻之，皆知大王贱人而贵马也。”王曰：“寡人之过一至此乎！为之奈何？”优孟曰：“请为大王六畜葬之。以垄灶为椁，铜历为棺，赍以姜枣，荐以木兰，祭以粮稻，衣以火光，葬之于人腹肠。”于是王乃使以马属太官，无令天下久闻也。

楚相孙叔敖知其贤人也，善待之。病且死，属其子曰：“我死，汝必贫困。若往见优孟，言我孙叔敖之子也。”居数年，其子穷困负薪，逢优孟，与言曰：“我，孙叔敖子也。父且死时，属我贫困往见优孟。”优孟曰：“若无远有所之。”即为孙叔敖衣冠，抵掌谈语。岁余，像孙叔敖，楚王及左右不能别也。庄王置酒，优孟前为寿。庄王大惊，以为孙叔敖复生也，欲以为相。优孟曰：“请归与妇计之，三日而为相。”庄王许之。三日后，优孟复来。王曰：“妇言谓何？”孟曰：“妇言慎无为，楚相不足为也。如孙叔敖之为楚相，尽忠为廉以治楚，楚王得以霸。今死，其子无立锥之地，贫困负薪以自饮食。必如孙叔敖，不如自杀。”因歌曰：“山居耕田苦，难以得食。起而为吏，身贪鄙者余财，不顾耻辱。身死家室富，又恐受赇枉法，为奸触大罪，身死而家灭。贪吏安可为也！念为廉吏，奉法守职，竟死不敢为非。廉吏安可为也！楚相孙叔敖持廉至死，方今妻子穷困负薪而食，不足为也！”于是庄王谢优孟，乃召孙叔敖子，封之寝丘四百户，以奉其祀。后十世不绝。此知可以言时矣。

※ 译文

优孟说：“我请求用雕刻花纹的美玉作棺材，用细致的梓木作套材，用楩、枫、豫樟等名贵木材作护棺的木块，命士兵给它挖掘墓穴，让老人儿童背土筑坟，齐国和赵国的使臣都在前面陪祭，韩国和魏国的使臣在后面护卫，建立祠庙，用牛羊猪做祭祀，封万户大邑来供奉。诸侯听说后，就知道大王轻视人而看重马了。”楚庄王说：“我竟错到了这种地步吗？该怎么办才好呢？”优孟说：“请大王准许按埋葬畜牲的办法来葬埋它：在地上堆个土灶做套材，用大铜锅当棺材，用姜枣调味，用香料解腥，用稻米作祭品，用火作衣服，将其安葬在人的肚肠中。”于是庄王就派人把马交给了主管宫中膳食的太官，不让天下人长久传扬此事。

楚国宰相孙叔敖深知优孟贤能，待他很好。孙叔敖患病临终前，叮嘱他的儿子说：“我死后，你必定贫困。那时你就去拜见优孟，说你是孙叔敖的儿子。”几年后，孙叔敖的儿子果然十分困窘，以卖柴为生。一次路遇优孟，就对优孟说：“我是孙叔敖的儿子。父亲临终前，嘱咐我贫困时就去拜见您。”优孟说：“你不要去远处。”于是，优孟立即缝制了类似孙叔敖的衣服帽子穿戴起来，模仿孙叔敖的言谈举止和音容笑貌。一年多的时间，他模仿得很像孙叔敖，就连楚庄王左右近臣都分辨不出来。楚庄王设置酒宴，优孟上前为楚庄王敬酒祝福。楚庄王很吃惊，以为孙叔敖又复活了，想要让他做楚相。优孟说：“请让我回去同妻子商量一下，三日后再来就任楚相。”楚庄王答应了。三天后，优孟又来见楚庄王。楚庄王问：“你妻子怎么说？”优孟说：“她说千万别做楚相，不值得做。像孙叔敖那样做楚相，忠正廉洁地治理楚国，楚王才得以称霸。现在他过世了，他的儿子却无立锥之地，贫困到每天靠打柴谋生的地步。若像孙叔敖那样做楚相，还不如自杀。”接着唱道：“住在山野耕田辛苦，难以获得食物。出外做官，自身贪鄙的，积有余财，不顾廉耻，死后家室虽然富足，但又恐怕贪赃枉法，做非法之事，犯下大罪，自己被杀，也祸及家室。贪官怎能做呢？想做个清官，遵纪守法，忠于职守，到死都不敢做非法之事。唉，可清官又怎能做呢？比如楚相孙叔敖，他一生坚持廉洁的操守，如今妻儿老小却贫困到以打柴为生。清官真是不值得做啊！”于是，庄王就向优孟表示歉意，当即召见孙叔敖的儿子，把寝丘这个四百户之邑封给他，以供祭祀孙叔敖之用。此后，十年都没有断绝。优孟的这种聪明才智，可以说是正得其宜，抓住了发挥的时机。

※ 原文

其后二百余年，秦有优旃。

优旃者，秦倡侏儒也。善为笑言，然合于大道，秦始皇时，置酒而天雨，陛楯者皆沾寒。优旃见而哀之，谓之曰：“汝欲休乎？”陛楯者皆曰：“幸甚。”优旃曰：“我即呼汝，汝疾应曰诺。”居有顷，殿上上寿呼万岁。优旃临槛大呼曰：“陛楯郎！”郎曰：“诺。”优旃曰：“汝虽长，何益，幸雨立。我虽短也，幸休居。”于是始皇使陛楯者得半相代。

始皇尝议欲大苑囿，东至函谷关，西至雍、陈仓。优旃曰：“善。多纵禽兽于其中，寇从东方来，令麋鹿触之足矣。”始皇以故辍止。

二世立，又欲漆其城。优旃曰：“善。主上虽无言，臣固将请之。漆城虽于百姓愁费，然佳哉！漆城荡荡，寇来不能上。即欲就之，易为漆耳，顾难为荫室。”于是二世笑之，以其故止。居无何，二世杀死，优旃归汉，数年而卒。

太史公曰：淳于髡仰天大笑，齐威王横行。优孟摇头而歌，负薪者以封。优旃临槛疾呼，陛楯得以半更。岂不亦伟哉！

褚先生曰：臣幸得以经术为郎，而好读外家传语。窃不逊让，复作故事滑稽之语六章，编之于左。可以览观扬意，以示后世好事者读之，以游心骇耳，以附益上方太史公之三章。

※ 译文

在优孟以后二百多年，秦国出了个优旃。

优旃是秦国的歌舞艺人，个子矮小。他擅长说笑话，而又都能合乎大道理。秦始皇时，宫中设酒宴，正赶上天下雨，殿阶下执楯站岗的卫士都淋着雨，受着风寒。优旃看了很同情他们，对他们说：“你们想休息吗？”卫士们都说：“很想。”优旃说：“若我叫你们休息，你们就要立即答应我。”过了一会儿，宫殿上向秦始皇祝酒，高呼万岁。优旃靠近栏杆旁大声喊道：“卫士！”卫士答道：“有。”优旃说：“你们长得高大有什么用？只能站在露天淋雨。而我虽身材矮小，却有幸在这里休息。”

于是，秦始皇准许卫士减半值班，轮流接替。

秦始皇曾经计议要扩大射猎区域，东到函谷关，西到雍县和陈仓。优旃说：“好啊。多养些禽兽在里面，敌人从东面来侵犯，就可以让麋鹿用角去抵触他们。”秦始皇听了此话，就停止了扩大猎场的计划。

秦二世皇帝即位，又想用漆涂饰城墙。优旃说：“好啊。就算皇上不讲，我也想请您这样做。漆城墙虽然给百姓带来愁苦，而耗费财力，可是很美啊！城墙漆得漂漂亮亮的，敌人来了也爬不上来。想成就此事，涂漆倒容易，但是难办的是要找一所大房子，把漆过的城墙搁进去，使它干燥。”于是秦二世笑了，也将此计划取消。不久，秦二世被杀，优旃归顺了汉朝，几年后就去世了。

太史公说：淳于髡仰天大笑，齐威王横行天下。优孟摇头歌唱，打柴人受到封赏。优旃靠近栏杆大喊一声，阶下卫士因而得以减半值勤，轮流倒休。这些难道不都是伟大而值得颂扬的吗？

褚少孙先生说：我有幸能因通晓经学而做了郎官，而且喜欢读史传杂说之类的书。不自量力，又写了六章滑稽的故事，编在太史公原著的后面，以供阅览，扩充见闻。流传给后代不怕絮烦的人浏览，以舒畅心胸，警醒听闻。因此特意将其增附在上面太史公三则滑稽故事之后。

※ 原文

武帝时，有所幸倡郭舍人者，发言陈辞虽不合大道，然令人主和说。武帝少时，东武侯母常养帝，帝壮时，号之曰“大乳母”。率一月再朝。朝奏入，有诏使幸臣马游卿以帛五十匹赐乳母，又奉饮糒飧养乳母。乳母上书曰：“某所有公田，愿得假倩之。”帝曰：“乳母欲得之乎？”以赐乳母。乳母所言，未尝不听。有诏得令乳母乘车行驰道中。当此之时，公卿大臣皆敬重乳母。乳母家子孙奴从者横暴长安中，当道掣顿人车马，夺人衣服。闻于中，不忍致之法。有司请徙乳母家室，处之于边。奏可。乳母当入至前，面见辞。乳母先见郭舍人，为下泣。舍人曰：“即入见辞去，疾步数还顾。”乳母如其言，谢去，疾步数还顾。郭舍人疾言骂之曰：“咄！老女子！何不疾行！陛下已壮矣，宁尚须汝乳而活邪？尚何还顾！”于是人主怜焉悲之，乃下诏止无徙乳母，罚谪谮之者。

武帝时，齐人有东方生名朔，以好古传书，爱经术，多所博观外家之语。朔初入长安，至公车上书，凡用三千奏牍。公车令两人共持举其书，仅然能胜之。人主从上方读之，止，辄乙其处，读之二月乃尽。诏拜以为郎，常在侧侍中。数召至前谈语，人主未尝不说也。时诏赐之食于前。饭已，尽怀其余肉持去，衣尽污。数赐缣帛，担揭而去。徒用所赐钱帛，取少妇于长安中好女。率取妇一岁所者即弃去，更取妇。所赐钱财尽索之于女子。人主左右诸郎半呼之“狂人”。人主闻之，曰：“令朔在事无为是行者，若等安能及之哉！”朔任其子为郎，又为侍谒者，常持节出使。

※ 译文

汉武帝时，有个受宠爱的艺人姓郭，他说话虽不合乎大道理，却能讨皇上的欢心。武帝年幼时，东武侯的母亲曾乳养过他，长大后，武帝就称其为“大乳母”。大概每月入朝两次。每次入朝的通报呈送进去，必有诏旨派宠爱的侍臣马游卿拿五十匹绸绢赏给乳母，并备饮食供养乳母。乳母上书道：“某处有块公田，请拨借给我使用。”武帝说：“乳母想得到它吗？”于是就把公田赐给了她。乳母的话，武帝没有不听的。又下诏乳母所乘坐的车子可行走在御道上。这时的公卿大臣都敬重乳母。乳母家里的子孙奴仆等人在长安城中横行霸道，当道拦截过路车马，抢夺他人衣物。消息传入朝中，武帝不忍心用法律来制裁乳母。主管的官吏奏请把乳母一家迁移到边疆去。武帝批准了。乳母理当进宫到武帝前面辞行。乳母先会见了郭舍人，为此而哭泣。郭舍人说：“赶快进去面见辞行，快步退出，多回过身来望几次皇帝。”乳母照他说的做了，面见武帝辞行，然后快步退出，屡屡转过身来看武帝。郭舍人大骂乳母道：“啐！老婆子，还不快走！皇上已经长大了，难道还要等你喂奶才能活命吗？还转身看什么！”于是武帝可怜她，不禁悲伤起来，就下令制止，不准迁移乳母一家，还处罚了说乳母坏话的人。

汉武帝时，齐地有个人叫东方朔，他喜好古代流传下来的书籍，爱好儒家经术，遍读诸子百家之书。东方朔刚到长安时，到公车府那里上书给皇帝，共用了三千个木简。公车府派了两个人一起来抬他的奏章，勉强能抬起。武帝在宫内阅读东方朔的奏章，需要停阅时，便在那里划个记号，两个月后才读完。武帝下令任东方朔为郎官，他常在皇上身边侍奉。屡次叫他到跟前谈话，武帝没有不高兴过。武帝常下诏赐他御前用饭。饭后，他便把剩下的肉全都揣在怀里带走，以至于弄脏了衣服。皇上屡次赐给他绸绢，他都是肩挑手提地拿走。他专用这些赐来的钱财绸绢，娶长安城中年轻漂亮的女子为妻。多数都是娶过来一年光景便又抛弃，然后再娶。皇上所赏赐的钱财全都用在女人身上。皇上身边的侍臣有一半都称他为“疯子”。武帝听了说：“若东方朔当官行事没有这些荒唐行为，你们谁能比得上他呢？”东方朔保举他的儿子做郎官，又升为侍中的谒者，常常衔命奉使，公出办事。

※ 原文

朔行殿中，郎谓之曰：“人皆以先生为狂。”朔曰：“如朔等，所谓避世于朝廷间者也。古之人，乃避世于深山中。”时坐席中，酒酣，据地歌曰：“陆沉于俗，避世金马门。宫殿中可以避世全身，何必深山之中，蒿庐之下。”金马门者，宦署门也，门傍有铜马，故谓之曰“金马门”。

时会聚宫下博士诸先生与论议，共难之曰：“苏秦、张仪一当万乘之主，而都卿相之位，泽及后世。今子大夫修先王之术，慕圣人之义，讽诵《诗》《书》百家之言，不可胜数。著于竹帛，自以为海内无双，即可谓博闻辩智矣。然悉力尽忠以事圣帝，旷日持久，积数十年，官不过侍郎，位不过执戟，意者尚有遗行邪？其故何也？”东方生曰：“是固非子所能备也。彼一时也，此一时也，岂可同哉！夫张仪、苏秦之时，周室大坏，诸侯不朝，力政争权，相禽以兵，并为十二国，未有雌雄，得士者强，失士者亡，故说听行通，身处尊位，泽及后世，子孙长荣。今非然也。圣帝在上，德流天下，诸侯宾服，威振四夷，连四海之外以为席，安于覆盂，天下平均，合为一家，动发举事，犹如运之掌中。贤与不肖，何以异哉？方今以天下之大，士民之众，竭精驰说，并进辐凑者，不可胜数。悉力慕义，困于衣食，或失门户。使张仪、苏秦与仆并生于今之世，曾不能得掌故，安敢望常侍侍郎乎！

※ 译文

一天东方朔从殿中经过，郎官们对他说：“人们都觉得先生是狂人。”东方朔说：“像我这样的人，就是所谓隐居在朝廷里的人。古人都是隐居在深山里。”他常坐在酒席中，酒喝得畅快时，就爬在地上唱：“在世俗隐居中，在金马门避世。宫殿里可以隐居起来保全自身，为何还要隐居在深山之中、茅舍里面呢？”所谓金马门，就是宦者衙署的门，大门旁有铜马，因此叫作“金马门”。

当时正值朝廷召集学宫里的博士先生们参与议事，大家一同诘难东方朔道：“苏秦和张仪偶然遇到大国的君主，就能居于卿相的地位，恩泽留传后世。如今先生您研究先王治国御臣之术，仰慕圣人立身处世的道理，熟习《诗》《书》和诸子百家之言论，无法一一列举。又有文章著作，自以为天下无双，就可称为见多识广、聪敏才辩了。可您竭尽全力、忠心耿耿地侍奉圣明的皇帝，累积长达数十年，官衔却不过是个侍郎，职位也不过是个卫士，看来您还是有不检点之处吧？这是为什么呢？”东方朔说：“这原本就不是你们能完全了解的。那时是一个时代，现在是另一个时代，怎可相提并论呢？张仪和苏秦的时代，周朝衰败，诸侯都不去朝见周天子，以武力征伐夺取权势，用军事相互侵犯，天下兼并为十二个诸侯国，势力不相上下，得到士人的就强大，反之就灭亡，因此才对士人言听计从，使士人身居高位，恩泽流传后代，子孙长享荣华。现在不同了，圣明的皇帝在上执掌朝政，恩泽遍及天下，诸侯归顺服从，威势震慑四方，将四海之外的疆土连接成像坐席那样的一片乐土，比倒放的盘盂还要安稳得多，天下一统，凡有所举动，都好似在手掌中转动一下那样轻而易举。贤与不贤，靠什么来辨别呢？如今因天下广大，士民众多，竭尽精力，奔走游说，就像辐条凑集到车毂一样，争着集中到京城里向朝廷献计献策的人数不胜数。尽管竭力仰慕道义，仍免不了会被衣食所困，有的甚至连进身的门路都没有。倘若张仪和苏秦和我同生在当今时代，他们连一个掌管旧制旧例等事的小官都得不到，还怎敢奢望做常侍郎呢？

※ 原文

“传曰：‘天下无害灾，虽有圣人，无所施其才；上下和同，虽有贤者，无所立功。’故曰时异则事异。虽然，安可以不务修身乎？《诗》曰：‘鼓钟于宫，声闻于外。鹤鸣九皋，声闻于天。’苟能修身，何患不荣！太公躬行仁义七十二年，逢文王，得行其说，封于齐，七百岁而不绝。此士之所以日夜孜孜，修学行道，不敢止也。今世之处士，时虽不用，崛然独立，块然独处，上观许由，下察接舆，策同范蠡，忠合子胥，天下和平，与义相扶，寡偶少徒，固其常也。子何疑于余哉！”于是诸先生默然无以应也。

建章宫后阁重栎中有物出焉，其状似麋。以闻，武帝往临视之。问左右群臣习事通经术者，莫能知。诏东方朔视之。朔曰：“臣知之，愿赐美酒粱饭大飧臣，臣乃言。”诏曰：“可。”已飧，又曰：“某所有公田鱼池蒲苇数顷，陛下以赐臣，臣朔乃言。”诏曰：“可。”于是朔乃肯言，曰：“所谓驺牙者也。远方当来归义，而驺牙先见。其齿前后若一，齐等无牙，故谓之驺牙。”其后一岁所，匈奴混邪王果将十万众来降汉。乃复赐东方生钱财甚多。

至老，朔且死时，谏曰：“《诗》云‘营营青蝇，止于蕃。恺悌君子，无信谗言。谗言罔极，交乱四国’。愿陛下远巧佞，退谗言。”帝曰：“今顾东方朔多善言？”怪之。居无几何，朔果病死。传曰：“鸟之将死，其鸣也哀；人之将死，其言也善。”此之谓也。

※ 译文

“古书上说：‘天下无灾害，即使有圣人都无处施展其才华；君臣上下和睦同心，即使有贤人也无处建立其功业。’因此说，时代不同了，事情也就随之发生变化。尽管如此，又怎能不努力去修养自身呢？《诗经》说：‘在宫内敲钟，声音可传到外面。’‘鹤在遥远的水泽深处鸣叫，声音也可传到天上。’若能修养自身，还怕无法获得荣耀吗！齐太公亲身实行仁义七十二年，遇到周文王后才得以施行自己的主张，封在齐国，其思想影响留传七百年不绝。这就是士人之所以日夜孜孜不倦地研究学问，推行自己的主张而不敢停止的原因。当今世上的隐士，一时虽未被任用，却可超然自立，孑然独处，远观许由，近看接舆，智谋可比范蠡，忠诚可比伍子胥，天下和平，修身自持，但是却寡朋少侣，这本是件很平常的事。你们为何对我有疑虑呢？”于是那些先生们便无话可说了。

建章宫后阁的双重栏杆中，有一只动物跑了出来，它形似麋鹿。消息传到宫中，武帝亲自去观看。问身边群臣中熟悉事物而又通晓经学之人，无人能说出它是何物。诏来东方朔观看，东方朔说：“我知道此物，请赐给我美酒好饭让我饱餐一顿，我才说。”武帝说：“可以。”酒饭后，东方朔又说：“某处有公田、鱼池和苇塘好几顷，陛下赏赐给我，我才说。”武帝说：“可以。”于是东方朔才肯说道：“此物叫驺牙。远方当有前来投诚之事，因而驺牙便先出现。它的牙齿前后一样，大小相等而无大牙，因此叫驺牙。”后来过了一年左右，匈奴混邪王果然带领十万人来归降汉朝。武帝于是又赏赐东方朔很多钱财。

到了晚年。东方朔临终时，规劝武帝说：“《诗经》上说‘来回飞的苍蝇落在篱笆上面。慈祥善良的君子不要听信谗言。’‘谗言无止境，四方邻国不得安宁。’希望陛下能远离那些巧言谄媚之人，斥退他们的谗言。”武帝说：“现在回头来看东方朔，难道仅仅是善于言谈吗？”对此感到惊奇。不久，东方朔果然病死了。古书上说：“鸟临死时，其叫声特别悲哀；人临终时，其言语也十分诚恳。”说的就是这个意思吧。

※ 原文

武帝时，大将军卫青者，卫后兄也，封为长平侯。从军击匈奴，至余吾水上而还，斩首捕虏，有功来归，诏赐金千斤。将军出宫门，齐人东郭先生以方士待诏公车，当道遮卫将军车，拜谒曰：“愿白事。”将军止车前，东郭先生旁车言曰：“王夫人新得幸于上，家贫。今将军得金千斤，诚以其半赐王夫人之亲，人主闻之必喜。此所谓奇策便计也。”卫将军谢之曰：“先生幸告之以便计，请奉教。”于是卫将军乃以五百金为王夫人之亲寿。王夫人以闻武帝。帝曰：“大将军不知为此。”问之安所受计策，对曰：“受之待诏者东郭先生。”诏召东郭先生，拜以为郡都尉。东郭先生久待诏公车，贫困饥寒，衣敝，履不完。行雪中，履有上无下，足尽践地。道中人笑之，东郭先生应之曰：“谁能履行雪中，令人视之，其上履也，其履下处乃似人足者乎？”及其拜为二千石，佩青绢出宫门，行谢主人。故所以同官待诏者，等比祖道于都门外。荣华道路，立名当世。此所谓衣褐怀宝者也。当其贫困时，人莫省视；至其贵也，乃争附之。谚曰：“相马失之瘦，相士失之贫。”其此之谓邪？

王夫人病甚，人主至自往问之曰：“子当为王，欲安所置之？”对曰：“原居洛阳。”人主曰：“不可。洛阳有武库、敖仓，当关口，天下咽喉。自先帝以来，传不为置王。然关东国莫大于齐，可以为齐王。”王夫人以手击头，呼“幸甚”。王夫人死，号曰“齐王太后薨”。

※ 译文

汉武帝时，大将军卫青是卫皇后的哥哥，被封为长平侯。他率兵出击匈奴，追至余吾水边才返回，斩杀大量敌兵，捕获许多俘虏，立下赫赫战功归来，武帝下令赏赐千斤黄金。大将军从宫门出来，齐地人东郭先生以方士身份在公车府候差，当道把卫将军的车马拦住，拜见说：“有事禀告大将军。”卫将军停在车前，东郭先生靠在车旁说：“王夫人新近得到皇帝的宠爱，家里贫困。现在将军获得千斤黄金，若将其中一半送给王夫人的父母，则皇上知道后定会很高兴。这就是所谓巧妙而便捷的计策啊。”卫将军感谢他说：“亏得先生把这便捷的计策告诉了我，一定遵从指教。”于是卫将军就把五百斤黄金送给了王夫人的父母。王夫人把此事告知武帝。武帝说：“大将军不懂得做这件事。”便问卫青从哪里得来的计策，回答说：“是从候差的东郭先生那里得来的。”于是就下令召见东郭先生，任命他为郡都尉。东郭先生长期在公车府候差，窘迫饥寒，衣衫破旧，鞋子也不完好。走在雪地里，鞋子有面无底，脚全踩在地上。过路人嘲笑他，东郭先生就说：“谁能穿鞋走在雪地里，让人看去，鞋上是鞋子，鞋下竟像人的脚呢？”等到他被任命为俸禄二千石的官，佩带着青绶，走出宫门去辞谢他的主人时，以前同他一起候差的，都分批在都城郊外为他饯行。一路荣华显耀，名扬当时。这就是所谓的身穿粗衣，怀揣珍宝之人。他贫困时，大家都不理睬他；等显贵时，就都争着去依附。俗话说：“相马因其外表消瘦而错失良马，相士因其外貌贫困而错过人才。”难道说的不就是这种情况吗？

王夫人病重，皇上亲自探望，问她说：“你的儿子应当封王，你想要他封在哪里？”答道：“希望封在洛阳。”皇上说：“不行。洛阳有兵器库、大粮仓，而且还是交通关口，是天下的咽喉要道。从先帝以来，相传不在洛阳一带封王。不过关东一带的封国，要数齐国最大了，可封他为齐王。”王夫人用手拍着头，口呼：“太幸运了”。王夫人去世后，就称为“齐王太后逝世”。

※ 原文

昔者，齐王使淳于髡献鹄于楚。出邑门，道飞其鹄，徒揭空笼，造诈成辞，往见楚王曰：“齐王使臣来献鹄，过于水上，不忍鹄之渴，出而饮之，去我飞亡。吾欲刺腹绞颈而死。恐人之议吾王以鸟兽之故令士自伤杀也。鹄，毛物，多相类者，吾欲买而代之，是不信而欺吾王也。欲赴佗国奔亡，痛吾两主使不通。故来服过，叩头受罪大王。”楚王曰：“善，齐王有信士若此哉！”厚赐之，财倍鹄在也。

武帝时，征北海太守诣行在所。有文学卒史王先生者，自请与太守俱，“吾有益于君”，君许之。诸府掾功曹白云：“王先生嗜酒，多言少实，恐不可与俱。”太守曰：“先生意欲行，不可逆。”遂与俱。行至宫下，待诏宫府门。王先生徒怀钱沽酒，与卫卒仆射饮，日醉，不视其太守。太守入跪拜。王先生谓户郎曰：“幸为我呼吾君至门内遥语。”户郎为呼太守。太守来，望见王先生。王先生曰：“天子即问君何以治北海令无盗贼，君对曰何哉？”对曰：“选择贤材，各任之以其能，赏异等，罚不肖。”王先生曰：“对如是，是自誉自伐功，不可也。愿君对言，非臣之力，尽陛下神灵威武所变化也。”太守曰：“诺。”召入，至于殿下，有诏问之曰：“何于治北海，令盗贼不起？”叩头对言：“非臣之力，尽陛下神灵威武之所变化也。”武帝大笑，曰：“於呼！安得长者之语而称之！安所受之？”对曰：“受之文学卒史。”帝曰：“今安在？”对曰：“在宫府门外。”有诏召拜王先生为水衡丞，以北海太守为水衡都尉。传曰：“美言可以市，尊行可以加人。君子相送以言，小人相送以财。”

※ 译文

从前，齐王派淳于髡去楚国进献黄鹄。出了都城门，中途那只黄鹄飞走了，他就只好托着空笼子，编了假话去拜见楚王道：“齐王派我来进献黄鹄，从水上经过，不忍心黄鹄口渴，于是将其放出喝水，却不料它飞离我而去。我想要刺腹或勒脖子而死，可又担心别人非议大王由于鸟兽的缘故而致使士人自杀。黄鹄是羽毛类的东西，相似的不少，我想买一个相似的来代替，但是这样既不诚实，又欺骗了大王。想要逃奔到别国，又痛心齐楚两国君主之间的通使会由此断绝。因此才前来服罪，向大王叩头请求责罚。”楚王说：“很好，齐王竟有如此忠信的人。”于是用厚礼赏赐淳于髡，财物比进献黄鹄的多一倍。

汉武帝时，召北海郡太守去皇帝行宫。有个执掌文书的府吏王先生，自动请求与太守一同前往，说：“我会有利于您的。”太守答应了。太守府中的许多府吏、功曹禀告道：“王先生爱喝酒，爱说闲话，不办实事，恐怕不宜同行。”太守说：“王先生想去，也不好违背他的意愿。”于是就同他一起去了。到了宫门外，在宫府门待命。王先生只顾揣钱买酒，与卫队长官叙饮，整天醉醺醺的，也不去看望太守。太守入宫拜见皇上。王先生对守门郎官说：“请帮我叫太守到宫门口来，我要远远地跟他讲几句话。”守门郎官替他去喊太守。太守出来，看见了王先生。王先生说：“皇上若问您如何治理北海郡，使那里没有盗贼，您会说些什么？”太守说：“选择贤能之人，按他们的能力分别任用，对才能超群的进行奖赏，对不图上进的进行惩罚。”王先生说：“这样说完全是自己称颂自己，自夸功劳不行啊。希望您能这样说：‘非臣之力，完全因为陛下神明威武才发挥的作用。’”太守说：“好。”太守被召进宫中，走到殿下时有诏令问他："你是怎么治理北海郡，使盗贼不敢泛起的？"太守叩头答道："这并非臣之力，完全是陛下神明威武发生的作用。"武帝大笑道："啊！怎么学得长者的言语而称颂起来？从何处听来的？"太守说："是文学卒史教给的。"武帝说："他在何处？"太守说："就在宫府门外。"武帝于是下诏召见，任命王先生为水衡丞，北海太守做水衡都尉。古书上说："美好的言辞能博得交易，高贵的品行能施加于人。君子用美言赠人，小人以钱财送人。"

※ 原文

魏文侯时，西门豹为邺令。豹往到邺，会长老，问之民所疾苦。长老曰："苦为河伯娶妇，以故贫。"豹问其故，对曰："邺三老、廷掾常岁赋敛百姓，收取其钱得数百万，用其二三十万为河伯娶妇，与祝巫共分其余钱持归。当其时，巫行视小家女好者，云是当为河伯妇，即娉取。洗沐之，为治新缯绮縠衣，间居斋戒；为治斋宫河上，张缇绛帷，女居其中。为具牛酒饭食，十余日。共粉饰之，如嫁女床席，令女居其上，浮之河中。始浮，行数十里乃没。其人家有好女者，恐大巫祝为河伯取之，以故多持女远逃亡。以故城中益空无人，又困贫，所从来久远矣。民人俗语曰'即不为河伯娶妇，水来漂没，溺其人民'云。"西门豹曰："至为河伯娶妇时，愿三老、巫祝、父老送女河上，幸来告语之，吾亦往送女。"皆曰："诺。"

至其时，西门豹往会之河上。三老、官属、豪长者、里父老皆会，以人民往观之者三二千人。其巫，老女子也，已年七十。从弟子女十人所，皆衣缯单衣，立大巫后。西门豹曰："呼河伯妇来，视其好丑。"即将女出帷中，来至前。豹视之，顾谓三老、巫祝、父老曰："是女子不好，烦大巫妪为入报河伯，得更求好女，后日送之。"

※ 译文

魏文侯的时候，西门豹为邺县县令。西门豹到了邺县，召集年高而有名望之人，询问民间疾苦。那些人都说："苦于给河神娶媳妇，也因此事而贫困。"西门豹问其原因，答道："邺地的三老、廷掾常年向百姓征收赋税，收取百姓的钱足有数百万，他们用其中的二三十万为河神娶媳妇，再同庙祝、巫婆一起瓜分剩下的钱，拿回家去。期间，巫婆四处巡视，见到贫苦人家的女儿中有长得漂亮的，就说应该做河神的媳妇，立即下聘礼娶走。为她洗澡沐浴，为她缝制新的绸绢衣服，独住下来，静心养性，还替她在河边盖起斋居的房子，挂上大红厚绢的帐子，让女孩在里面住。又为她宰牛造酒准备饭食，折腾十几天。时间一到，大家便一同来装点乘浮之具，就像出嫁女儿的床帐枕席一样，让女孩坐在上面，放到河中漂行。开始时漂在水面，漂流几十里后就沉没了。那些有漂亮女子的人家，因害怕大巫婆替河神娶他们的女儿，所以大多带着女儿远远地逃离了。因此城里也越来越空，人越来越少，因而更加贫困了，这种情况已经持续很久了。民间俗话说：‘若不给河神娶媳妇，则河水会冲来淹没田产，淹死那些老百姓。’”西门豹说：“等到再为河神娶媳妇时，请三老、巫婆、父老们到河边去送新娘，也请来告诉我，我也要去送新娘。”大家说：“好。”

到了那一天，西门豹就到河边同大家相会。三老、官吏、豪绅以及乡间父老都到齐了，还有观看的百姓共两三千人。那个大巫婆是个已有七十岁的老太婆。随从的有十几个女弟子，都穿着绸子单衣，在大巫婆后面站着。西门豹说：“把河神的媳妇叫过来，我看看她美不美。”巫婆们就从帐子里把新娘扶出，来到西门豹面前。西门豹看了看，回头对三老、庙祝、巫婆及父老说：“这女子不美，烦劳大巫婆先到河中报告河神，就说需要调换一个漂亮女孩，后天再送过来。”

※ 原文

即使吏卒共抱大巫妪投之河中。有顷，曰：“巫妪何久也？弟子趣之！”复以弟子一人投河中。有顷，曰：“弟子何久也？复使一人趣之！”复投一弟子河中。凡投三弟子。西门豹曰：“巫妪、弟子是女子也，不能白事，烦三老为入白之。”复投三老河中。西门豹簪笔磬折，乡河立待良久。长老、吏旁观者皆惊恐。西门豹顾曰：“巫妪、三老不来还，奈之何？”欲复使廷掾与豪长者一人入趣之。皆叩头，叩头且破，额血流地，色如死灰。西门豹曰：“诺，且留待之须臾。”须臾，豹曰：“廷掾起矣。状河伯留客之久，若皆罢去归矣。”邺吏民大惊恐，从是以后，不敢复言为河伯娶妇。

西门豹即发民凿十二渠，引河水灌民田，田皆溉。当其时，民治渠少烦苦，不欲也。豹曰：“民可以乐成，不可与虑始。今父老子弟虽患苦我，然百岁后，期令父老子孙思我言。”至今皆得水利，民人以给足富。十二渠经绝驰道，到汉之立，而长吏以为十二渠桥绝驰道，相比近，不可。欲合渠水，且至驰道合三渠为一桥。邺民人父老不肯听长吏，以为西门君所为也，贤君之法式不可更也。长吏终听置之。故西门豹为邺令，名闻天下，泽流后世，无绝已时，几可谓非贤大夫哉！

传曰：“子产治郑，民不能欺；子贱治单父，民不忍欺；西门豹治邺，民不敢欺。”三子之才能谁最贤哉？辨治者当能别之。

※ 译文

于是就命士兵一齐抱起大巫婆投进河里。过了一会儿，西门豹又说：“大巫婆怎么去这么久还不回来呢？徒弟去催一下吧。”于是又把一个徒弟投进河中。过了一会儿，又说：“徒弟怎么去这么久也不回来呢？再派一个人去催促她们！”于是又把一个徒弟投进河里。一共投进河里三个徒弟。西门豹说："看来巫婆、徒弟是女人，不能禀告事由，那就烦劳三老替我进去禀告河神吧。"于是又把三老投进河里。西门豹头上插着笔，弯着腰，面对河水站着等了很久。长者、官吏和旁观者都很害怕。西门豹回头说："巫婆、三老都不回来，怎么办？"想再派廷掾和一个豪绅进去催促他们。廷掾和豪绅都跪在地上磕头，把头都磕破了，血流满地，脸色死灰。西门豹说："好吧，再等一会儿。"待了一会儿，西门豹说："廷掾起来吧。看来河神是留客太久了，你们都离开这里回家去吧。"邺县的官吏、百姓都很害怕，从此无人再敢替河神娶媳妇了。

西门豹于是征发百姓开凿了十二条渠道，引漳河水浇灌农田，农田都得到灌溉。开凿河渠时，百姓多少是有些劳苦的，因此不太愿意干。西门豹说："可与百姓安享其成，却不能同他们谋划事业的开创。现在父老子弟虽认为我给他们带来辛苦，但百年之后，希望让父老子弟再想想我今天所说的话。"直到今天，那里都得到河水的利益，百姓也因此富裕起来。十二条河渠横穿御道，到汉朝建立时，地方官吏认为十二条河渠上的桥梁截断了御道，彼此离得又很近，不行。想要合并渠水，并把流经御道的那段，三条渠水合为一条，只架一桥。邺地百姓不听地方官吏的意见，认为那些渠道是由西门豹规划开凿的，贤良长官的法度规范是不应该更改的。地方长官终于听取了大家的意见，把并渠计划放弃。所以西门豹做邺县令，名闻天下，恩德流传后世，难道可以说他不是贤大夫吗？

古书上说："子产治理郑国，百姓不能欺骗他；子贱治理单父，百姓不忍欺骗他；西门豹治理邺县，百姓不敢欺骗他。"此三人的才能，哪个最高明呢？研究治道的人，应该会分辨出来。

※ 评析

天地之大，无奇不有，人生百态，也是万象纷呈。帝王将相、骚人墨客、商贾巨子，或以武功见长，或以学问闻世，或以钱帛著称。也有一类人，不同于上述诸人，而是以智慧聪敏而让人缅怀景仰。中国历史上的谏臣很多，其中最著名的当属魏徵，然而像李世民那样从谏如流的君主并不多，所以说魏徵是幸运的。委婉地进谏，让人比较容易接受。淳于髡是个聪明的人，当然齐威王也很明智，所以淳于髡用自己独特的方式实现了劝谏的意图，同时齐威王也巧妙地表述了自己振作奋发的理想愿望。这样当然比君臣之间争得面红耳赤要好得多。优孟也很有手段，他顺着楚庄王的思路一步一步地将楚庄王的荒谬演绎了出来，并且最后让楚庄王清楚地意识到了这一点。有时候，委婉和幽默可以避免很多不必要的纷争，这不仅仅是表现在纳谏上。今天，我们的生活或工作中遇到类似的事情，同样可以参考这些做法。面对同一件事情，换一种方式去解决就可能达到意想不到的效果。据说优旃不仅长得矮，而且相貌又奇丑无比，但是他凭借敏捷的思维和独特的行为举止,所到之处每每能博得人们一致的笑声和掌声，以致成为众人非常喜欢的知名人物，最后得以位列大夫。优旃之意，乃是希望秦二世能励精图治、富国强兵，方可永保秦朝的万世基业。但秦二世终究不是一位明君，最后甚至为赵高所害，这不能不说十分遗憾。